Harold Rawlings

Grundlagen biblischer Glaubenslehre
Eine Dogmatik für jedermann

Bibliografische Information Der Deutschen Bibliothek
Die Deutsche Bibliothek verzeichnet diese Publikation in der
Deutschen Nationalbibliografie; detaillierte bibliografische
Daten sind im Internet über http://dnb.ddb.de abrufbar.

Rawlings, Harold
Grundlagen biblischer Glaubenslehre

© 2008 Bibelseminar Bonn e.V., D-Bornheim-Roisdorf
JOTA Publikationen GmbH, D-Hammerbrücke

Best.-Nr.: 449.518
ISBN: 978-3-935707-18-3

Verwendete Bibelübersetzungen:
Lutherbibel 1984, © Deutsche Bibelgesellschaft
Revidierte Elberfelder, © R. Brockhaus Verlag

Coverbild: istockphoto
Umschlag: Pete Dück, Sergej Falk
Übersetzung: Dr. Wolfgang Ertl
Satz: pulsmedien GmbH, D-Worms
Druck und Verarbeitung: Seidel & Seidel GbR, Satz- und Digitaldruckzentrum,
08209 Auerbach/08269 Hammerbrücke

Originaltitel: Basic Baptist Beliefs
(c) 2005 by Harold Rawlings
published by 21st Century Press, Springfield, MO 65807, USA

www.bsb-online.de
www.jota-publikationen.de

Dieses Buch ist meinen Eltern gewidmet,

JOHN UND ORELIA RAWLINGS,

die mich beide durch Erziehung und Vorbild
von meiner Jugend an lehrten,
die wesentlichen und grundlegenden Wahrheiten
der Bibel zu lieben.

Inhalt

Vorwort des Autors

Es ist unmöglich, alle aufzulisten, die an der Entstehung dieses Buches Anteil hatten. Ich bin insbesondere meinen Eltern dankbar, die mir beibrachten, die Bibel zu schätzen, deren wichtigste Lehren zu kennen und willens zu sein, diese Wahrheiten andern mitzuteilen. Ausgezeichnete Sonntagsschullehrer haben das verstärkt, was meine Eltern mir mitgaben.

In der Schule und im theologischen Seminar konnte ich das vertiefen, was mir in meiner Jugend beigebracht worden war. Die Mitglieder und Angestellten meiner früheren Gemeinden in St. Lous und Cincinnati haben ebenfalls ihren Teil dazu beigetragen.

All diejenigen, die das Manuskript in Teilen oder ganz gelesen haben und hilfreiche Vorschläge gaben, verdienen ganz besonderen Dank. Meine Dankbarkeit richtet sich auch an 21st Century Press und besonders an Lee Fredrickson für seine wertvolle Unterstützung während der Arbeit an dem Buch.

Keine der erwähnten Personen sollte für theologische Fehler, Auslassungen oder Standpunkte, die für einige als fragwürdig erscheinen mögen, verantwortlich gemacht werden. Wenn Fehler gefunden werden sollten, liegt die Schuld allein bei mir.

Was auch immer Sie aus diesen Lektionen lernen mögen – ich hoffe, dass es Sie entschlossener macht, die biblischen Wahrheiten zu lieben und zu bewahren; aber die Ehre dafür gebührt nicht mir. Paulus drängte Timotheus, an der Wahrheit »festzuhalten«, die er ihn persönlich gelehrt hatte.

Er erinnert ihn aber auch daran, dass er das nur mit Hilfe des Heiligen Geistes tun könne, der in ihm lebt (2 Tim 1,13-14). Durch die Weisheit des Heiligen Geistes werden wir befähigt, die großen geistlichen Wahrheiten der Heiligen Schrift zu verstehen; durch seine Macht werden wir befähigt, das wertvolle Gut, das uns anvertraut ist, zu bewahren und erfolgreich gegen die Angriffe einer Welt zu schützen, die theologisch mehr und mehr zerrissen ist.

Es ist mein Wunsch, dass diese Lektionen Sie nicht im Blick auf das Fachwissen und die Weisheit des Autors beeindrucken, sondern

Sie neu entdecken, wie gut und majestätisch der allmächtige Gott ist und welche Macht seine immerwährend relevante Wahrheit hat, die in der Heiligen Schrift offenbart wird. Ihm sei die Ehre!

Harold Rawlings

Vorwort zur deutschen Ausgabe

Als Kind hört man biblische Geschichten und ist begeistert von Noah, Jona, David und Daniel. Doch die Bibel will nicht nur Geschichten erzählen, sondern sie vermittelt Lehren fürs Leben. Darum ist das Bibelstudium nicht das Privileg einiger weninger, sondern eine Pflicht für alle Christen!

Bereits im Alten Testament wurden die Eltern aufgefordert, Gottes Wort zu kennen und es der nächsten Generation weiterzugeben (5. Mose 7,6-7):

> *»Und diese Worte, die ich dir heute gebiete, sollst du zu Herzen nehmen*
> *und sollst sie deinen Kindern einschärfen und davon reden,*
> *wenn du in deinem Hause sitzt oder unterwegs bist,*
> *wenn du dich niederlegst oder aufstehst.«*

Die Bibel ist Gottes Wort und will ernst genommen werden. So wurden in der Reformation der Heiligen Schrift vier Merkmale zugesprochen:

auctoritas scripturae (die Autorität der Schrift); *efficacia scripturae* (die Wirksamkeit der Schrift), *sufficentia scripturae* (die Genügsamkeit der Schrift); *perspicuitas* bzw. *claritas scripturae* (die Deutlichkeit bzw. Klarheit der Schrift).

Deshalb galt für die Reformatoren der Grundsatz: »Die Heilige Schrift legt sich selber aus«. Wer die Bibel verstehen will, muss die Bibel in ihrem eigenen Kontext studieren.

Für einen Christen ist die Bibel ein Arbeits- und Handbuch fürs Leben und nicht nur ein Nachschlagewerk, das hilfreiche Informationen vermitteln will. Es ist auch kein Geschichtsbuch, das nur nette Geschichten für Jung und Alt enthält. Es ist auch kein Orakelbuch, das gelegentlich mystische Wahrheiten enthält. Die Bibel ist Gottes Wort, das uns durch Lesen und Forschen unter der Leitung des Heiligen Geistes verständlich wird.

In dem vorliegenden Buch erklärt Dr. Harold Rawlings leicht verständlich die zentralen biblischen Lehren. Seine langjährige pastorale Erfahrung war ihm hier dienlich. Der Frage- und Antwortstil hilft sowohl jungen Christen beim Bibelstudium, lässt das Buch aber auch für reife Christen ein nützliches Nachschlagewerk sein. Fragen, die jeder Pastor gestellt bekommt bzw. die sich mancher Christ stellt, werden hier biblisch fundiert beantwortet.

Dieses Buch stellt einen Zugang zur Systematischen Theologie dar. Somit kann es auch als Basislektüre dem Bibelschüler an theologischen Ausbildungsstätten dienen. Ich wünsche diesem Buch eine weite Verbreitung, damit beim Lesen des Buches viele verstehen, was der Psalmist in Psalm 119,162 sagt: »*Ich freue mich über dein Wort wie einer, der große Beute macht.*«

Heinrich Derksen
Schulleiter Bibelseminar Bonn

Einleitung

Wir leben in einer Kultur, in der die Menschen mehr und mehr ihre wichtigsten Lebensentscheidungen auf Erfahrungen gründen – was für ein Gefühl sie in Bezug auf eine bestimmte Situation oder Idee haben. »Wenn du das richtige Gefühl dabei hast, dann tu es!« ist häufig zu hören. Sogar im christlichen Bereich werden heute Gefühle und Emotionen oft für wichtiger gehalten als Glaubenslehre.

Obwohl Gefühle eine mächtige und positive Rolle im christlichen Leben spielen können, sind sie doch viel zu unzuverlässig und wechselhaft, als dass sie zur Glaubensgrundlage werden könnten. Die Bibel sagt nicht: »Der Gerechte wird durch Gefühle leben«, sondern vielmehr: »Der Gerechte wird durch Glauben leben«, und zwar Glauben an das, was Gott in seinem Wort geoffenbart hat. Und tatsächlich ist es unmöglich, ohne einen solchen Glauben Gott zu gefallen (Hebr 11,6).

Es gibt Leute, die meinen, dass man heute nicht mehr auf Glaubenslehre hört. »Die schafft zu viel Uneinigkeit«, beschweren sie sich. Ich behaupte jedoch, dass das überhaupt nicht stimmt. Es ist nicht nur so, dass Theologie ein faszinierendes Studium sein kann (einst wurde sie die »Königin der Wissenschaften« genannt), es ist auch absolut notwendig, dass Christen wissen, woran sie glauben.

Der Apostel Petrus hat das bestätigt, als er die Leser seines Briefes aufforderte, bereit zu sein, jedem eine Antwort (Griechisch apologia: eine Verteidigung) zu geben, der Fragen bezüglich ihres christlichen Glaubens hatte (1 Petr 3,15). In seinem Brief an die Gemeinde in Philippi spricht Paulus zwei Mal davon, was für eine Sehnsucht er danach hat, sein Evangelium zu verteidigen (Phil 1,7.17).

Wir dürfen nicht schweigen, wenn wir herausgefordert werden, unseren Glauben zu verteidigen, egal was für Risiken das mit sich bringt (für Paulus bedeutete es Gefängnishaft und Folter). Wenn wir aber die grundlegenden Lehren des christlichen Glaubens gar nicht kennen, haben wir nichts zu antworten, wenn wir mit Fragen konfrontiert werden, egal ob sie von Leuten kommen, die echtes Interesse am christlichen Glauben haben, oder von solchen, die versuchen, uns in Irrlehre zu führen.

Hinzu kommt, dass Christen, die sich nicht mit den Lehren der

Bibel auskennen, »von jedem Wind der Lehre hin- und hergetrieben werden«. Häufig ändern sie ihre Meinung, was sie denn nun glauben, wobei intelligente Scharlatane es leicht schaffen, sie hinters Licht zu führen, indem sie Lügen so präsentieren, als seien sie Wahrheit (Eph 4,13-14).

In gewisser Hinsicht gilt, dass alle Christen Theologie betreiben, und da spielt es keine Rolle, ob sie sich selbst als Theologen betrachten oder nicht. Vielleicht sind sie keine Experten im Bereich Theologie; es könnte sogar sein, dass sie sehr schwach sind in dem Bereich – aber trotzdem sind sie als Theologen zu bezeichnen.

Das Wort Theologie setzt sich aus zwei griechischen Wörtern zusammen: theos (Gott) und logos (Wort). Daher kann Theologie definiert werden als das Wort oder Studium Gottes – sein Wesen, seine Charakterzüge, seine Absichten und sein Wirken. Alle wahren Christen haben eine gewisse Menge an Kenntnis und Interesse an diesen Themen und können darüber mehr oder weniger gekonnt diskutieren, was sie zu Theologen macht. Dennoch sollten wir uns alle bemühen, kompetentere Theologen zu werden, die Fähigkeit erwerben, zuversichtlich unsere Ansicht über zentrale Lehrfragen mit Überzeugung und Klarheit vorzutragen.

Die Absicht dieses Buches besteht darin, den weit reichenden Bedarf für ein aktuelles und knappes Nachschlagewerk über die wichtigsten Lehren der Bibel aus einer baptistischen Perspektive abzudecken. Es ist nicht für Akademiker gedacht; es sollte eher als handlicher Führer für Laien und angehende Theologiestudenten dienen und Verständnis zu einigen der grundlegenden Glaubenslehren geben, die Baptisten kennzeichnen.

Die hier vorliegenden Studien basieren hauptsächlich, aber nicht ausschließlich, auf der *New Hampshire Confession of Faith*, eine Zusammenfassung baptistischer Glaubensinhalte, die ursprünglich 1830 zu Papier gebracht wurde. Nach mehreren Entwurfsrevisionen des Komitees hat der New Hampshire Versammlungsausschuss schließlich das Bekenntnis am 15.1.1833 gebilligt. Die meisten heutigen Baptistengruppen in Nordamerika haben dieses Bekenntnis oder eine Modifizierung davon angenommen. Einige haben sogar beschlossen, sie als »Glaubensartikel« auszuweisen.

Ich bin mir der Tatsache bewusst, dass nicht alle Baptisten mit allem einverstanden sein werden, was in diesem Buch steht.

Einige werden darauf bestehen, dass ich der Souveränität Gottes und der Erwählung mehr Platz einräumen sollte. Andere mögen mir vorwerfen, dass ich die Lehrinhalte der Gnade zu sehr betont hätte. So gibt es auch unterschiedliche Auffassungen, wann die Entrückung geschieht oder ob es eine Entrückung gibt, bevor Christus wiederkommt, sein Königreich auf Erden aufzurichten. Einige werden sich vielleicht mehr Klarheit zum Abendmahlsverständnis wünschen, ob es offen oder geschlossen sein sollte. Über eine Sache sind sich jedoch alle Baptisten einig: die Wichtigkeit ihrer Meinungsverschiedenheiten!

Ich bin jedoch zuversichtlich, dass das meiste, was in diesem Buch erscheint, auf die Zustimmung konservativer Baptisten und Evangelikaler auf der ganzen Welt treffen wird.

Die Lektionen in diesem Buch sind so gestaltet, dass die Bibel ein notwendiges Werkzeug ist, um sie ganz zu verstehen. Schließlich ist das, was die Bibel über ein Thema sagt, viel wichtiger als das, war irgendein Mensch dazu meint. Die meisten Schriftstellen werden nicht zitiert, weil ich denke, dass der Leser mehr davon profitiert, wenn er die Stellen selbst nachschlägt und liest.

Wie die Beröer in Apg 17 sollten sich alle, die die Bibel studieren und über Lehrfragen diskutieren, selbst die Schriften untersuchen, um zu sehen, ob das, was ihnen vorgelegt wird, mit dem übereinstimmt, was die Bibel offenbart.

Einige Gemeinden werden sich vielleicht wünschen, in der Bibelstunde ein ganzes Jahr lang durch diese Kapitel zu gehen. Die grundlegenden Glaubensartikel sind in 48 Kapitel unterteilt, von denen jedes mit einer Frage eingeleitet wird, die etwas mit dem Artikel zu tun hat. Pastoren könnten sie für eine Predigtreihe verwenden. Hauskreise und Jüngerschaftskurse können ebenfalls davon profitieren, und das gleiche gilt für Erstsemesterstudenten in verschiedenen theologischen Ausbildungsstätten zu Hause oder auf dem Missionsfeld.

Meine Hoffnung ist, dass die Informationen, die in den Gedanken hier dargelegt werden, sich als nützlich erweisen für einzelne, für Gemeinden und für Einrichtungen. Das Ziel soll sein, dass viele effektiver für Christus Zeugnis ablegen können und dass Christen zugerüstet werden, ihre Überzeugungen in einer immer feindlicher werdenden Welt auszuleben.

Die Schriften

Wir glauben, dass die Bibel, die Heilige Schrift, von Menschen geschrieben wurde, die übernatürlich inspiriert wurden; dass sie Wahrheit beinhaltet ohne jede Art von Dazumischung von Irrtum für ihre Sache; deshalb ist sie, und das soll sie bleiben bis zum Ende des Zeitalters, die einzige vollständige und endgültige Offenbarung des Willens Gottes an die Menschen; das wahre Zentrum christlicher Gemeinschaft und der höchste Standard, nach dem menschliches Verhalten, Glaubensbekenntnisse und Meinungen beurteilt werden sollen. Unter der »Heiligen Schrift« verstehen wir die Sammlung von 66 Büchern, von 1. Mose bis Offenbarung, die in ihren Urschriften nicht nur das Wort Gottes enthält und vermittelt, sondern die das exakte Wort Gottes ist. Unter »Inspiration« verstehen wir, dass die Bücher der Bibel von heiligen Männern der damaligen Zeiten geschrieben wurden, so wie sie durch den Heiligen Geist dazu geleitet wurden, und zwar in einer solch endgültigen Art und Weise, dass ihre Schriften übernatürlich und wörtlich inspiriert und frei von Fehlern waren, so wie keine anderen Schriften je inspiriert waren oder es je sein werden.

Kapitel 1

Wie offenbart sich Gott?

K ein Buch wurde so geliebt, so gehasst und so verehrt wie die Bibel. Millionen starben für den Glauben an dieses Buch. Es hat die größten und nobelsten Taten der Menschen inspiriert und wurde für ihre verwerflichsten Taten beschuldigt. Kriege wurden über die Bibel geführt, Revolutionen durch ihre Seiten genährt, und Königreiche zerfielen durch ihre Ideen. Menschen aller Ansichten durchsuchten sie nach Worten, die ihre Taten rechtfertigen könnten.

Eine auffällige Tatsache ist, dass die Bibel das am meisten verbreiteste Buch der Geschichte ist. Das Guinness Buch der Rekorde schätzt, dass zwischen 1815 und 1975 2.500.000.000 Bibeln gedruckt wurden. Das ist eine enorme Zahl. Kein anderes Buch der Geschichte kommt der Bibel in ihrer Verbreitung auch nur nahe. Dazu kommt, dass die Bibel jetzt (2003) in Teilen oder als Ganzes in mehr als 2.303 Sprachen gelesen werden kann. Die Amerikanische Bibelgesellschaft berichtet, dass die Bibel 98 Prozent der Erdbevölkerung zugänglich ist. Stellen sie sich nur die große Anstrengung vor, so viele Übersetzungen herzustellen. Kein anderes Buch ist je mit so viel Aufmerksamkeit bedacht worden.

Die Einmaligkeit der Bibel besteht nicht in ihrem politischen, kulturellen und literarischem Einfluss, sondern in ihrer Quelle. Sie ist Gottes Offenbarung seiner selbst an seine Geschöpfe. Das Wort »Offenbarung« kann man definieren als »eine übernatürliche Botschaft Gottes an Menschen, sei es in mündlicher oder in schriftlicher Form«. Der Begriff wird normalerweise auf eine geschriebene Botschaft bezogen.

Zu jeder Zeit der Geschichte gab es Menschen, die Gottes Existenz bezweifelten, während andere zuversichtlich behauptet haben, dass er existiert und dass er die Initiative ergriffen hat, sich selbst zu offenbaren und uns die verborgenen Muster seines Willens bekannt zu machen. Seine Absicht ist es, dass wir durch Christus und mit Hilfe des Heiligen Geistes Zugang haben zum Vater und teilhaben an der göttlichen Natur. Heutzutage offenbart sich Gott auf zwei Ebenen von Erkenntnis. Sein erstes Zeugnis ist in der Welt der Schöpfung, was manchmal als *allgemeine* oder *natürliche Offenbarung* bezeichnet wird; dazu hat er sich noch durch *spezielle Offenbarung* offenbart.

Allgemeine Offenbarung

Allgemeine Offenbarung ist universal in ihrer Reichweite und beinhaltet alles, was Gott in der Welt um uns herum geoffenbart hat.

Die Schöpfung ist eine Art, die Gott gewählt hat, sich selbst zu offenbaren

Ein zentraler Abschnitt der Heiligen Schrift zeigt das unwiderruflich. Er findet sich in Ps 19,1-6. Der Psalmist erklärt ausdrücklich, dass die Himmel, die Ausdehnung des Universums, Tag und Nacht, immerzu den Beweis liefern für Gottes Existenz und seine Herrlichkeit offenbaren. An keinem Ort der Erde fehlt diese Erkenntnis. Die Natur spricht eine universelle Sprache. Diese Erkenntnis ist für jedermann verfügbar und spricht die Vernunft an. Sogar Blinde können die Wärme der Sonne spüren, den Duft der Rose riechen, die melodiösen Geräusche der Natur hören und köstlichen Gerichte schmecken, die Gott für unsere Gesundheit und zu unserem Genuss bereitet hat. All diese Dinge legen Zeugnis ab, nicht nur, dass Gott existiert, sondern auch über seine Größe, seine Güte und seine Herrlichkeit.

Mehr noch, überall in der Natur finden wir *Ordnung* und *Planung*. Zu versuchen, Ordnung und Planung als das Ergebnis von Zufall zu erklären, ist töricht (Ps 14,1).

Keiner würde jemals ernsthaft darauf bestehen, dass eine Uhr einfach so entstanden wäre, dass das Metall, woraus sie gemacht wurde, sich zufällig in die Gestalt einer Uhr geformt hätte, dass die Ziffern auf der Oberfläche der Uhr sich zufällig in die Reihenfolge von 1 bis 12 geformt hätten und sich in mathematischer Präzision genau so weit voneinander gesetzt hätten, um den Uhrzeigern zu gestatten, sich jede Minute genau diesen Bruchteil eines Zentimeters zu bewegen (und das auch wieder durch Zufall). Sogar wenn man dafür Millionen von Jahren ansetzen würde, dass all dies geschehen wäre, könnte man doch nicht vernünftigerweise behaupten, dass irgendetwas, was so planmäßig und komplex wie eine Uhr ist, durch puren Zufall entstanden wäre.

Wenn das für eine Uhr stimmt, was kann man dann mit Bezug auf die Erde, die Planeten, das Solarsystem und das Universum selbst sagen? Überall in der Natur gibt es *Ordnung* und *Planung*. Überall finden wir die *Gesetze der Natur*. Nur ein lebendes, intelligentes Wesen konnte das Universum entworfen haben. Dieses Wesen nennen wir Gott. Die Natur liefert den Beweis, dass so ein Lebewesen existiert.

Paulus erklärt ausdrücklich, dass niemand – noch nicht mal jene, die niemals von der Bibel oder Christus gehört haben – eine Entschuldigung dafür hat, die Existenz Gottes nicht anzuerkennen und ihn nicht als Schöpfer aller Dinge zu ehren (Röm 1,18-20). Weil jedoch viele die Erkenntnis, die ihnen in der Schöpfung über den wahren Gott geoffenbart wurde, verwerfen und verdrehen, wird sein Zorn gegen sie geoffenbart (Röm 1,21-32). Dazu macht er noch geltend, dass es eine absichtliche Unwissenheit ist. Sie hatten das Wissen verfügbar, aber sie unterdrückten es und bevorzugten es, eine »Lüge« anzunehmen. Darum »hat Gott sie aufgegeben« an die Konsequenzen ihrer Wahl. Wir können die Ergebnisse von solch verdrehtem Denken in unserer Welt leicht sehen. Beschämende Perversionen werden nun als normales menschliches Verhalten angesehen, und diejenigen, die sich weigern, solch ein Verhalten zu billigen, werden als »homosexualitätsfeindlich« oder »unwissende religiöse Fanatiker« angesehen.

Die bloße Existenz von Menschen liefert einen Beweis für einen Schöpfer

Wie können Menschen – moralische, intelligente und lebende Wesen – erklärt werden ohne einen moralischen, intelligenten und lebenden Gott? C. S. Lewis beobachtet in seinem Buch »Pardon, ich bin Christ«, dass alle Menschen ein Gespür für Fairness oder »fair play« haben, was auf jemanden (Gott) hindeutet, der die Quelle dieses universalen moralischen »Gesetzes« oder Prinzips ist.

Die Evolution versagt in ihrem Bemühen, die Existenz der Seele, des Gewissens oder des religiösen Gefühls zu erklären, die allesamt menschliche Wesen vom Reich der Tiere unterscheiden. Die Komplexität der Menschen erfordert eine rationalere Erklärung als dass sie aus einem einzelligen Organismus herstammen und das Ergebnis eines bloßen Schicksalszufalls sind. Nicht zu vergessen, wo kam die Energie her, den einzelige Organismus herzustellen? Ein Verstand, der unverdorben ist von der Evolution, gesteht fast immer zu, dass menschliche Wesen das Produkt eines göttlichen Schöpfers sind.

Die ganze Schöpfung legt Zeugnis ab von der Wirklichkeit eines Schöpfers, und dennoch gibt die Welt um uns herum manchmal gemischte Signale, wobei sie Fragen genauso stellt wie sie Antworten gibt. Der gleiche Sonnenschein, der Zeugnis ablegt von einem liebenden Schöpfer, kann die Erde in eine ausgedörrte Wüste verwandeln, die Hungertod mit sich bringt. Derselbe Regen, der erfrischt, kann sich in eine reißende Flut verwandeln, die wahllos zerstört und ertränkt. Und Menschen, so wunderbar vielseitig und genial sie sind, zeigen oft Eifersucht, Neid, Zorn und sogar Hass, der zu Mord führt. Die Welt um uns herum offenbart einen Konflikt zwischen Gut und Böse, erklärt aber nicht, wie und warum der Konflikt begonnen hat, wer kämpft, warum oder was das letztendliche Urteil sein wird.

Spezielle Offenbarung

Gott hat verschiedene Mittel gebraucht, der Menschheit seinen Willen kundzutun

Einige davon sind: Zeichen (Moses Stab), Träume und Visionen (von Josef, dem Pharao, Petrus etc.), Begegnungen von Angesicht zu Angesicht, die Urim und Tummim (das waren möglicherweise zwei Steine, die in den Beutel der Brustplatte, die der Hohepriester trug, gelegt wurden; sie wurden benutzt, wie das Los, um Gottes Willen zu bestimmen), Visionen, Wunder, Engel, Ereignisse, Theophanien (die Erscheinung des Engel des Herrn, der dem Volk die göttliche Botschaft brachte); und natürlich Jesus Christus selbst, der auch *das Wort* genannt wird.

Gott benutzt die Bibel, seinen Willen zu offenbaren

Sie ist das wichtigste Mittel Gottes, um mit Menschen zu kommunizieren. Alles, was wir über das Leben Christi wissen, kommt aus der Bibel, obwohl nicht alles, was er sagte, in der Schrift aufgezeichnet wurde (Joh 21,25).

Weil *Sünde* Gottes Offenbarung in der *Schöpfung* verdunkelt hat, wobei sie die Fähigkeit des Menschen begrenzt, Gottes Zeugnis richtig zu interpretieren, ist es notwendig, dass Gott sich selbst in einer direkteren und wahrnehmbareren Weise offenbart. Daher offenbart er sich uns im Alten und im Neuen Testament in einer spezifischen Weise, die keinen Zweifel lässt bezüglich seines Charakters und Willens.

Die Bibel verkündet die Wahrheit über Gott und offenbart ihn als eine Person. Sie deckt die missliche Lage des Menschen auf und offenbart Gottes Lösung dazu. Sie zeigt uns als verloren, getrennt von Gott, und offenbart Jesus als den einen, der zu uns kommt und uns versöhnt mit Gott (Lk 19,10; Eph 2,14-18). Die Wahrheit über Gott findet man in der Person Jesu Christi, der die Verkörperung aller Wahrheit (Eph 4,21) und die zentrale Person der Heiligen Schrift ist. Das Alte Testament kündigt den Sohn Gottes als Messias an; das Neue Testament offenbart ihn als Jesus, den Heiland und kommenden König.

Das Thema von Gottes Liebe, wie es besonders im Opfertod Jesu am Kreuz gesehen wird – die größte Wahrheit des Universums –, ist der Mittelpunkt der Bibel (Joh 3,16). Alle großen Wahrheiten der Bibel sollten daher aus diesem Blickwinkel studiert werden.

Kapitel 2

Wie ist die Bibel entstanden?

Die ausschlaggebendste Frage in Bezug auf die Bibel ist ihr Ursprung. Mit anderen Worten: Hat Gott die Bibel hervorgebracht, und wenn ja, *wie* hat er das gemacht? Paulus erklärt, dass uns die ganze Heilige Schrift von Gott gegeben worden ist (2 Tim 3,16). Was die Bibel auszeichnet, ist ihre göttliche Inspiration. Als eigentlicher Autor hat Gott die menschlichen Autoren der Heiligen Schrift bewegt, sie »inspiriert«, genau das zu verstehen und zu schreiben, was er wollte, dass sie schreiben.

Das griechische Wort *theopneustos*, übersetzt mit »eingegeben«, bedeutet wörtlich »von Gott gehaucht«. Gott »hauchte« Wahrheit in den Verstand von Menschen. Die haben dann ihrerseits diese Wahrheit in den Worten ausgedrückt, die in der Bibel gefunden werden. Inspiration kann daher definiert werden als der geheimnisvolle Prozess, bei dem Gott seine ewige Wahrheit durch menschliche Schreiber kommuniziert, ohne dabei deren Individualität, Persönlichkeit oder Stil zu opfern. Das Ergebnis dieser Gott-Mensch Zusammenarbeit ist, dass Gottes Wahrheit ohne Fehler in den Originalhandschriften aufgenommen wurde.

Das Wort »Inspiration« wird jedoch nicht von allen Menschen gleich verstanden. Einige erkennen an, dass die Bibel inspiriert ist, aber ihr Verständnis von Inspiration ist ganz anders als das des Apostels Paulus.

Einige sehen die Bibel als ein menschliches Produkt, das zu bestimmten Zeiten und unter bestimmten Umständen das Wort Gottes für den Leser werden kann. Mit dieser Definition würden sie zustimmen, dass die Bibel inspiriert ist.

Andere bestehen darauf, dass die Bibel in genau derselben Weise inspiriert ist wie die Werke von Shakespeare oder Schiller. Sie verwenden das Wort »inspiriert« in einem allgemeinen Sinne. Zum Beispiel könnte jemand sagen: »Dieser Komponist war ganz gewiss inspiriert.« Wenn man solch eine Bedeutung akzeptiert, werden sogar die liberalen Theologen zustimmen, dass die Bibel inspiriert ist.

Aber das ist nicht, was Paulus darunter verstanden hat. Er meinte, dass die Schreiber der Heiligen Schrift so von Gott beeinflusst waren und ihre Gedankenprozesse so erleuchtet durch seinen Geist waren, dass das, was sie schrieben, Worte Gottes waren.

Der Prozess der Inspiration

Man muss wahrscheinlich gar nicht erwähnen, dass Gott die Bibel nicht mit eigener Hand schrieb (obwohl das einmal der Fall war, dass er seine Worte mit eigener Hand schrieb – die Zehn Gebote, 2 Mo 31,18; 5 Mo 10,4-5).

Es gibt jedoch reichlich Belege dafür, dass das, was man in den 66 Büchern der Bibel findet, genau die Worte sind, die Gott dort haben wollte. Die Inspiration erging von Gott an Menschen, um uns die Bibel zu geben. Nicht weniger als 40 Personen schrieben in einem Zeitraum von über 1.500 Jahren, wie Gott es ihnen eingab.

Der Prozess der Inspiration wird in zwei bedeutsamen Abschnitten des Neuen Testaments offen gelegt. Den ersten haben wir schon gesehen: 2 Tim 3,16. Wenn Paulus gesagt hätte: »Bestimmte Teile der Heiligen Schrift sind von Gott inspiriert«, dann würde es jedem selbst oder der Gemeinde überlassen sein zu bestimmen, welche Teile inspiriert sind. Das würde den menschlichen Verstand zum Prüfer und Richter dessen machen, was inspiriert ist und was nicht.

Wir müssen annehmen, dass diejenigen, die darauf bestehen, dass die Bibel nur in Teilen inspiriert ist, selbst inspiriert sind, die Teile zu sichten, die inspiriert sind. Aber wie wir alle nur zu gut wissen, ist der menschliche Verstand nicht immer ein verlässlicher Maßstab, wenn es darum geht zu bestimmen, was wahr und was falsch ist. Paulus meinte sicherlich, dass *Gott die ganze Heilige Schrift inspiriert hat* und nicht nur Teile davon.

Der zweite Abschnitt ist 2 Petr 1,21. Nach den Worten des Apostels Petrus wurde göttliche Inspiration durch Inspiration von Gott an heilige Männer gegeben, die dann vom Heiligen Geist »getrieben« wurden, genau die Worte zu schreiben, die von Gott kamen. Das Wort »getrieben« beinhaltet, dass diese Männer dahin getragen wurden, so wie von einer starken Strömung oder einem mächtigen Einfluss.

Das lehrt deutlich, dass die Bibel nicht aufgrund der Initiative oder Laune von Menschen geschrieben wurde, sondern von solchen, die dahin bewegt, ja getrieben wurden, durch den Antrieb des Heiligen Geistes. Sie schrieben aus Gehorsam dem göttlichen Befehl gegenüber und wurden *von allem Irrtum bewahrt*, sei es nun, dass sie Wahrheiten offenbarten, die zuvor nicht bekannt gewesen waren, oder sei es, dass sie Wahrheiten aufzeichneten, die schon bekannt waren.

Inspiration ist kein Diktat
Manchmal erhielten Schreiber den Befehl, die Worte Gottes genau wiederzugeben, aber meistens hat der Heilige Geist die Gedanken und Urteile der Autoren gelenkt, wobei er ihnen gestattete, sich selbst gemäß ihrem eigenen Sprachmuster und Stil auszudrücken.

Das Alte Testament war auf Hebräisch verfasst worden bis auf ein paar Abschnitte in Aramäisch, und das Neue Testament war auf Griechisch geschrieben worden. Dass Gott den Autoren (von denen die meisten nicht der literarischen Elite angehörten) gestattete, ein ihnen bekanntes Vokabular zu benutzen, legt nahe, dass Gott grundlegend wollte, dass sein Wort in der jeweils zeitgemäßen Mundart sein sollte.

Daher ist die Bibel göttliche Wahrheit in menschlicher Sprache ausgedrückt. Es besteht eine Parallele zwischen der Menschwerdung Jesu und der Bibel: Jesus war Gott in menschlicher Gestalt – Gott und Mensch in einem, Gottheit und Menschheit in einem (Joh 1,14). Genauso vereinigt die Bibel Göttliches und Menschliches (2 Petr 1,21). Diese göttlich-menschliche Verbindung macht die Bibel einzigartig unter literarischen Werken.

Das Ausmaß der Inspiration

Ist es nur so, dass die Bibel das Wort Gottes enthält oder ist es angemessen zu sagen, dass die Bibel das Wort Gottes ist? Ist Inspiration nur auf die wichtigen Lehren und geistlichen Lektionen der Bibel begrenzt oder ist die ganze Heilige Schrift (sogar die Geschichts-Teile) das Wort Gottes?

Die Bibel ist in ihrer Ganzheit das Wort Gottes und alle Worte der Heiligen Schrift sind inspiriert
Das wird »vollständige« sowie »wörtliche« Inspiration genannt. Beide Worte implizieren, dass die biblischen Autoren nicht einfach nur

in ihren allgemeinen Gedanken inspiriert waren, sondern genau in der Wahl der Worte, die sie benutzten (wörtliche Inspiration); und Inspiration bezieht sich auf die ganze Bibel (vollständige Inspiration), nicht nur auf bestimmte Teile.

Das heißt allerdings nicht, dass alle Teile der Bibel gleichermaßen bedeutsam wären, genauso wenig wie ein Finger so wichtig ist wie das Herz. Aber ebenso wie alle Teile des Körpers nützlich sind, so tragen alle Teile der Bibel einen maßgeblichen Anteil zur Gesamtbotschaft bei.

Die Inspiration gilt nicht für die Übersetzungen der Heiligen Schrift

Keine Übersetzung ist so inspiriert wie das Original. Dennoch hat Gott sein Wort bewahrt und wird das auch weiterhin tun, was bedeutet, dass wir uns zuversichtlich auf die Verheißung stützen können, dass Gottes Wort auf ewig bestehen wird (1 Petr 1,23-25)

Traditionen und neue Offenbarungen

Wir glauben nicht, dass Gott etwas zu seiner Offenbarung in seinem Wort hinzugefügt hat oder je hinzufügen wird (siehe Offb 22,18-19). Es mag sein, dass Traditionen ihren Wert haben und beizeiten ein wertvolles Werkzeug sein können, um das Verständnis der Heiligen Schriften zu verbessern. Aber sie sollten niemals als gleichrangig mit der inspirierten Schrift gesehen werden oder als Grundlage dazu benutzt werden, Lehrmeinungen zu formulieren.

Wer von sich beansprucht, ein Empfänger spezieller Offenbarungen zu sein, bewegt sich außerdem auf Glatteis. Wenn das, was er da beansprucht, wahr ist und er wirklich die Offenbarung direkt von Gott erfährt, dann müsste seine Botschaft die gleiche Autorität wie die Schriften der Apostel erhalten.

Unsere Antwort dazu ist, dass die Bibel vollständig ist und vollkommen genügend so, wie sie ist. Alles, was wir jetzt wissen müssen über Gott und das Heil, das er uns anbietet, ist in den 66 Büchern der Bibel offenbart. Anderer Meinung zu sein bedeutet, die Büchse der Pandora zu öffnen und Irrlehren Tür und Tor zu öffnen.

Die Botschaft der Bibel

Da die Bibel unser unfehlbarer Ratgeber ist und weil unser Glaube und Verhalten dadurch bestimmt werden soll, was sie lehrt, lassen Sie uns sehen, was das für Dinge sind, die wir über allem anderen beachten sollten:

Die Bibel offenbart Gottes Heilsplan

Die Heiligen Schriften lehren, was Gott getan hat und jetzt noch tut, um die Menschheit zu retten. Viele Menschen sind verwirrt und wurden fehlgeleitet darüber, wie man richtig mit Gott in Verbindung tritt. Sie glauben, dass Errettung dadurch erlangt wird, dass man eine Art verdienstvolle Werke tut – Geld zu spenden für Initiativen, die es verdienen, ein aufrechtes Leben zu führen, die Gebote zu halten etc.

Die Bibel lehrt deutlich, dass Errettung nur zu demjenigen kommt, der eine persönliche Beziehung zu Jesus Christus hat (Apg 4,12; 2 Tim 3,15).

Die Bibel offenbart unsere Notwendigkeit, Gottes Heil anzunehmen

Dass man den richtigen Weg weiß, ist nicht genug. Die Bibel spricht sehr deutlich darüber, was man tun muss, um errettet zu werden (Apg 16,25-34; Joh 1,11-12; Röm 10,13).

Die Bibel offenbart unseren Zustand im zukünftigen Leben

Es gibt Menschen, die suchen verzweifelt nach einer Antwort auf die Frage, was in der Zukunft geschehen wird. Es macht traurig zu sehen, dass sie an den falschen Orten suchen. Sie befragen Wahrsager, das Paranormale und Kulte, aber die Heilige Schrift erklärt, wie töricht solche Praktiken sind (Jes 8,19; Lk 16,29-31).

Im Gegensatz zu den Zweifeln, der Unsicherheit und der Verzweiflung menschlicher Spekulationen präsentiert die Bibel eine wahre und vertrauenswürdige Botschaft über das zukünftige Leben. Um dem Gericht Gottes zu entgehen und in den Genuss einer ewigen Heimat im Himmel zu kommen, muss ein Mensch Jesus Christus als denjenigen annehmen, der für seine oder ihre Sünden am Kreuz bezahlt hat (Mt 7,13-14; Joh 14,1-6).

Kapitel 3

Ist die Bibel glaubwürdig?

Die Bibel ist das zentrale Textbuch des christlichen Glaubens. Wenn es nur die Aufzeichnung der Bemühungen des jüdischen Volkes in seiner Suche nach Gott wäre, dann könnte es nicht das Wort Gottes sein, so wie der Begriff herkömmlich unter Christen verstanden wird. Wenn sie nur ein gutes Buch wäre, das nützliche, ethische und geistliche Wahrheiten vorschlägt, daneben aber viele historische und wissenschaftliche Fehler enthält, dann hätten wir kein Recht dazu, sie ein »heiliges« Buch zu nennen. Sie wäre nicht besser als andere Bücher, die ethische und geistliche Prinzipien präsentieren.

Wenn wir andererseits aber beanspruchen, dass sie das authentische Wort Gottes ist, wie können wir dann sicher sein, dass solch ein Anspruch zuverlässig ist? Wenn man der Bibel trauen will als dem genauen Wort Gottes, was gibt es dann für Anhaltspunkte, die uns zusichern, dass sie das ist, was sie vorgibt zu sein?

Das Zeugnis Jesu Christi und der Apostel

Immer wieder bezeugten Jesus und seine Apostel, dass die Heilige Schrift das Wort Gottes ist (Mt 5,17-19; Lk 24,27.44; 1 Kor 2,9; 2 Tim 3,15-16). Viele Ungläubige halten Jesus für den weisesten und besten Menschen, der je gelebt hat. Wenn er aber absichtlich die Menschen hinters Licht führte, indem er sich auf das Alte Testament berief, während er doch wusste, dass es voll von Mythen und Fabeln und völlig unzuverlässig war, dann war er eben *nicht* ein guter Mensch, und er sollte sicherlich nicht als weise betrachtet werden. Wenn Jesus in diesem Punkt nicht vertrauenswürdig ist, wo kann man ihm dann vertrauen?

Das Zeugnis des Heiligen Geistes

In jedem Gläubigen wohnt der Heilige Geist (Röm 8,9). Der Leib des Gläubigen ist Wohnort des Heiligen Geistes. Der Heilige Geist legt Zeugnis ab über die Wahrheit der Heiligen Schrift und überzeugt uns damit, dass die Bibel Gottes Wort ist (Joh 16,13-15; 1 Kor 2,13-15). Diejenigen, die darauf bestehen zu leugnen, dass die Bibel Gottes Wort ist, zeigen unleugbar, dass der Geist Gottes nicht in ihnen wohnt.

Das Zeugnis der Beweislage der Handschriften

Wir haben die Originalhandschriften der Bibel leider nicht mehr, aber wir haben fast 6.000 griechische Handschriften des Neuen Testaments. Die Textvarianten zwischen diesen Handschriften bringen eine grundlegende Glaubenslehre der Heiligen Schrift nicht in Gefahr.

Es gibt nicht so viele alttestamentliche Handschriften wie neutestamentliche, aber mit der Entdeckung der Rollen vom Toten Meer wurde eine Anzahl alttestamentlicher Schriftstücke gefunden, die von Gelehrten auf die Zeit vor Christus datiert werden. Jede Entdeckung einer Handschrift bis heute hat die Zuverlässigkeit der Heiligen Schrift, so wie wir sie kennen, bestätigt. Die jüdischen Abschreiber, die Kopien der alttestamentlichen Heiligen Schrift erstellten, waren so akribisch in ihrem Umgang mit dem heiligen Text, dass wir uns in einem vernünftigen Maße sicher sein können, dass sehr wenige Fehler je die Seiten entstellten.

Sir Frederic G. Kenyon, der frühere Direktor und Hauptbibliothekar des Britischen Museums, sagte einmal:»Ein Christ kann die ganze Bibel in die Hand nehmen und ohne Furcht und Zögern behaupten, dass er damit das wahre Wort Gottes hält, das ohne entscheidende Verluste von Generation zu Generation durch die Jahrhunderte weitergeleitet wurde.«

Das Zeugnis der lebensgebenden Macht der Bibel

Sie verspricht ein verändertes Leben
Denjenigen, die von ihren Sünden umkehren und ihren Glauben und ihr Vertrauen in Jesus Christus als Herrn und Retter setzen, verspricht die Bibel ein verändertes Leben (2 Kor 5,17). Im Laufe der Jahrhunderte wurde diese Verheißung unzählig oft erfüllt. Viele können mit dem Liederschreiber einstimmen:

Wunderbare Veränderung hat mein Leben besucht,
seit Jesus in mein Herz kam.
Licht im Herzen, nach dem lang' ich gesucht,
seit Jesus in mein Herz kam.

Sie verspricht denjenigen Frieden, die aufgewühlt sind (Joh 14,27;
Apg 10,36; Phil 4,7)

Eine entscheidende Qualität, die im Leben vieler in unserer modernen Welt fehlt, ist das Element des Friedens. Dieser Mangel an innerem Frieden und Erfüllung treibt viele Menschen zu Drogen, Alkohol, unmoralischem Verhalten und anderen destruktiven Gewohnheiten. Der Psalmist verkündete, dass diejenigen, die das Wort Gottes lieben, *»großen Frieden«* haben (Ps 119,165). Jesus hat daran erinnert, dass wir in der Welt Bedrängnis haben, während man in ihm Frieden findet (Joh 16,33). Diese Verheißung von Frieden hat im Leben der Gläubigen Erfüllung gefunden, seitdem Jesus zum ersten Mal die Garantie verkündet hat.

Sie verspricht, dass Gott für die materiellen und geistlichen Bedürfnisse seiner Kinder sorgen wird (Phil 4,19; Mt 6,25-34)

Diese Bedürfnisse wurden reichlich erfüllt, wo und wann auch immer Gottes Kinder seine Anforderungen erfüllt haben.

Sie verspricht, Speise für die Seele zu sein

Unser innerstes Wesen sehnt sich nach Gemeinschaft mit Gott und nach seiner Führung. Die Bibel wurde den Menschen gegeben, um ihre Sehnsucht nach Licht bezüglich gegenwärtiger und zukünftiger Dinge zu erfüllen. Sie ist ein Leitfaden von der Gegenwart in die große Ewigkeit (Ps 119,105; Joh 14,1-3).

Die Bibel versagt niemals, das zu tun, was sie verspricht

Millionen können bezeugen, dass die Bibel genau das getan hat, was sie versprochen hat zu tun. Diejenigen, die im Glauben die Bibel auf die Probe stellen, werden entdecken, dass ihre Verheißungen immer zuverlässig sind; ihre Ansprüche sind vertrauenswürdig (Joh 7,17).

Das Zeugnis erfüllter Prophetien

Niemand außer Gott kann die Zukunft mit Sicherheit vorhersagen. Wenn gezeigt werden kann, dass biblische Schreiber oft genau Ereignisse voraussagten, bevor sie eintraten und bevor irgendjemand wissen konnte, was passieren würde, dann hat das Beweiskraft, dass die

Bibel von Gott kam. Das Alte Testament ist voll von Prophezeiungen, die sich auf den Dienst und die Person Jesu Christi beziehen.

Prophezeiungen bezüglich Jesu Geburt und seine frühe Kindheit:
- Geboren aus der Nachkommenschaft einer Frau (1 Mo 3,15; Lk 1,30-35; Gal 4,4);
- von der Nachkommenschaft Abrahams, durch Isaak und Jakob, nicht durch Ismael und Esau (1 Mo 21,12; 22,18; Mt 1,1-2; Lk 3,23.34);
- vom Stamme Juda und der Familie Davids (1 Mo 49,8-12; Jer 23,5; Mt 1,1-6; Lk 3,23.31.33; Offb 22,16);
- geboren in Bethlehem (Mi 5,1; Mt 2,1; Lk 2,4-7);
- geboren von einer Jungfrau (Jes 7,14; Mt 1,18.24-25; Lk 1,26-35);
- Flucht nach Ägypten (Hos 11,1; Mt 2,13-15).

Prophezeiungen bezüglich Jesu Wesen und Dienst:
- seine Präexistenz (Mi 5,1; Joh 17,5; Kol 1,16-17);
- er soll Immanuel sein: »Gott mit uns« (Jes 7,14; Mt 1,23);
- ein Vorbereiter wird vor ihm kommen (Jes 40,3; Mal 3,1; Mt 3,1-3);
- er reitet auf einem Esel in Jerusalem ein (Sach 9,9; Lk 19,35-37);
- er wird verraten, verurteilt und gekreuzigt, sterben und auferstehen (Ps 41,10; Ps 22,2.15-19; Jes 53).

Man schätzt, dass sich mehr als 300 Prophetien in der Person Jesu Christi und seinem Dienst erfüllt haben. Diejenigen, die noch unerfüllt sind, betreffen sein Zweites Kommen mitsamt seiner Herrschaft, was noch in der Zukunft liegt.

Das Zeugnis der Archäologie

Im 19. Jahrhundert behandelten viele liberale Theologen üblicherweise die Bibel als ein Buch von Legenden und Mythen. Viele von den Geschehnissen und Charakteren darin wurden als erdichtet angesehen. Zum Beispiel haben einige vorgeworfen, dass Mose die ersten Bücher der Bibel nicht geschrieben haben konnte, weil das Schreiben zu solch früher Zeit noch gar nicht erfunden worden war. Heute hat die Archäologie diese Skepsis der Kritiker zurückgewiesen und die Zuverlässigkeit der biblischen Geschichte bestätigt.

Der bekannte jüdische Archäologe Nelson Glueck bestätigte, dass »kein archäologischer Fund jemals eine Bibelstelle bestritten hat. Eine ganze Menge archäologischer Funde wurden gemacht, die in deutlichen Zusammenhängen oder genauen Details historische Angaben in der Bibel bestätigen.« Der Yale-Gelehrte Millar Burroughs fügte hinzu: »Nicht nur ein Archäologe hat größere Achtung gegenüber der Bibel gefunden dadurch, dass er an Ausgrabungen in Palästina teilgenommen hat.«

Die Archäologie weist die Behauptungen der Kritiker zurück, dass die Bibel ungenau und fehlbar ist. Im Gegenteil, ihre Entdeckungen haben viel dazu beigetragen zu beweisen, dass die biblischen Aufzeichnungen wahr sind.

Schlussfolgerungen

Die Bibel ist das einzige Buch, das zugleich behauptet und beweist, dass sie das Wort Gottes ist. Sie sagt sogar ihre eigene Zukunft voraus – sie wird »für immer bestehen« und »niemals vergehen« (Jes 40,8; Mt 5,18; 24,35; 1 Pet 1,25). Jahrhundert um Jahrhundert überlebt sie trotz vieler Feinde, die törichterweise ihren Untergang voraussagen.

Trotz oben genannter Evidenz wollen viele ihr Herz nicht der Wahrheit Gottes gegenüber öffnen. Im Grunde ist es ein geistliches Problem. Nur wenn man dem Licht des Evangeliums erlaubt, ins eigene Herz zu scheinen, wird man die Bibel genau als das Wort Gottes betrachten (2 Kor 4,3-4).

Kapitel 4

Woher wissen wir, welche Bücher zur Bibel gehören?

D ie Bibel ist bei weitem das meistverkaufte und einflussreichste Buch in der Geschichte und wurde in mehr Sprachen übersetzt als irgendein anderes Buch. Einige haben vorgeschlagen, dass die Bibel die Geschichte davon erzählt, wie Menschen nach einer Beziehung mit Gott streben. Der christliche Standpunkt ist, dass die Bibel das geschriebene Wort Gottes ist, direkt von Gott inspiriert, wie es kein Buch jemals war oder jemals sein wird, und dass sie die Geschichte darüber ist, wie Gott sich den Menschen zuwendet. Das Wort »Bibel« kommt von den griechischen Worten *biblos* und *biblion*, die beide »Buch« bedeuten. Der Begriff »die Schriften« ist der Begriff, den die Bibel selbst am meisten gebraucht (2 Tim 3,15-16). Sie wird auch »das Wort Gottes« genannt (Hebr 4,12).

Die Bibel ist nicht bloß ein Buch unter Büchern; sie ist das *Buch der Bücher*. Sie ist die Quellensammlung unseres Wissens über Gott, der Ratgeber zu ewigem Leben. Die Bibel ist eine Bücherei von 66 Büchern in zwei Teilen, dem Alten Testament (39 Bücher) und dem Neuen Testament (27 Bücher). Das Wort *Testament* bedeutet »Bund« oder »Vertrag«. Wie wir schon gesehen haben, wurde das Alte Testament ursprünglich auf Hebräisch geschrieben (außer in einigen Abschnitten in Daniel und Esra, die auf Aramäisch geschrieben wurden), und das Neue Testament wurde auf Griechisch geschrieben. Das Studium des »Schriftkanons« ist grundlegend, weil es sich damit befasst, welche Schriften zur Bibel gehören und welche nicht.

Die Bedeutung des Begriffs »Kanon«

- Das Wort Kanon kommt von dem griechischen Wort *kanon*, das Schilfrohr oder Messstab bedeutet, daher also Maßstab oder Norm. Im 4. Jhd. n. Chr. wurde der Begriff dann für die Bibel benutzt, um all die Bücher zu kennzeichnen, die zusammen das authentische Wort Gottes bilden.
- Heute, wenn wir vom »Schriftkanon« sprechen, meinen wir da-

mit die 66 Bücher, die die Bibel ausmachen.

- Das Wort Kanon beinhaltet auch, dass die Sammlung kanonischer Bücher die Richtlinien für Glauben und Praxis des gläubigen Christen enthält.

Der Kanon des Alten Testaments

Um einen Platz im Alten Testament zu bekommen, musste ein Buch von einem Propheten geschrieben, bearbeitet oder empfohlen sein. Ein Prophet war einer, der offenbarte, was Gott erklärt hatte, und dessen Prophetien als autoritativ anerkannt wurden (2 Petr 1,21).

Mose hat jedes Wort aufgezeichnet, das der Herr gesprochen hatte, und las es dann als *Bundesbuch* den Leuten vor (2 Mo 21-23; 24,4.7).

Josuas Abschiedsrede wurde aufgeschrieben »in dem Buch des Gesetzes Gottes« (Jos 24,26). Von dem Gesetz hat man immer gedacht, dass es von Gott wäre (5 Mo 31,24; Jos 1,7-8).

Samuel sprach von dem Recht des Königtums und »schrieb es in ein Buch« (1 Sam 10:25).

Der Ausdruck »Gott sagte« wird viele Male wiederholt im Alten Testament (siehe 1 Mo 1). »Der Herr sagte zu mir«, »Der Herr sprach zu mir«, »Das Wort des Herrn kam zu mir« sind bekannte Äußerungen der Propheten (Jes 1,2; Jer 1,2; Hos 1,1; Jon 1,1; Mi 1,1; Zeph 1,1; Hag 1,1; Sach 1,1).

Es ist wichtig, sich daran zu erinnern, dass das Alte Testament mehr als 1.000 Jahre in seiner Entstehung brauchte – die ältesten Teile sind von Mose geschrieben (das Gesetz), die spätesten (viele von den Propheten und Schriften) nach dem Babylonischen Exil.

Jesus bestätigte den alttestamentlichen Kanon der Heiligen Schrift und betrachtete ihn als inspirierte Aufzeichnungen von Gottes Handeln unter seinem auserwählten Volk. Er hat sich wiederholt auf die alttestamentlichen Schriften als autoritativ bezogen (Mt 19,4; 22,29; Lk 24,27.44; Joh 5,39).

Die Urgemeinde hat dieselbe Einstellung gegenüber dem Alten Testament bewahrt. Paulus bestätigte die volle Inspiration und Kanonizität der alttestamentlichen Schriften (2 Tim 3,15-16).

Es gibt gut 250 Zitate aus den alttestamentlichen Büchern im Neuen Testament (nur Esther, Prediger und Hoheslied werden nicht zitiert).

Es gibt keine Zitate aus den *Apokryphen*. Josephus (37-100 n.Chr.) bestätigte, dass die Juden *nur* 22 Bücher als heilig anerkannt haben, die genau dasselbe sind wie unsere 39 Bücher. Was man mit Sicherheit sagen kann, ist, dass schon lange vor der Zeit des Neuen Testaments der alttestamentliche Kanon von 39 Büchern in der Form festgesetzt war, in der wir ihn heute kennen.

Der Kanon des Neuen Testaments

Die Urgemeinde hatte von Anfang an einen Kanon – die Schriften des Alten Testaments und die Tradition von Jesu Werken und Lehre. Letztere war zuerst nur in mündlicher Form. Die Evangelien und Briefe wurden nach und nach gesammelt und als Heilige Schrift benutzt, ein Prozess, der bis zum 3. Viertel des 2. Jhds. vollendet war. Es ist wichtig zu beachten, dass die Bücher inspiriert waren, als sie ursprünglich geschrieben wurden. Die Abgesandten bestätigten auf dem Konzil von Karthago (397 n.Chr.) nur, was schon wahr war – dass die 27 Bücher, wie wir sie heute im Neuen Testament haben, inspirierte Heilige Schrift sind.

Um einen Platz im Neuen Testament zu bekommen, musste ein Buch von einem Apostel oder einem Begleiter eines Apostels geschrieben worden sein (Markus war ein Begleiter von Petrus und Paulus; Lukas war ein Begleiter von Paulus).

Jesus versprach den Aposteln, dass der Heilige Geist sie an das erinnern würde, was er sie auf Erden gelehrt hatte (Joh 16,12-15; Mt 10,20; Joh 14,25-26). Die Apostel sprachen und schrieben mit göttlicher Autorität (1 Kor 2,9-13; Gal 1,11-12). Petrus hat die Briefe des Paulus als »Heilige Schrift« anerkannt (2 Petr 3,15-16).

Die Bücher des Neuen Testaments wurden in den Gemeinden gelesen (1 Thess 5,27); sie wurden unter den Gemeinden herumgereicht (Kol 4,16; 2 Petr 3,15-16); und die Gemeinden wurden vor Fälschungen gewarnt (2 Thess 2,2).

Was uns das lehrt

Außerkanonische Schriften, was immer für Verdienste man ihnen zusprach, haben keinen Platz in der Heiligen Schrift, weil sie nicht von Gott inspiriert sind.

Weil der Kanon geschlossen ist, ist kein Raum mehr da für zusätzliche Offenbarungen wie solche, die angeblich an Mohammed, Joseph Smith, Mary Baker Eddy, Ellen G. White, den Papst, Charismatiker etc. gegeben wurden.

Gott hat den Kanon der Heiligen Schrift inspiriert; wir können daher mit größter Zuversicht an die Bibel herangehen und unser ganzes Vertrauen und unsere ganze Loyalität in sie setzen. Nur wenn man sich der Heiligen Schrift oft aussetzt, kann der Glaube genährt werden (Röm 10,17).

»Es geschah erst 1546 n.Chr. auf dem Konzil von Trient, dass die Römisch-Katholische Kirche offiziell erklärte, dass die *Apokryphen* zum Kanon gehören. Einige dieser Bücher unterstützen die katholischen Lehren des Betens für die Toten (2 Makk 12,45) und der Rechtfertigung durch den Glauben plus Werke. Die Schriften der *Apokryphen* sollten nicht als Heilige Schrift angesehen werden, weil sie für sich selber nicht dieselbe Art von Autorität beanspruchen wie die alttestamentlichen Schriften. Sie wurden nicht als Heilige Schrift angesehen von den Juden, und sie wurden nicht als authentische Heilige Schrift von Jesus oder den Schreibern des Neuen Testaments betrachtet. Die frühen englischen Übersetzer sahen sie als nützlich für Andachten und geschichtliche Informationen, aber betrachteten sie nicht als authentische Heilige Schrift. Fast alle englischen Bibeln im 18. Jhd. (einschließlich der King James Version) setzten sie zwischen das Alte und das Neue Testament und streuten sie nicht zwischen die alttestamentlichen Bücher, wie es die Katholiken taten.

Kapitel 5

Wie versteht man die Heilige Schrift am besten?

Bibelgelehrte bezeichnen das Fach der Auslegung der Heiligen Schrift als *Hermeneutik*. Dieses Wort kommt von dem Griechischen hermeneia, was »auslegen« oder »übersetzen« bedeutet. Die Bibel ist Gottes Botschaft an uns. Er hat sie nicht verschlüsselt gesandt, damit sie ein Geheimnis bleibe. Er hat sie nicht so schwierig gemacht, dass nur Theologen und Spezialisten sie verstehen können.

Gott möchte noch viel mehr, dass wir die Bibel lesen und verstehen können, als wir sie lesen und verstehen wollen. Wir müssen nur ein paar Prinzipien beachten, um Gottes Wort zu verstehen.

Das Ziel der Interpretation ist ein dreifaches:
1. Gottes Botschaft zu erkennen;
2. Missverständnisse oder falsche Schlussfolgerungen über die Bibel zu vermeiden oder zu vertreiben;
3. fähig zu sein, die biblische Botschaft für unser Leben anzuwenden.

Wir leben in einer Zeit des Missbrauchs: Missbrauch im körperlichen, sexuellen, emotionalen und sprachlichem Bereich. Es gibt auch so etwas wie *Missbrauch im biblischen Bereich*. Damit ist gemeint, dass man durch falsche Anwendung oder Auslegung der Heiligen Schrift betrogen wird. Es ist überhaupt nicht unüblich, dass man hört, wie Menschen die Heilige Schrift verdrehen und Interpretationen hineinzwingen, die der Autor nicht beabsichtigt hatte. Diejenigen, die mit der Heiligen Schrift nicht vertraut sind, fangen dann an, der irreführenden Auslegung mit ihrem ganzen Herzen zu glauben, nur um dann später herauszufinden, dass beides, Auslegung und Anwendung, falsch und schädlich für ihr geistliches Wohlbefinden waren.

Hier nun kommen einige grundlegende Prinzipien, die helfen sollen, die Bibel richtig zu verstehen und ihre wesentliche Botschaft zu verstehen.

Suchen Sie nach der Bedeutung, die der Autor im Kopf hatte

Um die Bibel richtig auszulegen, muss man nach der ursprünglichen Bedeutung des Autors suchen und darf nicht dem Text die eigene Meinung aufzwängen. Jeder biblische Abschnitt hat eine genaue Bedeutung, die sein Autor beabsichtigt hat. Die Aufgabe des Lesers, mit der Hilfe des Heiligen Geistes, ist es, diese Meinung zu entdecken.

Entdecken Sie, wer der Autor ist, mitsamt seiner Absicht.

Sogar wenn man den Namen des menschlichen Autors kennt (Mose, Johannes, Paulus, etc.), hat man keinen direkten Zugang zu ihm. Ein Geheimnis, die Bedeutung eines Abschnitts zu entdecken, ist es, sich in die Zeit zu versetzen, in der der Autor das Original schrieb, und sich zu fragen, was er uns damit sagen wollte. Mit anderen Worten: versetzen Sie sich in die jüdische Person, die vor 2.000 oder mehr Jahren im Nahen Osten lebte, während Sie zugleich eine angemessene Anwendung für Ihr Leben heute suchen.

Verlassen Sie sich auf den Heiligen Geist, Ihnen Verständnis für einen Abschnitt zu geben.

Die Bedeutung des Abschnitts liegt letztlich in der Absicht des eigentlichen Verfassers, des Heiligen Geistes Gottes (2 Petr 1,20-21). *Verständnis geben* ist die Arbeit des Heiligen Geistes, der Licht bringt in die Worte der Bibel, während wir sie lesen (Lk 24,45). Jesus versprach, den Heiligen Geist zu senden, der den Gläubigen beistehen sollte, die Wahrheit der Heiligen Schrift zu verstehen (Joh 16,13). Jedes Mal, wenn Sie sich der Heiligen Schrift zuwenden, beten Sie, dass Ihre Augen geöffnet werden, damit Sie die wunderbaren Wahrheiten Gottes verstehen (Ps 119,18).

Nähern Sie sich der Bibel mit einer Haltung der Demut

Jakobus erinnert seine Leser daran, dass eine Haltung von Demut notwendig ist, wenn man das Wort Gottes erhalten und davon profitieren will (Jak 1,21). Das Wort Gottes mit »Demut« aufzunehmen bedeutet, Willens zu sein, sich seine Fehler und Schwachheiten anzuhören, die Botschaft nicht nur mit Geduld, sondern mit Dankbarkeit aufzunehmen, und das mit dem Wunsch, sich von den Lehren und Vorgaben, denen wir in der Bibel begegnen, verändern zu lassen. Die Bibel schenkt ihre Geheimnisse niemals einer hochnäsigen »weiss-schon-alles« Haltung.

Lesen Sie jeden Abschnitt in seinem Kontext

Unter *Kontext* versteht man was *vor* und was *nach* einem Abschnitt kommt. Wenn Ihre Bibelkenntnisse zunehmen, werden Sie anfangen, Wörter und Sätze in Beziehung zum ganzen Buch zu sehen, nicht nur in Beziehung zu dem Abschnitt, den Sie gerade lesen.

Wie es bei aller Literatur ist, müssen Sie einen Zugang zur ganzen Bibel gewinnen, um ihre verschiedenen Teile schätzen und verstehen zu können. Zum Beispiel, wenn man in Röm 6 über Sünde liest, dann können Sie besser verstehen, was da gesagt wird, wenn Sie verstehen, wie Paulus' Lehre über die Sünde zusammengehört mit der Botschaft von 1 Mo.

Sie müssen Vorsicht walten lassen, wenn Sie hier und da kurze Verse oder Versteile in der Heiligen Schrift lesen. Stellen Sie sich vor, Sie würden die Worte von Paulus in 1 Kor 7,27 lesen: »Bist du unverheiratet? Such nicht nach einer Frau!«, ohne dabei auf den Kontext zu achten. Aus dem Kontext gerissen, scheint es zu bedeuten, dass Paulus Singlesein als die Regel für jeden Mann betrachtet.

Wenn Sie herausfinden wollen, was die Bibel lehrt, lesen Sie das ganze Kapitel (und beizeiten das ganze Buch), nicht nur eine einzelne Zeile. Finden Sie heraus, wer mit wem redet. Lesen Sie, was davor und was danach steht. Die einzige Möglichkeit, Sinn aus einer Geschichte zu bekommen, ist es, den Kontext der Geschichte zu kennen. Der letztendliche Kontext jeglichen Bibelabschnitts ist die ganze Bibel.

Wie kann man lernen, mit dem Kontext zu lesen? Indem man ganze Bücher am Stück liest. Wenn Sie es schaffen, zwei oder drei Stunden in einem Roman zu lesen, dann versuchen Sie dasselbe mit 1. Mose, dem Johannesevangelium oder dem Epheserbrief. In allen Büchern der Bibel, die sie lesen, sollten Sie ein Bild haben von dem ganzen Buch, selbst wenn Sie sich nur verschiedene Teile davon vornehmen. Fragen Sie sich: »Wie passt dieser Abschnitt zu der Gesamtbotschaft des Buches, ja der ganzen Bibel?«

Ihre Fähigkeit, die Heilige Schrift kontextgemäß zu lesen, wird sich exponentiell vergrößern, wenn Sie mehr Zeit damit verbringen, Gottes Wort zu lesen. Sie könnten damit anfangen, den Kolosserbrief durchzulesen.

Identifizieren Sie die Literaturart
Die Bibel ist voll von verschiedenen Literaturarten (Gattungen). Von 1 Mo bis Offb finden wir Geschichtsschreibung, Dichtung, Metaphern, Hyperbeln und verschiedene Redewendungen. Es ist wichtig, die Literatur-Art, die man gerade liest, zu verstehen. Verschiedene Gattungen bedingen verschiedene Erwartungen und Auslegungsstrategien.

Wenn zum Beispiel Jesus behauptet, dass ein Kamel durch ein Nadelöhr leichter hindurch kommt als ein reicher in das Königreich Gottes (Mt 19,24), dann verwendet er eine *Hyperbel* (Übertreibung). Er hat nicht gemeint, dass es für Reiche unmöglich gewesen wäre, gerettet zu werden, es ist nur schwierig. Eine andere *Hyperbel* findet sich in Mt 5,29-30, wo Jesus sagt: Wenn dein rechtes Auge dir Anlass zur Sünde gibt, reiß es aus und wirf es weg! Natürlich hat Jesus damit nicht die Absicht verfolgt, dass man dies wörtlich nehmen soll.

Ps 98,8-9 enthält eine andere Art von Literatur – Dichtung. »Die Ströme sollen in die Hände klatschen, alle Berge zusammen sollen jubeln vor dem HERRN!« Dichter benutzen schöne Ausdrücke, um wunderbare Gedanken zu vermitteln. Poesie darf man nicht immer wörtlich nehmen, denn Ströme klatschen nicht in die Hände und Berge singen nicht.

Andererseits sollten große Teile der Heiligen Schrift wörtlich genommen werden. Eine Faustregel für die Auslegung der Heiligen Schrift sieht so aus: »Wenn die wörtliche Bedeutung der Heiligen Schrift mit gesundem Menschenverstand Sinn macht, dann such keine andere Bedeutung. Nimm jedes Wort in seiner normalen, wörtlichen Bedeutung, außer, wenn der Kontext eine andere Bedeutung nahe legt.«

Identifizieren Sie die Hauptwahrheit
Es ist ein Fehler zu versuchen, tiefe, geheime, versteckte Bedeutungen in unklaren Details der Bibel zu finden, während man das Hauptanliegen, um das es geht, ignoriert.

Origines, ein einflussreicher Theologe des 3. Jhds., glaubte, dass die wörtliche Bedeutung der Heiligen Schrift nicht so wichtig war wie die allegorische. Er suchte nach versteckten Bedeutungen. Das machte es ihm möglich, dass die Heilige Schrift das sagte, was er wollte, dass sie es sagte.

Es gibt Leute, die glauben, dass die Absicht von Jesu Dienst im Großen und Ganzen war, seinen Jüngern ein Beispiel zu geben, dem sie nacheifern sollten. Diejenigen, die eine solche Sicht vertreten, übersehen ganz und gar die Verse, die die *Hauptabsicht* seines Kommens in die Welt ausdrücken, nämlich dass er die Sünden tragen sollte für alle verlorenen und verletzten Menschen der Welt, die an ihn glauben würden (siehe Mk 10,45; Lk 19,10; Joh 1,1-13).

Lassen Sie die Bibel sich selbst auslegen

Viele Fragen, die aufkommen und Beunruhigung oder Verwirrung stiften, wenn man die Heilige Schrift liest, werden meist an anderen Stellen in der Bibel beantwortet.

Auch Bibelkommentare können sehr hilfreich sein, aber man sollte sich daran erinnern, dass die Bibel ihr eigener bester Ausleger ist.

Suchen Sie nach dem gesamten Ratschluss der Heiligen Schrift

Obwohl die Bibel eine Sammlung von vielen Büchern ist, ist sie auch ein Buch. Während sie viele Geschichten zu erzählen hat, tragen die doch alle zu einer einzigen Geschichte bei. Dieser Grundsatz hat wichtige Auswirkungen:

Bauen Sie niemals eine Glaubenslehre auf eine unklare Bibelstelle auf. Die wichtigsten Lehren der Bibel werden mehr als einmal erwähnt. Wenn eine unklare Bibelstelle etwas lehrt, was andere Abschnitte zu widerlegen scheinen, dann müssen Sie erstere im Lichte der letzteren verstehen. Mit anderen Worten, Sie müssen die Bedeutung von unklaren Bibelstellen dadurch bestimmen, dass Sie die klaren Lehraussagen anderer Teile der Heiligen Schrift, die etwas zum gleichen Thema beitragen, zu Rate ziehen. Die Heilige Schrift im Lichte ihrer Gesamtbotschaft zu lesen – dem ganzen Ratschluss Gottes – vermeidet nicht nur irregehende Auslegungen, es vermittelt auch tiefere Einsicht in das Wort Gottes.

Untersuchen Sie, was andere zu sagen haben

Christen studieren die Bibel seit fast 2.000 Jahren. Sie haben viele Antworten zu entscheidenden Fragen gefunden. Sie sind mit vielen Missverständnissen fertig geworden.

Es gibt viele hilfreiche Bibelstudienwerkzeuge. Ein Bibellexikon, ein Bibelkommentar in einem Band und ein Bibelnachschlagewerk sind wertvolle Ergänzungen zur Bücherei eines jeden Christen. Sogar ein normales Lexikon ist beim Bibellesen nützlich.

Darüber hinaus sollten Sie die Möglichkeiten nutzen, die Ihnen zur Verfügung stehen, mehr über die Bibel zu lernen – so wie Bibelstunden oder Hauskreise. Dann können Sie noch Notizen zu den Predigten und Bibelstunden machen. Oft vergessen wir ja ganz schnell, was wir hören.

Schlussfolgerungen

Schließlich, wie schon gesagt, sollten Sie ihr Bibellesen in Gebet tauchen und den Heiligen Geist bitten, Ihre Augen zu öffnen für die Wahrheit, die im Wort Gottes zu finden ist. Ohne die Hilfe des Heiligen Geistes können Sie die geistliche Botschaft von Gottes Wort nicht voll verstehen (1 Kor 2,6-16).

Sie müssen auch organisiert sein, wenn Sie sich ans Bibelstudium machen. Setzen Sie eine bestimmte Tageszeit fest für Ihre Verabredung mit Gott, seien es zehn Minuten, 30 Minuten oder auch länger.

Nur das Wort Gottes kann vor Irrtum bewahren und einen objektiven Maßstab bieten, die Wahrheit oder Falschheit der Meinungen zu beurteilen, die uns andauernd in unserer modernen Gesellschaft begegnen (2 Tim 3,16-17).

Der wahre Gott
Gott, der Vater

Wir glauben, dass es einen und nur einen lebenden und wahren Gott gibt, einen unbegrenzten, intelligenten Geist, den Schöpfer und obersten Herrscher von Himmel und Erde; unausdrückbar herrlich in Heiligkeit und wert aller möglicher Ehre, Vertrauen und Liebe; dass es in der Einheit der Dreieinigkeit drei Personen gibt, den Vater, den Sohn und den Heiligen Geist, gleich in jeder göttlichen Vollkommenheit und verschiedene, doch sich harmonisch ergänzende Ämter innehabend in dem großen Werk der Erlösung.

Kapitel 6

Ist es möglich, die Existenz Gottes zu beweisen?

Menschen haben viele verschiedene Gedanken über Gott. Diese Gedanken hängen mit der Weltanschauung des einzelnen zusammen. Alle vorhandenen Weltanschauungen können folgendermaßen aufgelistet werden:

1. *Theismus:* Es gibt einen persönlichen Gott, Schöpfer, Erhalter und Herrscher über alle Dinge.
2. *Deismus:* Es gibt einen Gott, aber er ist außerhalb der Welt und greift nicht ein. Gott hat die Welt erschaffen, aber sie läuft nun für sich allein.
3. *Pantheismus:* Gott ist identisch mit der Welt.
4. *Atheismus:* Es gibt keinen Gott in oder außerhalb der Welt.
5. *Unglaube:* Zweifel oder Unglaube bezüglich der Existenz Gottes.
6. *Agnostizismus:* Ein Bestreiten, dass man Gott kennen kann.

Gründe für einen Glauben an Gott

Die Heilige Schrift versucht nicht, Gottes Existenz zu beweisen; stattdessen setzt sie sie überall voraus oder bestätigt sie (1 Mo 1,1; Jes 45,5; Joh 1,1). Die Heilige Schrift erklärt, dass die Kenntnis Gottes universal ist (Ps 19,1-6; Röm 1,19-21.28.32).

Gott hat diese grundlegende Wahrheit auf das Herz der Menschen gestempelt, so dass *er nirgends auf der Erde ohne Zeuge ist.* Überall auf der Welt, sogar unter den primitivsten Stämmen, gibt es dieses elementare Bewusstsein von Gott. Atheisten sind eine winzige Minderheit unter den verschiedenen Völkern der Welt.

Dennoch erkennt die Bibel diese universale »Gottesbewußtsein« nicht als eine adäquate Grundlage für eine Beziehung zu Gott an, die auf der Errettung basiert. Die Bibel sagt, dass die Menschen sich nur mit »Glauben« Gott nahen dürfen. Diejenigen, die zu Gott kommen, müssen glauben, dass er wirklich existiert und dass er diejenigen belohnt, die ihn ernsthaft suchen (Hebr 11,6).

Die Beweise der Existenz Gottes

Die Bibel erklärt ausdrücklich, dass keiner außer einem »Narren« die Tatsache Gottes verleugnet (Ps 53,2). Es braucht mehr Glauben zu glauben, dass alle lebenden Dinge zufällig ins Dasein kamen – das Ergebnis eines Schicksalszufalls – als zu glauben, dass hinter der ganzen Schöpfung ein lebendiger, allmächtiger, unbegrenzter Gott steht.

Einige Ungläubige geben sich damit zufrieden, dass Wissenschaftler »bewiesen« haben, dass es keinen Gott gibt. Die Wissenschaft ist nicht in der Lage, die Nicht-Existenz von was auch immer zu beweisen. Wenn Menschen die Wissenschaft dazu benutzen, die Existenz Gottes zu widerlegen, dann missbrauchen sie die Wissenschaft.

Weil Wissenschafter im Allgemeinen als Experten auf allen technischen Gebieten betrachtet werden, wenn dann einer von ihnen behauptet, das Gott nicht existiert (es sollte gesagt werden, dass viele Wissenschaftler keine Atheisten oder Agnostiker sind), werden viele von den Leichtgläubigen von dieser unbewiesenen Behauptung in die Falle gelockt. Dass jedoch einfach behauptet wird, dass Gott nicht existiert, hat nichts mit einem Beweis oder Beleg des Anspruchs zu tun. Ein paar Wissenschaftler haben dieses Klischee der Öffentlichkeit untergeschoben, haben sich verhalten, als ob sie etwas wirklich Tiefgründiges gesagt hätten, während alles, was sie getan haben, war, eine haltlose Meinung von sich zu geben.

Wenn es unmöglich ist, Gottes Existenz zu beweisen, wie wissen sie dann Bescheid? Gibt es irgendwelche Beweise, die zeigen, dass es unmöglich ist, Gottes Existenz zu beweisen? Eine interessante Beobachtung bezüglich der Behauptung, dass es unmöglich ist, die Existenz Gottes zu beweisen, ist, dass dies eine absolute Aussage ist. Die Ironie besteht darin, dass viele, die so eine absolute Aussage machen, ebenso verfechten, dass es *nichts* Absolutes gibt.

Im Laufe der Jahre haben große christliche Denker danach getrachtet, die Existenz Gottes aus den Dingen innerhalb der Welt zu beweisen. Ihre Argumentation ist, dass die Argumente für seine Nicht-Existenz nicht zwingend sind, oder, dass es keinen intellektuellen Selbstmord bedeutet, an die Existenz Gottes zu glauben. Es folgen einige dieser Beweise, die, zusammengenommen, eine Bestätigung unserer Überzeugung liefern, dass es einen Gott gibt.

Universaler Glaube an die Existenz Gottes
Überall glauben Menschen an die Existenz eines übernatürlichen Wesens oder übernatürlicher Wesen, denen sie moralisch verantwortlich sind und denen ein sühnendes Opfer dargebracht werden muss. Dieser universale Glaube ist angeboren und kommt aus dem Herzen des Menschen.

Die Argumentation von Ursache und Wirkung
Diese Argumentation behauptet, dass die Existenz der Welt ein höheres Wesen als seinen Ursprung erfordert. Dass die Welt nicht aus sich selbst heraus entstanden ist, erscheint offensichtlich. Niemand glaubt, dass Nägel, Ziegelsteine, Mörtel, Holz, Trockenausbau, oder Farbe sich selbst in ein Haus verformen könnten. Ein Konstrukteur mit unbegrenzter Macht und Weisheit hat diese Welt gemacht und alles, was darin ist. Dass der erste Verursacher ein intelligentes Wesen gewesen sein muss, wird durch die Tatsache bewiesen, dass Menschen selber intelligente Wesen sind (Hebr 3,4).

Die Argumentation mit der Planung
Wie schon beobachtet, beweist die Uhr nicht nur einen Konstrukteur und einen Hersteller; sie wurde auch für eine bestimmte Absicht hergestellt. Ein sich Gedanken machendes und gestalterisches Gehirn hat die Uhr entwickelt. Ihre Existenz könnte niemals durch Zufall erklärt werden. Genauso impliziert ein Universum mit einer Planung einen Planer. Die ganze Wissenschaft basiert auf der Voraussetzung, dass jede Wirkung eine Ursache hat, was genug Grund dafür sollte, dass es einen *Erstverursacher* gegeben haben muss.

Isaac Newton, einer der herausragendsten Wissenschaftler aller Zeiten und ein hingegebener Christ, glaubte an die Argumentation mit der Planung. Die Beweismittel von komplizierter Ordnung und Komplexität im Universum bestätigten seine Gewissheit bezüglich der Existenz eines intelligenten Planers. Er sagte:

»Wenn ich das Solarsystem ansehe, sehe ich die Erde in der richtigen Entfernung von der Sonne, um die angemessene Menge an Hitze und Licht zu empfangen. Das hat sich nicht durch Zufall ereignet.«

Es ist viel logischer zu glauben, dass unser Universum das Produkt einer intelligenten Planung ist, als es ist zu glauben, dass es durch Zufall entstanden ist.

Die Argumentation mit der Moral
Moralisches Verhalten ist ein wesentlicher Bestandteil der menschlichen Erfahrung. Die menschliche Natur hat intellektuelle und ethische Bestandteile, ein Empfindungsvermögen für richtig und falsch. Woher haben wir diesen Maßstab von richtig und falsch? Die Antwort deutet auf die Existenz eines persönlichen Gottes hin. Wenn es keinen Gott gibt, dann gibt es keine logische Grundlage für unsere Moralität. Die Verwerfung Gottes impliziert notwendigerweise die Eliminierung von absoluter Moralität.

Als der Apostel Paulus an die Christen in Rom schrieb, bestätigte er die Richtigkeit der moralischen Argumentation (Röm 2,15). Jeder Mensch hat ein Gewissen, ein moralisches Bewusstsein des riesigen Unterschieds zwischen gut und böse; er hat ein Empfinden für Gerechtigkeit und Gleichheit, Ehre und Reinheit, Liebe und Großzügigkeit. Dieses »moralische Empfinden« war in jedem Volk, jedem Zeitalter und jeder Kultur vorhanden, die in Geschichte und Anthropologie bekannt sind. Es ist dieser innere Impuls, der Gehorsam den Eltern gegenüber in Bewegung bringt, Mitleid gegenüber dem Mutlosen und Erhaltung von öffentlichem Frieden und Ordnung. Er verbietet Mord, Diebstahl, Lügen, Eidbruch, moralische Unreinheit und eine Menge anderer Übeltaten. Zugegebenermaßen sind diese Sünden da in unserer Welt, aber die große Mehrheit der Menschen sind keine Kriminellen, die man ins Gefängnis sperren sollte.

Das Gewissen ist die Kerze des Herrn, die lobt, was gut gemacht wurde, und zurechtweist, wenn man was Falsches tut.

Schlussfolgerungen
All die Belege, die oben erwähnt wurden, bestätigen, dass Gott wirklich existiert, und dass genug Belege für jeden da sind, der glauben möchte, aber kein Beleg überzeugt denjenigen, der sich weigert zu glauben. Jemand sagte einmal weise: »Diejenigen, die Gott kennen, brauchen keinen Beweis. Diejenigen, die Gott ablehnen, wollen keinen Beweis.«

Blaise Pascal (1623-1662), mathematisches Wunderkind, Physiker, Erfinder und literarischer Stilist, war einer der bemerkenswerten Genies der westlichen Geistesgeschichte. Neben anderen Entdeckungen erfand er die erste Rechenmaschine. Nach seiner Bekehrung zum Christentum 1654 machte sich Pascal daran, eine Apologie (Verteidigung) für die christliche Religion vorzubereiten. Dieses Werk wurde niemals fertig, denn Pascal starb im Alter von 39 Jahren und hinterließ nur eine Sammlung bemerkenswerter Notizen, die später als Pensées (Gedanken) veröffentlicht wurden. Dieses Werk beabsichtigte, Argumente für das Christentum zu liefern gegen den Rationalismus und Skeptizismus, den einige der führenden Denker seiner Zeit vertraten.

Pascals Argument ist, dass Gott durch den Glauben kennen gelernt wird – Glauben an seinen Sohn Jesus Christus; aber die Belege für die Überprüfung des Christentums sind gewichtig: erfüllte Prophetien, Wunder, das Zeugnis der Geschichte und die Macht der Heiligen Schrift, Leben zu verändern.

Pascal schlug vor, was später als die Pascalsche Wette bekannt wurde. Weil er glaubte, dass logische Argumentation an sich die Existenz Gottes nicht beweisen kann, schlug er eine »Wette« vor. Und so werden auch wir gefragt: Worauf wetten Sie? Wenn Sie auf Gott setzen, verlieren Sie nichts, auch wenn sich herausstellen sollte, dass Gott nicht existiert. Aber wenn Sie gegen Gott setzen und sich irren und Gott tatsächlich existiert, verlieren Sie alles: Gott, ewiges Leben, Himmel, unbegrenzten Gewinn.

Kapitel 7

Wie kann man Gott erkennen?

Nur wenige von denen, die Jesus am Kreuz starben sahen, erkannten, wer er wirklich war. Darunter war der sterbende Dieb, der Jesus als *einen König mit einem Königtum* erkannte – womit er ihn als Herrn anerkannte (Lk 23,42). Darunter war auch der römische Hauptmann, der ihn als *den Sohn Gottes* bezeichnete (Mk 15,39).

Der Apostel Johannes schrieb, dass Jesus sich selbst seinem Volk als ihren Retter und Messias vorstellte, dass die sich aber weigerten, einzugestehen, wer er wirklich war (Joh 1,11). Als er diese Worte verfasste, dachte er nicht bloß an Israel, sondern an jede Generation, die gelebt hat. Mit Ausnahme einer Minderheit hat die ganze Menschheit während der Jahrhunderte genauso wie die raue Menschenmenge auf Golgatha darin versagt, Jesus Christus als ihren Gott und Retter anzuerkennen. Diese tragische Versagen zeigt, dass der Menschen Kenntnis über Gott zutiefst unzureichend ist.

Die vielen Theorien, Gott zu erklären, und die vielen Argumente für und gegen seine Existenz zeigen, dass menschliche Weisheit nicht in der Lage ist, in Gottes Weisheit einzudringen. Nur auf menschliche Weisheit zu vertrauen, um etwas über Gott zu erfahren, ist genauso, als würde man ein Vergrößerungsglas nehmen, um die Sternenkonstellationen zu untersuchen. Daher ist Gottes Weisheit für viele eine »verborgene Weisheit« (1 Kor 2,7). Für sie ist Gott ein Geheimnis. Paulus schrieb, dass keiner der Herrscher dieses Zeitalters die Natur Gottes verstanden hatte, denn wenn sie sie gekannt hätten, hätten sie Jesus nicht gekreuzigt (1 Kor 2,8).

Eine der grundlegendsten Gebote der Heiligen Schrift sagt, dass wir Gott mit unserem Herzen, unserer Seele und unserem Verstand lieben sollen (Mt 22,37; vgl. 5 Mo 6,5). Wir können nicht jemanden lieben, über den wir nichts wissen, wobei wir die Tiefen Gottes auch nicht durch Suchen ergründen können (Hi 11,7). Wie können wir dann dazu kommen, den Schöpfer zu kennen und zu lieben?

Man kann Gott kennenlernen

Wenn wir Gott kennen lernen sollen, dann ist es notwendig, dass er sich selbst uns offenbart. Wir haben schon gesehen, dass Gott sich selbst durch die Natur geoffenbart hat. Paulus sagte, dass das, was man über Gott wissen kann, offensichtlich ist, weil Gott es der ganzen Menschheit offen gelegt hat (Röm 1,19-20). Die Schöpfung offenbart Gott denjenigen, die der Wahrheit ihre Augen öffnen.

Nachdem Gott jedoch erkannte, dass die sündigen Menschen die Offenbarung Gottes, die sich in der Natur findet, oft missverstanden und entstellten (Röm 1,18.21.25), fand er es notwendig, einen Schritt weiter zu gehen und sich uns mitzuteilen durch eine geschriebene Aufzeichnung seines Willens für seine Geschöpfe. Daher hat sich Gott in seiner Liebe und seiner Barmherzigkeit durch die Heilige Schrift an uns gewandt. Die Bibel offenbart, dass das Christentum nicht eine Aufzeichnung von der Suche des Menschen nach Gott ist; es ist ein Bericht von Gottes Offenbarung seiner Selbst und seiner Absichten für die ganze Menschheit.

Gott kann niemals ganz verstanden werden

Weil Gott unbegrenzt ist und wir nur begrenzt, können wir niemals vollständig alles ergründen, was es über Gott zu wissen gibt. Der Psalmist erklärt, dass Gottes Größe menschliches Verstehen übersteigt (Ps 145,3). Sein Verständnis von Dingen kann nicht gemessen werden (Ps 147,5). Als David über die Erkenntnis Gottes nachdachte, gab er zu, dass es zu wunderbar für ihn war zu verstehen (Ps 139,6).

Paulus sprach, genau wie David, von der Unbegreiflichkeit Gottes, als er versicherte, dass niemand die Dinge Gottes außer dem Geist Gottes versteht (1 Kor 2,11). Als er an die Christen in Rom schrieb, pries er die Tiefe von Gottes Reichtümern, seiner Weisheit und seiner Erkenntnis, und gab zu, wie unmöglich es für uns ist, seine Entscheidungen und seine Wege zu verstehen (Röm 11,33). Diese Fähigkeiten Gottes sind jenseits unseres Fassungsvermögens als Menschen, sie vollständig zu verstehen.

Sogar wenn wir unsere verherrlichten Leiber im Himmel haben werden, mit einer Auffassungskraft, die viel feinsinniger ist als jetzt, werden wir niemals alles erfassen, was es über Gott zu wissen gibt. Wir werden niemals aufhören, in unserer Erkenntnis Gottes zu wachsen. Das wird eine der vielen Freuden sein, die wir im nächsten Leben genießen dürfen, unseren himmlischen Vater immer mehr und mehr zu verstehen.

Es sollte als eine erfreuliche Herausforderung während unseres kurzen Aufenthaltes in dieser Welt angesehen werden, täglich unser Wissen von Gott durch fleißiges Studium seines Wortes zu vermehren. In seiner Predigt mit dem Titel »Der christliche Pilger« schrieb Jonathan Edwards: »Die Freude an [Gott] ist das einzige Glücksgefühl, mit dem unsere Seelen gesättigt werden können.« In den Himmel zu gehen, sich ganz an Gott zu freuen, ist unendlich viel besser als die angenehmsten Annehmlichkeiten hier. Väter und Mütter, Ehemänner, Ehefrauen oder Kinder, oder die Gesellschaft von Freunden sind nur Schatten; Gott ist das eigentliche. Dies sind nur verstreute Sonnenstrahlen, während Gott die Sonne ist. Dies sind nur Strömungen, während Gott der Ozean ist.«

Hinreichendes Wissen über Gott erlangen

Auch wenn wir nicht alles wissen können, was es über Gott zu wissen gibt, können wir doch viele wahre Dinge über ihn wissen.

Gott zu kennen bezieht die ganze Person mit ein, nicht nur den Intellekt

Daher muss eine Empfänglichkeit gegenüber dem Heiligen Geist vorhanden sein (Röm 8,14) und eine Bereitschaft, Gottes Willen zu tun (Joh 7,17; vgl. Mt 11,27).

Ungläubige können Gott nicht verstehen (1 Kor 1,20-21)

In diesen Versen erklärt Paulus, dass die Welt Gott durch menschliche Weisheit nicht erkennen kann, weil Gott die Weisheit dieser Welt zur Torheit gemacht hat. Die Weisheit der Welt ist für Gott sogar Torheit (3,19). Aber diese Situation wird aufgehoben, wenn der Heilige Geist anfängt, in uns zu arbeiten (2,9-13). Nur mit der Hilfe des Heiligen Geistes können Menschen Gott verstehen.

Auf unserer Suche nach einem wirklichen Verstehen Gottes müssen wir uns der Autorität seines Wortes unterwerfen. Da die Bibel ihr eigener Ausleger ist, müssen wir uns ihren Prinzipien und Vorgehensweisen unterwerfen. Ohne diese biblischen Richtlinien können wir Gott nicht kennen.

Warum waren so viele Menschen zu Jesu Lebzeiten nicht in der Lage zu erkennen, wer er wirklich war? Weil sie sich weigerten, sich der Führung des Heiligen Geistes durch die Heilige Schrift zu unterwerfen, haben sie Gottes Botschaft falsch gedeutet und ihren Retter gekreuzigt. Ihr Problem hatte nichts mit dem Intellekt zu tun. Es waren ihre verschlossenen Herzen, die ihren Verstand verdunkelten, was zum ewigen Verlorensein führte.

Wie man Gott persönlichen kennenlernt

Es ist eine Sache, die richtigen Tatsachen über Gott zu wissen – zum Beispiel, dass er der *Schöpfer* ist (1 Mo 1,1). dass er *Liebe* ist (1 Jo 4,8), dass er *Geist* ist (Joh 4,24); es ist jedoch etwas ganz anderes, ihn persönlich kennenzulernen.

Gottes Liebesbeweis gipfelt darin, dass er seinen Sohn, Jesus Christus als Erlöser in die Welt sandte (Joh 3,16). Durch Jesus können wir den Vater im Himmel kennen lernen. Der Apostel Johannes erklärt, dass der Sohn Gottes kam, um uns die Fähigkeit zu geben, Gott zu kennen (1 Jo 5,20).

Jesus sagte, dass er der Weg, ewiges Leben zu haben, ist, den einzig wahren Gott zu kennen; und der Weg, diesen einen und einzig wahren Gott zu kennen, ist es, an seinen Sohn zu glauben, den er in die Welt gesandt hat (Joh 17,3).

Das ist eine *gute Nachricht*. Obwohl es für unseren begrenzten Verstand unmöglich ist, alles über Gott zu wissen, was es zu wissen gibt, liefert die Heilige Schrift das praktische Wissen über ihn, das uns genügt, in eine rettende Beziehung zu ihm zu treten.

Kapitel 8

Wie ist Gott?

Wir haben gesehen, dass Glaube an Gott ein vernünftiger Glaube ist, so vernünftig sogar, dass nur ein Narr die Existenz Gottes verleugnet (Ps 14,1). Bei den Juden war das Problem jedoch nicht der Atheismus, sondern der Polytheismus; nicht, ob Gott existiert, sondern welcher Gott existiert? Genauso ist es auch heute noch. Weil fast jeder an einen Gott irgendwelcher Art glaubt, müssen wir nicht nur über die Existenz Gottes nachdenken (»Gibt es einen Gott?«), sondern auch über den Charakter Gottes (»Wie ist Gott?«).

Geradeso wie die Bibel nirgends versucht, die Existenz Gottes nachzuweisen, so schlägt sie auch keine Definition seiner Person vor. Den Juden war es verboten, ein Götzenbild von Gott herzustellen, und sie machten auch keine Anstrengungen, Gott auf eine Definition zu begrenzen. Dennoch haben wir eine bedeutsame Beschreibung über ihn in dem Gespräch zwischen Mose und dem Herrn am brennenden Dornbusch in der Wüste Sinai. Mose fragte den Herrn, was er den Kindern Israel sagen sollte, wenn sie ihn fragten, wer ihn auf seine Mission geschickt hätte. Der Herr wies Mose an, ihnen zu sagen, dass *ICH BIN* ihn gesandt hat (2 Mo 3,13-14).

Diese geheimnisvolle Beschreibung Gottes zeigt, dass eine vollständige Definition von ihm grundsätzlich unmöglich ist. Genauso wenig, wie ein Götzenbild von Gott ihn darstellen kann, kann eine Definition Gottes ihn erklären. Nachdem wir alles, was wir können, über Gott gesagt haben, bleibt immer noch ein großes Moment von Geheimnis übrig (Jes 55,8-9).

Trotzdem hat Gott eine wahre Offenbarung seiner selbst gemacht. Er hat sich so geoffenbart, dass wir ihn wahrhaft kennen können, auch wenn wir ihn nicht vollständig verstehen können.

Das Wesen Gottes
Er ist Geist (Joh 4,24)
Wenn Gott Geist ist, dann ist er ohne Körper; das heißt, er hat keinen physischen Körper, einer, der mit dem menschlichen Auge sichtbar wäre. Aber was ist dann mit den Ausdrücken, die Gott so darstel-

len, dass er körperliche Teile hat (Hebr 1,10; 1 Kö 8,29; Neh 1,6)? Sie sind symbolische Darstellungen, die dazu dienen, Gott real zu machen und seine verschiedenen Handlungen, Machterweise und Interessen darzustellen.

Johannes hat gesagt, dass kein Mensch Gott jemals gesehen hat (Joh 1,18). Paulus nennt ihn »den unsichtbaren Gott« (Kol 1,15; 1 Tim 1,17). Trotzdem können sich geistliche Wesen in einer sichtbaren Form manifestieren. Jakob sagte, nachdem er mit dem Engel des Herrn in Pnuel gekämpft hatte: »Ich habe Gott von Angesicht zu Angesicht gesehen« (1 Mo 32,31). »Der Engel des Herrn« war eine sichtbare Manifestation der Gottheit (1 Mo 16,7-14; 2 Mo 3,2-6; Ri 6,11-23). Jesus sagte, dass jeder, der ihn gesehen hatte, den Vater gesehen hatte (Joh 14,9).

Die Heilige Schrift lehrt, dass die Erlösten eines Tages Gott sehen werden (Ps 17,15; Mt 5,8; Hebr 12,14; Offb 22,3-4). In unseren verherrlichten Leibern wird unsere Fähigkeit zu sehen total verändert und verbessert werden und wir werden zuletzt tatsächlich fähig sein, Gott zu sehen, der auf einem Thron sitzt, hoch und erhoben.

Er ist der lebendige Gott

Eine der nennenswerten biblischen Beschreibungen von Gott ist, dass er *lebt*. Er ist nicht irgendeine unpersönliche Kraft oder kosmische Energie. Mindestens 28 Mal in der Bibel wird Gott als der »lebendige Gott« bezeichnet. Zum Beispiel war einer der Gründe, warum David sich so aufregte über Goliath, dass der Philister »die Heerscharen des lebendigen Gottes« verachtet hatte (1 Sam 17,26.36).

Der Psalmist hat seinen großen geistlichen Wunsch ausgedrückt mit solch Worten wie »Meine Seele durstet nach Gott, nach dem lebendigen Gott« (Ps 42,3). An zahlreichen Stellen im Neuen Testament wird dieselbe Wahrheit wiederholt (Mt 16,16; Apg 14,15; Röm 9,26; Hebr 3,12; Offb 7,2).

Er ist eine Person

Die Heilige Schrift stellt Gott so dar, dass er Merkmale einer Persönlichkeit hat: Selbstbewusstsein (2 Mo 3,14; 1 Kor 2,10); Intellekt (1 Mo 18,19; Apg 15,18); Willen (1 Mo 3,15; Joh 6,38); er wird beschrieben als sprechend (1 Mo 1,3); sehend (1 Mo 11,5); hörend (Ps 94,9); bekümmert (1 Mo 6,6); bereuend (1 Mo 6,6); zornig (5 Mo 1,37); eifersüchtig (2 Mo 20,5) und barmherzig (Ps 111,4).

Er ist der ewige, aus sich selbst heraus Bestehende
Wie ein Kreis hat Gott keinen Anfang und kein Ende. Er wird »der ewige Gott« genannt (1 Mo 21,33). Er ist nicht von Zeit begrenzt. Vielmehr war er schon da, bevor Zeit begann, und er ist die Ursache der Zeit. Er war, er ist, er wird sein. Der Psalmist redet Gott persönlich an und bestätigt seine Existenz von Ewigkeit und seine unbegrenzte Macht (Ps 90,2).

Die Charaktereigenschaften Gottes

Das Verständnis, das Christen über Gott haben, beinhaltet die Zuversicht, dass er all-genügsam und vollkommen fähig ist, um die Bedürfnisse seiner Schöpfung zu erfüllen.

Er ist allmächtig
Er ist allmächtig und fähig, das zu tun, was mit seinem Charakter vereinbar ist (1 Mo 18,14). Im Alten Testament wurde sein Charakter mit dem heiligen Namen El bezeichnet, besonders in der Verbindung El Schaddai (der allmächtige Gott), was besagt, dass nichts für Gott unmöglich ist. Allmächtigkeit beinhaltet jedoch nicht, dass Gott alles Vorstellbare tun kann. Zum Beispiel kann er nicht lügen, kann sich nicht ändern, kann nicht treulos sein, kann nicht etwas Irrationales tun, so wie einen Fels zu schaffen, der so groß ist, dass er ihn nicht heben kann. Er kann nur das tun, was mit seinem Charakter übereinstimmt und unerlässlich für seine Regierung des Universums ist (Dan 4,14.22.32; Mt 19,26; Offb 19,6).

Die Entdeckung der unglaublichen Unermesslichkeit unseres Universums, wo Entfernungen in Lichtjahren gemessen werden, hat uns ein neues Verständnis der Allmacht Gottes gegeben.

Er ist Herrscher
Der biblische Begriff »Herr«, der von den Juden anstelle des nicht auszusprechenden Namens für Gott, JHWH (ausgesprochen *Jehova* oder *Jahwe*), verwendet wurde, beinhaltet insbesondere die Hoheits-

gewalt Gottes. Man kann sogar sagen, dass die Hoheitsgewalt Gottes die wichtigste Lehre der ganzen Bibel ist. Dieser Gedanke von Gott als König impliziert, dass er der Herrscher über das ganze Universum ist, das materielle und das geistliche, und dass er einen moralischen Anspruch auf die Leben all seiner Geschöpfe hat (Mk 12,28-30). Wenn es nur einen Gott gibt, dann muss er der Gott der ganzen Erde sein. Alle anderen so genannten Götter sind falsch und abzulehnen (2 Mo 20,1-3; Mt 4,10).

Er ist der Schöpfer und Erhalter von allem
Er ist der Eine, der das Universum geschaffen hat und es am Laufen hält (1 Mo 1,1; Joh 1,3; Hebr 1,1-3). Wenn wir fragen, *wie* Gott alle Dinge geschaffen hat, dann erfahren wir, dass es durch die Macht seines Wortes war (Ps 33,6.9). Gott sprach und es war getan. Wenn wir fragen, wie Gott alle Dinge *erhält*, dann erfahren wir, dass alle Dinge zusammenhalten und in Takt gehalten werden durch sein mächtiges Wort (Kol 1,17; Hebr 1,3).

Er ist allwissend
Weil er allwissend ist, sind seine Weisheit und seine Kenntnis unbegrenzt (Ps 139,2-4; 147,5; 1 Jo 3,20). Seine Kenntnis der Zukunft ist ohne Grenzen (Jes 46,9-10). Er kennt sogar die kleinsten Details unseres Lebens (Mt 6,8: 10,30).
Eine gegenwärtige Bewegung, die eine kleine, aber einflussreiche Gruppe von Theologen umfasst, verkündet, dass Gott sich gewisse Begrenzungen auferlegt hat, die seine Fahigkeit, alle Dinge zu wissen, begrenzen.
Mit anderen Worten, Gott ist unfähig, die Zukunft immer vorauszusagen und ändert manchmal seine Meinung. Man nennt das »Offenheits-Theologie«. Zum Glück kommen und gehen die meisten solchen theologischen Verirrungen wie vorübergehende Launen ziemlich schnell.
Wie Gott eine solch riesige Menge an Wissen verstehen kann, übersteigt die Fähigkeit jeglichen menschlichen Intellekts bei Weitem. Man kann nur erstaunt in der Gegenwart von solch unvergleichlicher Weisheit stehen (Röm 11,33).

Er ist allgegenwärtig

Er ist überall in der Schöpfung zur gleichen Zeit anwesend. Weil Gott Geist ist (Joh 4,24) und nicht durch einen leiblichen Körper begrenzt ist, ist er im Bezug auf Raum nicht eingeschränkt. Wenn Gott alle Dinge durch seine kreative Macht ins Leben gerufen hat und das ganze Universum durch seine Weisheit und Macht erhält, dann folgt daraus, dass, wo auch immer seine Geschöpfe sind, da ist er auch (Apg 17,28).

Egal, wie weit die Menschen auch in das Universum vordringen, sei es auf diesem Planeten oder im Weltraum, sie werden dort die Gegenwart Gottes vorfinden (Ps 139,7-10).

Die moralischen Eigenschaften Gottes

Er ist heilig

Der Herr wird nur in Jes allein schon über dreißig Mal »der Heilige« genannt. Das ist die Charaktereigenschaft, unter der er besonders im Alten Testament (3 Mo 11,44ff.; Jos 24,19; Ps 22,3) bekannt ist. Wegen Gottes Heiligkeit und der Menschen Sündhaftigkeit können sich Menschen ihm nur nahen durch die Verdienste eines anderen, sonst können sie sich ihm gar nicht nahen. Es war Christus, der so einen Zugang möglich gemacht hat (Röm 5,12; Hebr 10,19ff.).

Er ist Liebe (1 Jo 4,8.16)

Er hat die Welt geschaffen, um seine Herrlichkeit zu zeigen und seine Liebe den Wesen, die er geschaffen hat, mitzuteilen. Der Apostel Johannes gibt uns eine kurze, doch anschauliche Beschreibung der Größe von Gottes Liebe in Joh 3,16.

Er ist gerecht

Gott ist unparteiisch und gerecht in all seinem Umgang mit all seinen Geschöpfen (5 Mo 32,4; Offb 15,3). Wir müssen Gottes Gerechtigkeit mit seinen anderen Eigenschaften aufwiegen. Wegen seiner Gerechtigkeit ist Gott verpflichtet, Übeltäter zu bestrafen. Wegen seiner Liebe, Geduld und Güte möchte er nicht, dass irgendeiner zugrunde geht, sondern dass jeder zur Umkehr kommt (2 Petr 3,9).

Schlussfolgerungen

Gott ist der eine unbegrenzte, allmächtige, allwissende Geist. Er braucht nichts und niemanden außerhalb seiner Selbst. Er hängt von nichts und niemanden ab, vielmehr hängen alle Dinge von ihm ab. Dass wir diese Wahrheiten über Gott wissen, sollte uns motivieren, ihn mit größerem Eifer anzubeten, wobei wir daran denken, dass wir in alle Ewigkeit in seiner Gegenwart sein werden und seine Tugenden preisen werden.

Kapitel 9

Gibt es drei Götter oder einen Gott in drei Personen?

Der Bibel nach gibt es nur einen wahren Gott. Das Schema wird jeden Sabbat in den jüdischen Synagogen auf der ganzen Welt zitiert: »Höre, Israel: Jahwe, unser Gott, Jahwe ist nur einer!« (5 Mo 6,4). Das ist eine äußerst klare Aussage des Einseins und der Einzigartigkeit Gottes.

Die Bibel lehrt einen klaren Monotheismus und schließt endgültig jede Form von Dualismus und Polytheismus aus. Der Dualismus lehrt die Existenz von zwei göttlichen Wesen, die sich Feind sind, wovon die eine alles Gute und Segensreiche für die Menschheit repräsentiert und die andere alles Sündige und Böse. Polytheismus ist der Glaube an mehr als einen Gott. Der wahre Gott ist nicht einer unter vielen oder sogar der Beste unter vielen; er ist absolut einzigartig, der *einzige* Gott.

In diesem Kapitel denken wir über das Geheimnis der Dreieinigkeit nach und was es bedeutet zu glauben, dass Gott aus drei Personen besteht, die gleich in Majestät und Macht sind, ungeteilt in Glanz, und dennoch ein Herr, ein Gott, der immer unsere ungeteilte Loyalität und Lobpreis erhalten soll. An die Dreieinigkeit zu glauben heißt zu glauben, dass es nur einen Gott gibt und dass er dennoch aus drei unterschiedlichen Personen besteht, dem Vater, dem Sohn und dem Heiligen Geist, die ewiglich die gleiche göttliche Natur besitzen.

Weil Christen an die Dreieinigkeit glauben, dass Gott einer ist und dass dennoch in diesem einen Wesen drei unterschiedliche Personen sind, klagen viele sie an, an drei Götter zu glauben. Die Dreieinigkeit zu erklären ist nicht leicht, aber es kann kein Zweifel daran bestehen, dass ein unvoreingenommenes Studium der Heiligen Schrift offenbart, dass es eine Mehrheit von Wesen innerhalb der Trinität gibt.

Zu sagen, dass etwas geheimnisvoll oder schwierig ist, ist nicht das Gleiche wie zu sagen, dass es nicht wahr ist. Es ist falsch zu sagen, dass die Dreieinigkeit einfach deswegen nicht existiert, weil wir sie nicht verstehen können. Sehr wenige Menschen verstehen Quantenphysik.

Die Theorien und Konzepte der Quantenphysik sind zu komplex für die meisten Menschen. Tatsächlich erscheinen einige der Theorien sogar lächerlich oder total unlogisch für das ungeschulte Auge. Dennoch wird Quantenphysik jeden Tag benutzt, um unser Leben zu verbessern. Wir müssen vorsichtig sein, nicht etwas in einen schlechten Ruf zu bringen, nur weil wir es nicht verstehen. Obwohl das Wort Dreieinigkeit in der Bibel nicht zu finden ist, wird das Konzept klar gelehrt.

Die Dreieinigkeit im Alten Testament

Es gibt Stellen im Alten Testament, an denen Gott über sich selbst in der Mehrzahl spricht (1 Mo 1,26; 3,22; 11,7; Jes 6,8). Der Apostel Johannes versichert, dass die Jesajastelle sich auf Jesus bezieht (Joh 12,41).

Es wird auch der Engel des Herrn erwähnt, der mit Gott identifiziert, aber auch von Gott unterschieden wird (1 Mo 16,7-13; 2 Mo 3,2-6; Ri 13,2-22).

Das Alte Testament weist auf den Geist Gottes als Gottes persönlichem Vertreter hin (1 Mo 1,2; Neh 9,20; Ps 139,7). Es gibt des Weiteren Prophezeiungen, die den lang erwarteten Messias mit Gott identifizieren (Ps 2; Jes 9,5-6).

Die Dreieinigkeit im Neuen Testament

Einige neutestamentliche Stellen drücken implizit oder explizit aus, dass Gott eine Dreieinigkeit ist (Mt 3,13-17; 28,19; Joh 14,15-23; Apg 2,32-33; 2 Kor 13,13; Eph 1,1-14; 3,6-19). Von jeder Person der Dreieinigkeit wird behauptet, dass sie göttlich ist.

Der Vater ist Gott

Vom Vater sagt Jesus, dass er »der einzig wahre Gott« ist (Joh 17,1-3). Paulus bestätigt, dass es nur einen Gott, den Vater, gibt (1 Kor 8:6). Er ist eine andere Person als der Sohn (Joh 3,16; Gal 4,4). Gal 4,6 unterscheidet zwischen Vater, Sohn und Geist.

Der Sohn ist Gott

Wenn Jesus von Nazareth so ist, wie die Evangelienschreiber ihn darstellten, dann war er mehr als nur ein gewöhnlicher Mann. Er war ein Mann, der, obwohl er aß, trank, schlief und müde wurde, so wie es bei Normalsterblichen üblich ist, auch Wein und Essen vermehrte, den Blinden Augenlicht gab, unheilbare Krankheiten heilte, Stürme zum Aufhören brachte, Dämonen austrieb und sogar Menschen aus den Toten auferweckte. Entweder waren diese Schreiber voller Illusionen oder bewusst irreführend oder sie beschrieben jemanden, der anders war als jede andere Person, die je gelebt hat. Die Antwort ist, dass er Gott ist. Er beanspruchte für sich, Gott zu sein, und seine Jünger waren von der Wahrheit seiner Ansprüche überzeugt, nicht nur aufgrund dessen, was er lehrte oder sich selbst zuschrieb, sondern aufgrund seiner Wunder wirkenden Mächte.

Das Neue Testament begründet die Wahrheit, dass Jesus Gott ist: (1) durch direkte Aussagen; (2) durch Aussagen, die seine Göttlichkeit implizieren; und (3) durch den Gebrauch von Zitaten, die sich im Alten Testament auf Jahwe beziehen.

Jesus wird Immanuel genannt, was »Gott mit uns« bedeutet (Mt 1,23). In Joh 1 wird Jesus als das *Wort* bezeichnet, von dem gesagt wird, dass er seit aller Ewigkeit bei Gott war; tatsächlich war er aber nicht nur bei Gott, er war Gott (Joh 1,1). Er sagte, dass, wer auch immer ihn gesehen hatte, hatte den Vater gesehen (Joh 14,9).

Jesus sagte, dass er und der Vater eins waren (Joh 10,30). Seine Feinde wussten genau, was er meinte, weil sie Steine aufhoben, um ihn wegen Gotteslästerung zu steinigen. Sie bestanden auf ihrer Blindheit, dass er, obwohl nur Mensch, sich selbst zu Gott machte (Joh 10,33).

Jesus nannte sich selbst wiederholt mit dem Namen und Begriff, der nur für Gott reserviert war. Er versicherte seinen Feinden, dass, bevor Abraham geboren worden war, »ICH BIN« (Joh 8,58; vgl. 2 Mo 3:13-14). In Jes ist Jahwe der erste und der letzte, ein Titel, der im Buch der Offenbarung dem Christus gegeben wurde (Jes 44,6; Offb 1,17).

Jesus sagte, dass er Gott war, und das ist, was die Jünger, die das Neue Testament schrieben, verkündeten, dass er war. Jesus war nicht nur ein großer und guter Mann, der von Gott gesandt worden war, noch nur ein Prophet oder gar ein Engel. Wenn wir wissen wollen, wer Gott ist und was Gott tut, dann müssen wir auf Jesus sehen.

Der Heilige Geist ist Gott

Jesus sprach über den Heiligen Geist in einer Art und Weise, die nicht missverstanden werden kann. Er sagte seinen Jüngern, dass er den Vater bitten würde, jemanden zu senden, der ihn ersetzen sollte, der für sie genau das tun würde, was er für sie getan hatte, während er auf der Erde war (Joh 14,16).

Jesus gebrauchte das griechische Wort *paraklätos* (»einer, der zum Beistehen berufen wurde«), um die Aufgabe des Heiligen Geistes zu beschreiben. *Paraklätos* wird auch mit Bezug auf den Christus selbst verwendet im 1. Jo. Christus wird als unser »Beistand« bezeichnet, derjenige, der zum Vater spricht zu unserer Verteidigung (1 Jo 2,1). Jesus nannte den Heiligen Geist »den Geist der Wahrheit« (Joh 14,17), während er sich selbst als »die Wahrheit« bezeichnete (Joh 14,6).

Hananias und Saphira wurden zurechtgewiesen, weil sie den Apostel Petrus wegen ihrer Gabe an die Gemeinde betrügen wollten. Petrus fragte sie, warum sie den Heiligen Geist belogen hatten. Er erklärte dann, wie schlimm der versuchte Betrug war und sagte ihnen, dass sie nicht Menschen, sondern Gott belogen hatten (Apg 5,3-4.9). In diesem Abschnitt wird der Heilige Geist mit Gott gleichgesetzt.

Wenn wir einmal Gott, den Vater, und Gott, den Sohn, ganz als Gott anerkennen, dann gewinnen die Dreieinigkeits-Ausdrücke in Versen so wie Mt 28,19 (»tauft sie auf den Namen des Vaters und des Sohnes und des Heiligen Geistes«) an Bedeutung, weil sie zeigen, dass der Heilige Geist als gleichwertig mit dem Vater und dem Sohn betrachtet wird. Die Einheit der Dreieinigkeit wird durch den Gebrauch des Einzahl-Wortes Name anstelle von Mehrzahl Namen unterstrichen.

Schlussfolgerungen

Wir folgern dann, dass die drei Personen der Dreieinigkeit, obwohl unterschiedlich, in jeder Hinsicht gleich göttlich und gleich Gott sind. Diese Wahrheit mag für Menschen schwer zu verstehen sein, aber das ist es, was die Heilige Schrift über Gott lehrt.

Viele haben versucht, Erklärungen zu finden, um wenigstens etwas von dem Geheimnis der Dreieinigkeit durch Analogie mit Dingen, die uns bekannt sind, zu erklären. Zum Beispiel, genauso wie zwei Menschen – ein Mann und eine Frau – eins werden in der Ehe, obwohl sie doch zwei unterschiedliche Wesen bleiben, so sind diese drei einzelnen Personen – Vater, Sohn und Heiliger Geist – eins in der göttlichen Beziehung, die wir Dreieinigkeit nennen. Trotzdem sind alles menschlichen Analogien unzureichend, um das Geheimnis der Dreieinigkeit zu erklären. Letztendlich ruht unser Glaube an diese unerlässliche Wahrheit auf dem, was darüber im Wort Gottes geoffenbart wird.

Kapitel 10

Ist Gott der geistliche Vater jedes Menschen?

Die Vaterschaft Gottes ist eine der tröstlichsten Wahrheiten der Bibel. Gott wird oft als eine ferne, geheimnisvolle und kleinliche Person dargestellt, die darauf aus ist, diejenigen streng zu bestrafen, die ihm ungehorsam sind. Im Gegensatz dazu beschreiben ihn andere als eine milde, lockere, großväterliche Person, die menschliche Schwächen übersieht und Strafe sogar für die schlimmsten Vergehen zurückhält.

Jesus hat uns anderes gelehrt. Er hat Gott oft als »Vater« bezeichnet und ihn damit als einen Vater beschrieben, der geduldig und liebend, aber doch gerecht ist, der nur als letzten Ausweg straft. Er ist jemand, der sich sogar für die unbedeutenden Kleinigkeiten unseres Lebens interessiert – genau wie wir uns einen guten menschlichen Vater vorstellen.

Diejenigen, die behaupten, dass Gott der geistliche Vater der ganzen Menschheit ist, obwohl sie es vielleicht gut meinen, stellen doch das Konzept der Vaterschaft Gottes falsch dar. Dieser weithin gebräuchliche Glaube wird manchmal als »die universale Vaterschaft Gottes« bezeichnet.

Während Gott der Schöpfer von allem ist, daher der Vater von allem, ist er doch nicht der geistliche Vater jedes Menschen. Die Bibel lehrt deutlich, dass er nur der geistliche Vater von denen ist, die an Jesus Christus als ihren Retter und Herrn glauben (Gal 3,26)

Gott, der Vater, im Alten Testament

Das Alte Testament entfaltet das Konzept von der Vaterschaft Gottes nicht so sehr wie das Neue Testament; dennoch wird Gottes Vaterschaft auch hier auf verschiedene Weisen entwickelt, die keinen Zweifel an seiner väterlichen Natur lassen.

Er ist ein Gott der Gnade

»Gnade« wird als freundliche und barmherzige Behandlung eines Straftäters, eines Feindes oder eines Untergebenen definiert. Obwohl

Der wahre Gott – Vater   61 kein sündiger Mensch jemals den Vater gesehen hat – wir haben kein Foto oder Gemälde von seinen Gesichtszügen – hat er doch seinen Charakter durch seine gnädigen Taten und durch die Wort-Bilder, die wir von ihm in der Bibel haben, gezeigt (2 Mo 34,6-7; vgl. Hebr 10,26-27). Das heißt jedoch nicht, dass Gnade ohne zu Bedenken begnadigt; vielmehr wird sie durch das Prinzip der Gerechtigkeit geleitet. Diejenigen, die Gottes Gnade verwerfen, ernten seine Bestrafung.

Er ist ein Erlöser-Gott

»Erlösen« heißt »zurückkaufen«. Gottes wundertätige Rettung der Israeliten aus der ägyptischen Sklaverei ist der Hintergrund für das gesamte Alte Testament und ein Beispiel seines Verlangens, unser Erlöser zu sein. Gott ist nicht eine Person, die entfernt, losgelöst und desinteressiert ist, sondern wie ein guter Vater, der sehr in die Angelegenheiten seiner Kinder involviert ist (Ps 8,4-5; 18,1-2; 22,25).

Er ist ein Gott der Zuflucht

David sah Gott als einen, bei dem wir Zuflucht finden können – so wie die sechs israelitischen Zufluchtsstädte, die unschuldige Flüchtlinge aufnahmen (Ps 27,5; 46,2; 125,2; 62,8; 86,15). Ein sich sorgender Vater bietet seinen Kindern Schutz.

Er ist ein Gott der Vergebung

Nachdem er die Ehe gebrochen und gemordet hatte, wurde David durch die Zusicherung, dass Gott auf wunderbare Weise vergibt, getröstet (Ps 51,3-4). Während es stimmt, dass David für seine Vergehen teuer bezahlte, hat er doch verstanden, dass so wie ein irdischer Vater Mitleid mit seinen Kindern hat, genauso Gott Mitleid hat mit denen, die ihn fürchten und ehren (Ps 103,11-14).

Er ist ein Gott der Güte

Was für ein großartiges Bild von der Vaterschaft Gottes haben wir doch in Ps 146,7-9. Gott schafft den Unterdrückten Recht, gibt den Hungrigen zu essen, den Gefangenen Freiheit, den Blinden Augenlicht, nimmt Lasten weg, liebt die Gerechten, beschützt Fremde, sorgt sich um Witwen und Waise und macht die Pläne der Bösen zunichte.

Er ist ein Gott der Treue
Gott wird so dargestellt, dass er die Israeliten trotz ihres dauernden Abfalls von ihm liebte. Das Buch Hosea stellt Gottes Treue gegenüber ihrer schamloser Treulosigkeit und Verwerfung deutlich dar. Gottes anhaltende Vergebung offenbart seinen väterlichen Charakter von bedingungsloser Liebe (Jes 41,9-10). Trotz Israels Treulosigkeit versprach Gott in zärtlicher Sorge Vergebung, wenn sie ihre Schuld demütig anerkannten (3 Mo 26,40-42; vgl. Jer 3,12; Jes 44,21-22).

Er ist ein Vater
Als Mose mit den Israeliten redete, hat er Gott als ihren Vater bezeichnet, der sie geschaffen und ihnen ein Erbe gegeben hatte (5 Mo 32,6). Jesaja hat Gott als Vater bestätigt (Jes 64,7). Gott hat sich auch selbst als »Vater« bezeichnet (Mal 1,6).

Gott, der Vater, im Neuen Testament

Der Gott des Alten Testaments unterscheidet sich nicht vom Gott des Neuen Testaments. Einige haben versucht, den Gott des Alten Testaments gegen den Gott des Neuen Testaments auszuspielen, indem sie sagen, der erstere sei ein Gott der Rache, während der letztere ein liebender, gnädiger Vater sei.

Während das beizeiten wahr zu sein scheint, ist es doch eine falsche Vorstellung. Sie sind ein und derselbe. Gott, der Vater, wird als Urheber aller Dinge geoffenbart, der Vater aller wahren Gläubigen und in einer einzigartigen Weise der Vater von Jesus Christus.

Er ist der Vater der ganzen Schöpfung
Paulus spricht vom Vater, wobei er ihn von Jesus Christus unterscheidet (1 Kor 8,6). Paulus bestätigt auch, dass der Vater der Schöpfer des Himmels und der Erde ist und der eine, von dem jede Familie im Himmel und auf Erden ihren Namen hat (Eph 3,14-15).

Er ist der Vater aller Gläubigen
Im Neuen Testament besteht diese geistliche Vater-Kind-Beziehung zwischen Gott und dem einzelnen Gläubigen und nicht zwischen Gott und dem Volk Israel. Durch das geschriebene Wort, die Heiligen

Schriften, stellen Jesus und seine Apostel die Richtlinien für diese Beziehung dar, die dadurch entsteht, dass ein Gläubiger den Herrn Jesus Christus annimmt (Joh 1,12-13).

Durch die Erlösung, die Christus erwirkt hat, werden Gläubige zu Kindern Gottes adoptiert. Der Heilige Geist ermöglicht diese Beziehung, wobei er die Gläubigen befähigt zu rufen:»Abba, Vater!« (Gal 4,5-6; Röm 8,15-16).

Jesus offenbart den Vater

Jesus hat die tiefste Sicht von Gott gegeben, als er in einem menschlichen Körper als Gottes Selbst-Offenbarung auf die Erde kam (Joh 1,1.14). Kein anderer Name für Gott (»Vater«) war so oft auf seinen Lippen. Der Apostel Johannes bestätigte, dass Jesus uns gezeigt hat, wer der Vater wirklich ist (Joh 1,18). Jesus erklärte klar und deutlich, dass diejenigen, die ihn gesehen haben, den Vater gesehen haben (Joh 14,9). Jesus zu kennen heißt den Vater zu kennen.

Wenn wir sehen, wie Jesus Hungrige speist (Mk 6,39-44), Tauben ihr Gehör schenkt (Mk 7,32-37), Stummen ihre Sprache gibt (Mk 9,17-29), die Augen der Blinden öffnet (Mk 8,22-26), Aussätzige heilt (Lk 5,12-13), Tote auferweckt (Mk 5,35-43), Sündern vergibt (Joh 8,3-11) und Dämonen austreibt (Mt 15,22-28), dann sehen wir den Vater. Jesus wusste, dass die Offenbarung der Liebe und des Mitleids seines Vaters der Schlüssel dazu war, Menschen zur Umkehr zu bewegen (Röm 2,4).

Die Vaterschaft Gottes wird lebendig in vielen von Jesu Gleichnissen dargestellt, besonders in denen in Lk 15. Gott, der Vater, nimmt nicht nur den umkehrenden Sünder auf, wenn er zurückkehrt (Lk 15,11-20), sondern zieht sogar selbst aus, ihn zu suchen (Lk 15,3-7).

Letztendlich ist es aber Golgatha, das uns die tiefste Sicht in den Vater gewährt. Der Vater, von göttlicher Natur, empfand den Schmerz, von seinem Sohn getrennt zu sein, im Leben und im Tod, schlimmer als irgendein menschlicher Vater es je könnte. Und er litt in gleichem Maße *mit* Christus. Was für ein größeres Zeugnis könnte es über den Vater geben? Das Kreuz offenbart, so wie nichts anderes es vermag, die Wahrheit über den Vater (1 Jo 4,9; Röm 5,10).

Schlussfolgerungen

Weil Gott unser Vater ist, wird uns seine Güte und Fürsorge versichert. Wir sind zuversichtlich, dass wir seine Söhne und Töchter sind durch das innere Zeugnis des Heiligen Geistes, und dass er persönlich ist, nahbar und gnädig. Wir haben das einzigartige Privileg empfangen, uns an einer innigen, persönlichen Gemeinschaft mit unserem himmlischen Vater durch Jesus Christus zu erfreuen.

Der wahre Gott
Jesus Christus

Wir glauben, dass Jesus Christus vollkommen Gott ist, der
ewige Sohn Gottes, der Mensch wurde, ohne dabei aufzuhören,
Gott zu sein; dass er in seiner Menschwerdung vom Heiligen
Geist gezeugt und von der Jungfrau Maria geboren wurde; dass
er, obwohl er eine menschliche und eine göttliche Natur besaß,
völlig ohne Sünde war; dass er freiwillig sein Leben gab, der
Gerechte für die Ungerechten, um es der Menschheit zu ermög-
lichen, gerettet zu werden; dass er am dritten Tag körperlich mit
einem verherrlichten Leib von den Toten auferstand und nach
vierzig Tagen in den Himmel auffuhr, wo er zur Rechten des
Vaters erhöht ist; dass er jetzt unser Fürsprecher und Anwalt ist,
der einzig wahre Mittler zwischen Gott und Menschen; dass er
eines Tages mit Macht und großer Herrlichkeit zurückkehrt, um
die Welt zu richten und seine Erlösungsmission zu vollenden.

Kapitel 11

Warum wurde der Sohn Gottes Mensch?

Vor etwas mehr als 2.000 Jahren lebte ein Mann, dessen Einfluss auf die Welt einzigartig in der Geschichte war. Er wurde in einem unbedeutenden Dorf im Nahen Osten geboren ohne irgendwelche materiellen Vorteile, die Wohlstand und eine soziale Stellung geben können.

Seine kurze Karriere umfasste nur 33 Jahre und war auf ein Gebiet von wenigen Hundert Kilometern beschränkt. Keine seiner Aktivitäten geschah in einem der großen Zentren der Zivilisation. Sein Leben endete nicht mit Triumph; er erlitt den schmachvollen Tod der Kreuzigung.

Doch heute, über 20 Jahrhunderte später, wird dieser Mann von zwei Milliarden Menschen in jedem Land der Welt als Retter der Menschheit angebetet. Während der Jahrhunderte seit seinem Tod starben Millionen als Märtyrer für seine Sache und Millionen haben glücklich alles aufgegeben, was das menschliche Herz für wert erachtet, Zuhause, Familie, Reichtümer und Freunde, um seinen Namen zu den Enden der Erde zu tragen. Er wird auf der ganzen Welt geliebt, wie kein Mann je geliebt wurde. Seine Lehren haben das Leben von Männer und Frauen bereichert, verändert und getröstet, wo immer seine Worte sich herumsprachen. Dennoch gibt es keinen Menschen, der mehr verachtet wird.

Was ist es, was Jesus unter allen Menschen der Geschichte einzigartig macht? Wie kann man den Einfluss erklären, den er in der Welt hatte und immer noch hat? Die Antwort ist natürlich, dass Jesus Christus nicht nur ein großer Lehrer und religiöser Leiter war. Er ist der Sohn Gottes. Er ist der Erlöser, den Gott versprochen hatte, der der menschlichen Rasse die Hoffnung auf Rettung brachte und durch seinen Tod am Kreuz kauft er all, die auf ihn vertrauen, frei.

Gottes Plan, die gefallene Menschheit zu retten, wird in der Bibel dargestellt. Lange vor Beginn der Welt wurde sein Sohn erwählt als Opfer für die Sünde, um die Hoffnung der menschlichen Rasse zu sein (1 Petr 1,18-20). Er sollte uns zu Gott zurückbringen und Befreiung von Sünde bringen durch die Zerstörung der Werke des Teufels (1 Petr 3,18; Mt 1,21; 1 Jo 3,8).

Sünde trennte Adam und Eva von der Quelle des Lebens, was ihren geistlichen Tod zur Folge hatte und auch ihren körperlichen Tod sicherstellte (Röm 5,12). Ihre Tat des Ungehorsams bewirkte für ihre Nachkommenschaft, dass deren Natur von der Sünde verseucht wurde und mit der Todesstrafe behaftet war. Um uns wieder zu Kindern Gottes zu machen, musste der Sohn Gottes Mensch werden.

Unmittelbar nachdem Adam und Eva gesündigt hatten, gab Gott ihnen Hoffnung, indem er versprach, dass zwischen der Schlange und der Frau Feindschaft sein würde, zwischen beider Nachkommenschaft. In der verschlüsselten Prophetie von 1 Mo 3,15 stellen die Schlange und ihre Nachkommenschaft Satan und seine Anhänger dar. Die Frau und ihre Nachkommenschaft symbolisieren den Retter der Welt und seine Nachfolger.

Diese Aussage war die erste Zusicherung, dass ein Retter kommen würde und dass der Kampf zwischen Gottes Sohn und Satan mit einem Sieg des Sohnes Gottes enden würde.

Eine symbolische Darstellung der Rettung

Nachdem die Sünde gekommen war, hat Gott Tieropfer eingeführt, um die Mission des damals noch zukünftigen Retters bildlich darzustellen (1 Mo 4,4). Dieses symbolische System stellte die Art, in der Gott, der Sohn, die Strafe für die menschliche Sünde zahlen würde, dramatisch dar.

Nach Israels Auszug aus Ägypten wurden als Teil einer Bundesbeziehung zwischen Gott und seinem Volk Opfer in einer Stiftshütte durchgeführt. Nachdem die Stiftshütte von Mose nach den Angaben gebaut worden war, die ihm vom Herrn selbst gegeben worden waren, wurden das Heiligtum und seine Gottesdienste eingerichtet, um den Heilsplan zu veranschaulichen (2 Mo 25,8-9,40; Hebr 8,1-5).

Um Vergebung zu erlangen, brachte ein reuiger Sünder ein Tier, das keine Makel hatte – ein Bild des sündlosen Retters. Der Sünder legte dann seine Hand auf das unschuldige Tier und bekannte seine Sünden (3 Mo 1,3-4). Diese Tat symbolisierte den Übergang der Sünde vom schuldigen Sünder zum unschuldigen Opfer, wobei es die stellvertretende Natur des Opfers darstellte. Weil es keine Vergebung gibt ohne das Vergießen von Blut (Hebr 9,22), hat der Sünder dann das Tier getötet, wobei er die tödliche Natur der Sünde offensichtlich machte.

Das Neue Testament erkennt Jesus Christus, den Sohn Gottes, als *das Lamm Gottes* an, das die Sünde der Welt hinweg nimmt (Joh 1,29). Durch das Vergießen seines Blutes erlangte er für die Menschheit Erlösung von der Strafe der Sünde (1 Petr 1,19).

Vorhersagen über den Retter

Gott versprach, dass der Retter durch Abrahams Linie kommen würde (1 Mo 22,18; vgl. 12,3). Der Prophet Jesaja sagte, dass er als ein männliches Kind kommen würde, und dass er beides, menschlich und göttlich, sein würde (Jes 9,5). Bethlehem würde sein Geburtsort sein (Mi 5,1). Die Geburt dieser göttlich-menschlichen Person würde übernatürlich sein (Jes 7,14; vgl. Mt 1,23). Dieser Erlöser würde den Thron seines Vaters David besteigen und eines Tages ein ewiges Friedensreich errichten (Jes 9,6).

Vor seiner Geburt in Bethlehem vor fast 2.000 Jahren war Jesus »in der Gestalt Gottes«, das heißt, dass er seit allen Ewigkeiten göttliche Natur hatte (Joh 1,1; Phil 2,6-7). Indem er die Gestalt eines Sklaven annahm, legte er seine göttlichen Vorrechte beiseite. Er wurde Mensch, um den Willen des Vaters auszuführen (Joh 6,38; Mt 26,39).

Jesus Christus war wahrhaft Mensch

Die Bibel lehrt deutlich, dass Jesus Christus eine menschliche Natur hatte. Diese Lehre anzunehmen ist ausschlaggebend (1 Jo 4,2-3). Christi menschliche Geburt, seine Entwicklung, seine Charaktereigenschaften und sein persönliches Zeugnis geben Hinweise auf seine Menschheit.

Seine menschliche Geburt

Die Bibel erklärt, dass das Wort Fleisch wurde und unter uns lebte (Joh 1,14). Das Wort »Fleisch« bedeutet hier »menschliche Natur«. Weil der Heilige Geist ihn zeugte, war er ganz Gott. Weil er von einer menschlichen Mutter geboren wurde, war er ganz Mensch. Diese Manifestation von Gott in menschlicher Gestalt wird »das Geheimnis der

Gottseligkeit« genannt (1 Tim 3,16).

Das Geschlechtsregister Christi bezeichnet ihn als den Sohn Davids und den Sohn Abrahams (Mt 1,1). Als Beweis seiner menschlichen Natur wurde er aus der Nachkommenschaft Davids geboren (Röm 1,3; 9,5) und war der Sohn der Maria (Mk 6,3). Er konnte durch seine Mutter wahre Menschlichkeit für sich beanspruchen. (In Kapitel 12 beschreibt die Bedeutung seiner Geburt von einer Jungfrau.)

Er wurde als Mensch bezeichnet

Johannes der Täufer und Petrus haben ihn als Mann bezeichnet (Joh 1,30; Apg 2,22). Paulus bezeichnet Christus als einen Mann (Röm 5,15). Der eine Mittler zwischen Gott und Menschen ist der »Mensch Jesus Christus« (1 Tim 2,5). Als Christus seine Feinde ansprach, hat er sich selbst als Menschen bezeichnet (Joh 8,40).

Jesu bevorzugte Bezeichnung für sich selbst, eine, die er 77 Mal benutzte, war »Sohn der Menschen« (Mt 8,20; 26,2). Der Titel »Sohn Gottes« richtet das Augenmerk auf seine Beziehung innerhalb der Dreieinigkeit. »Sohn der Menschen« betont seine Solidarität mit der Menschheit durch seine Menschwerdung.

Seine menschlichen Charaktereigenschaften

In allem war Christus wie seine Mitmenschen (Hebr 2,17). Seine menschliche Natur besaß die gleichen geistigen und körperlichen Anfälligkeiten wie der Rest der Menschheit: Hunger, Durst, Ermüdung und Angst (Mt 4,2; Joh 19,28; 4,6).

In seinem Dienst an anderen zeigte er Mitleid, gerechten Zorn und Trauer (Mt 9,36; Mk 3,5), alles menschliche Gefühlsregungen. Beizeiten fühlte er sich beunruhigt und sorgenvoll, und weinte sogar (Mt 26,38; Joh 12,27; 11,33.35; Lk 19,41). Sein Gebetsleben drückte seine vollständige Abhängigkeit von Gott aus (Mt 26,39-44; Mk 1,35; 6,46; Lk 5,16; 6,12). Und Jesus hat den Tod erlitten (Joh 19,30.34).

Trotzdem, wenn die Bibel berichtet, dass der Sohn Gottes Mensch wurde (Phil 2,7), bedeutet das in keiner Weise, dass er ein Sünder war oder an sündigen Taten oder Gedanken teilhatte, wie das bei Menschen sonst der Fall ist (siehe Hebr 4,15).

Der wahre Gott – Jesus Christus

Die Notwendigkeit dessen, dass Christus die menschliche Natur annahm

Um Hohepriester für die Menschheit zu werden

Als Messias musste Jesus die Rolle des Hohenpriesters oder Mittlers zwischen Gott und den Menschen einnehmen (Sach 6,13; Hebr 4,14-16). Diese Rolle erforderte es, dass Jesus menschliche Natur annahm. Christus hat die Bedingungen erfüllt: (1) Er konnte Mitleid mit den Schwachen haben, weil er selbst Schwachheit erfahren hatte (Hebr 5,2). (2) Er ist fähig, denen zu helfen, die versucht werden, weil auch er versucht worden war (Hebr 2,18; 4,15).

Um sein Leben für die Sünden der Welt zu geben

Christi göttliche Natur ist unsterblich. Um sterben zu können, musste Christus eine menschliche Natur annehmen. Er wurde Mensch und bezahlte die Strafe für die Sünde, den Tod (Röm 6,23; 1 Kor 15,3).

Um uns ein Beispiel zu sein

Um ein Beispiel zu geben, wie Menschen leben sollen, lebte Christus als Mensch ein sündloses Leben. Als der zweite Adam widerlegte er das Gerücht, dass Menschen Gottes Wort nicht gehorchen und Sieg über Sünde haben können. Wo der erste Adam fiel, siegte der zweite Adam über Sünde und Satan und wurde zugleich unser Retter und unser fehlerloses Vorbild. In seiner Stärke kann sein Sieg unser werden (Joh 16,33; Phil 4,13).

Obwohl Gläubige niemals im gleichen Sinne perfekt sein können wie Jesus es war, wird doch durch sein Beispiel und die Kraft des Heiligen Geistes, der in uns lebt, keine Versuchung unüberwindbar. Wir können Gott vertrauen, uns die Kraft zu geben, Versuchungen auszuhalten und zu überwinden (1 Kor 10,13).

Kapitel 12

Wurde Jesus tatsächlich von einer Jungfrau geboren?

Vor 2.000 Jahren ist in einem abgelegenen Dorf im Nahen Osten etwas Außergewöhnliches passiert, das die Zukunft der Welt grundlegend änderte. Gott griff in die menschliche Geschichte ein, indem er ein junges Mädchen, eine Jungfrau, auswählte, die Mutter des Sohnes Gottes zu werden.

Gott sandte den Engel Gabriel zu dem galiläischen Dorf Nazareth, wo ein reines, lediges jüdisches Mädchen lebte. Die ersten Worte des Engels an Maria waren, dass Gott an ihr großen Gefallen gefunden hatte, ganz offensichtlich ein Grund zur Freude; aber Maria erschrak und wunderte sich, was dieser Gruß zu bedeuten hätte. Gabriel sagte ihr unverzüglich, dass sie nichts zu fürchten hätte, weil sie Gnade bei Gott gefunden hatte.

Der Engel verkündete ihr dann eine erstaunliche Botschaft. Sie würde schwanger werden und einen Sohn zur Welt bringen, den sie Jesus nennen sollte. Er würde groß sein und Sohn des Höchsten genannt werden und ein ewiges Königtum besitzen. Maria fragte, wie sie schwanger werden könnte, wenn, obwohl sie verlobt war, sie doch noch keinen Geschlechtsverkehr gehabt hatte. Gabriel erzählte ihr, dass der Heilige Geist sie befähigen würde, ohne Zutun eines Mannes schwanger zu werden, und dass dieses Kind der Sohn Gottes sein würde. Maria erklärte unmittelbar, dass sie bereit war, Gottes Plan für ihr Leben anzunehmen (Lk 1,26-38).

Die Erzählung der Jungfrauengeburt braucht uns nicht zu überraschen. Sicherlich kann der eine, der die erste Frau mit der wunderbaren Fähigkeit gemacht hatte, Kinder zu bekommen, eine Frau dazu befähigen, ohne einen menschlichen Vater ein Kind zu bekommen. Auf eine geheimnisvolle Art und Weise, jenseits allen menschlichen Verstehens, hat Gott mit einem Wunder das Leben seines Sohnes vom Himmel in den Bauch der Jungfrau Maria gelegt. Wobei er die Prophetie Jesajas erfüllte (7,14), wurde der Sohn Gottes Mensch durch seine Geburt von der Maria. Jesus hatte keinen menschlichen Vater. Christen ehren

Josef als den Vormund, Beschützer und Pflegevater von Jesus.

Die Fülle historischen Beweismaterials für die Jungfrauengeburt sollte dazu führen, sie als wahr anzunehmen. Alle Handschriften in allen antiken Fassungen enthalten eine Aufzeichnung darüber.

Alle Traditionen der frühen Kirche erkannten sie an. Das *apostolische Glaubensbekenntnis*, verfasst im 4. Jahrhundert; das *nizäische Glaubensbekenntnis*, beschlossen auf dem Konzil von Nizäa 325 n.Chr.; das *athanasische Glaubensbekenntnis*, ca. 450 geschrieben; das *Chalcedonense*, beschlossen auf dem Konzil von Chalcedon 451 n.Chr; und der *Kleine Katechismus* von Martin Luther von 1529 sind nur ein paar Beispiele von historischen Glaubensbekenntnissen, die die Wirklichkeit der Jungfrauengeburt anerkannt haben. Erst in der Moderne haben Bibelkritiker angefangen, eine Lehrwahrheit in Zweifel zu ziehen, die Christen seit Langem in der Geschichte gutgeheißen hatten. Die Jungfrauengeburt abzulehnen heißt, den Ruf und das Leben Marias anzugreifen. Jesus war von »der Nachkommenschaft der Frau«, nicht des Mannes (Lk 1,34).

Die Jungfrauengeburt im Alten Testament

Die älteste Andeutung auf die Jungfrauengeburt ist in 1 Mo 3,15, als das Kommen des zukünftigen Befreiers zum ersten Mal angekündigt wurde. Es wurde gesagt, dass dieser Befreier von der »Nachkommenschaft der Frau« hervorkommen würde.

Obwohl es wahr ist, dass die Jungfrauengeburt in dieser Verheißung nicht ausdrücklich erwähnt wird, ist es doch bedeutsam, dass ein männlicher Elternteil nicht erwähnt wird und dass der, der da kommen sollte, nur als Nachkomme der Frau bezeichnet wird. Das war so zu verstehen, dass der Nachkomme der Frau der Retter sein würde.

Die deutlichste Prophetie im Alten Testament steht in Jes 7,14, wo der Prophet davon spricht, dass eine Jungfrau *(almah)* schwanger wird und einen Sohn zur Welt bringt. R. Dick Wilson legte das umstrittene hebräische Wort almah so aus: »Wir haben das Recht anzunehmen, dass ... das *almah* in Jes 7,14 und all die anderen almah [im Alten Testament] Jungfrau bedeuten.« Dazu kommt noch, dass Matthäus diese Prophetie nicht nur so verstand, dass sie sich auf eine Jungfrau bezog, sondern ganz spezifisch auf die Jungfrauengeburt Jesu Christi

(Mt 1,22-23). So bestätigt er die Auslegung von der Jungfrauengeburt. Matthäus benutzte einen griechischen Begriff, der nur »Jungfrau« bedeuten kann, eine Frau, die noch nie Geschlechtsverkehr hatte.

Die Jungfrauengeburt in den vier Evangelien

Mt 1,18.22-25 und Lk 1,26-38 lehren, dass die Geburt Jesu aus einer übernatürlichen Empfängnis kam. Er wurde durch die Macht des Heiligen Geistes im Marias Leib empfangen und das ohne den Samen eines Mannes.

Wenn man die Möglichkeit von Wundern anerkennt, dann ist die Jungfrauengeburt kein großes Problem. Für jemanden, der an die Bibel glaubt, erledigt die Tatsache, dass diese Lehre in Gottes Wort steht, alle Probleme.

Die Hypothese, die von manchen Gelehrten in Umlauf gebracht wurde, dass die Jungfrauengeburt eine Geschichte ist, die von der frühen Kirche erfunden wurde, um ihre Betonung der Gottheit Christi zu untermauern, vergeht, wenn sie mit der unvoreingenommenen Sicht der Tatsachen konfrontiert.

In den Geburtsgeschichten von Mt und Lk wird Jesus als der alttestamentliche Messias beschrieben, der Sohn Davids, die Erfüllung der Prophetie, der eine, der Gottes Volk durch mächtige Taten retten würde, der die Demütigen erhöht und die Stolzen zu Boden wirft (Lk 1,46-55). Die Schreiber zogen keine Schlussfolgerung von der Jungfrauengeburt auf die Göttlichkeit Jesu; stattdessen haben sie das Ereignis einfach als historische Tatsache aufgezeichnet und (bei Mt) als Erfüllung von Jes 7,14.

Das dritte Evangelium wurde von Lukas geschrieben, dem Mitarbeiter und Mitreisenden von Paulus (Kol 4,14). Er hat auch die Apg geschrieben (2 Tim 4,11; vgl. die Wir-Abschnitte in der Apg, so wie 27,1ff.; Lk 1,1-4; Apg 1,1-5). Lukas war ein sorgfältiger Geschichtsforscher, der behauptete, ein sorgfältiges Studium der historischen Tatsachen gemacht zu haben, und diese Behauptung wurde wiederholt verteidigt. Dazu kommt dann noch, dass er einigen Leuten begegnet ist, die Jesus zu Lebzeiten gekannt hatten (Lk 1,1-4). Seine Talente als Historiker und als Arzt bewahrten ihn davor, die Berichte über die Jungfrauengeburt leichtgläubig zu schlucken.

Die Jungfrauengeburt im Rest des Neuen Testaments

Man hat es für bedeutend erachtet, dass andere Schreiber des Neuen Testaments die Jungfrauengeburt nicht erwähnen. Trotzdem darf man dieses Schweigen nicht als Unkenntnis oder Bestreitung der Jungfrauengeburt von Seiten anderer Autoren des Neuen Testaments werten. Das Neue Testament behandelt hauptsächlich: (1) Jesu Predigten, Leben, Tod, Auferstehung; (2) die Predigten und Missionsarbeit der Urgemeinde; (3) Lehre bezüglich der theologischen und praktischen Probleme in den Gemeinden (Apg, Briefe); (4) und Zusicherungen, dass Gottes Absichten und Visionen am Ende der Zeiten triumphieren würden (Offb und die anderen Bücher).

Die wichtigste Funktion der Jungfrauengeburt war, die Erfüllung der Prophetie zu beweisen und die Ereignisse, die sich um die Zeit der Geburt Jesu herum begaben, zu beschreiben.

Dass Markus, Johannes und Paulus nichts über die Jungfrauengeburt sagen zeigt nicht die Bedeutungslosigkeit dieser Lehre. Denn Johannes sagte: »das Wort wurde Fleisch« (Joh 1,14) und Paulus sprach davon, dass Gott in einem menschlichen Körper erschien (1 Tim 3,16). Darüber hinaus schweigt Markus über mehr als 30 Jahre von Jesu Lebzeiten. Auf keinen Fall sollte das so gedeutet werden, dass diese 30 Jahre unwichtig wären. Joh spricht oft über die Gottheit Christi, was die Lehre von der Jungfrauengeburt eher bestätigt als ihr widerspricht.

Manche Leute behaupten, dass die Abschnitte, die Jesus als Sohn des Josef beschreiben, zeigen, dass Jesus keine übernatürliche Geburt hatte (Joh 1,45; 6,42; Lk 2,27.33.41.48; Mt 13,55). Ganz klar beziehen sich diese Stellen auf Josef als den gesetzmäßigen Vater Jesu, ohne auf die Frage der biologischen Herkunft einzugehen. Dazu noch waren es diejenigen, die Jesus und seinen Anliegen feindlich gegenüber standen, die in einigen dieser Stellen das Wort führten.

Die Jungfrauengeburt in nachbiblischer Literatur

Die Literatur des 2. Jahrhunderts bezeugt weithin den Glauben an die Jungfrauengeburt. Ignatius verteidigte diese Lehre vehement gegen die Doketisten, die meinten, dass Jesus nur »scheinbar« Mensch geworden war. Die Doketisten und die Ebioniten (die Jesus nur für einen menschlichen Propheten hielten) waren die einzigen, die die Jungfrauengeburt leugneten in der frühen Kirchengeschichte.

Dass manche Kirchenväter darüber schweigen, wurde, genauso wie das Schweigen der Heiligen Schrift, als Beleg dafür angesehen, dass diese Lehre Mythologie sei; aber eine Argumentation, die auf dem Nicht-Erwähnen einer Sache basiert, kann leicht widerlegt werden, wie wir oben gesehen haben.

Die Wichtigkeit der Lehre von der Jungfrauengeburt

Die Vereinbarkeit der Lehre von der Jungfrauengeburt mit andern christlichen Wahrheiten ist wichtig für ihre Nützlichkeit und in der Tat auch für ihre Glaubwürdigkeit.

Zum einen verbildlicht sie die übernatürliche Geburt, die man erleben muss, um ein Kind Gottes zu werden. Rettung kommt durch Gottes Wirken, nicht durch unser menschliches Bemühen. Wir wurden von neuem geboren »nicht durch Blut«, das heißt, dass die Rettung nicht in unseren Adern fließt. Sie kommt nicht durch die natürliche Macht unseres eigenen Willens zustande; stattdessen kommt sie »von Gott« (Joh 1,12-13). Sie ist eine Geburt, vom Heiligen Geist bewirkt, die eine neue Schöpfung hervorbringt (2 Kor 5,17).

Die Lehre von der Jungfrauengeburt stimmt völlig mit der ganzen Bandbreite biblischer Lehrinhalte überein. Die Jungfrauengeburt ist wichtig, weil die Glaubwürdigkeit der Bibel auf dem Spiel steht. Wenn die Heilige Schrift sich hier täuscht, warum sollten wir ihr dann glauben, wenn sie von anderen übernatürlichen Ereignissen spricht?

Auch die Gottheit Christi wird von der Lehre von der Jungfrauengeburt unterstützt. Während es für Gott möglich gewesen wäre, auch anders als durch eine Jungfrauengeburt auf die Welt zu kommen, so wäre es doch wesentlich schwieriger, Christi Gottheit ohne die Jungfrauengeburt zu beweisen.

Dazu kommt dann noch, dass es schwer zu verstehen wäre, wie Jesus frei sein könnte von der Schuld der Sünde Adams, wenn er von zwei menschlichen Eltern herstammen würde. Dabei ist die Sündlosig-

Der wahre Gott – Jesus Christus

keit Jesu als des neuen Oberhauptes der Menschheit und als des Sühne schaffenden Lammes Gottes absolut unerlässlich für unsere Rettung (2 Kor 5,21; 1 Petr 2,22-24; Hebr 4,15; 7,26; Röm 5,18-19).

Die Lehre von der Jungfrauengeburt muss klar von der katholischen Lehre der *unbefleckten Empfängnis* Marias abgegrenzt werden. Nach katholischer Auffassung war Maria selbst vom ersten Moment ihrer eigenen Empfängnis an bewahrt, immun von aller Befleckung der Erbsünde. Diese Zentrallehre der Katholischen Kirche (offiziell anerkannt durch Pius IX am 8.12.1854) wird von den meisten Nicht-Katholiken verworfen und hat nichts mit der Jungfrauengeburt Jesu zu tun.

Kapitel 13

Wie können wir wissen, dass Jesus Gott ist?

Wenn wir uns mit der Person und dem Werk Christi auseinandersetzen, dann kommen wir am Zentrum der christlichen Theologie an. Weil Christen *per definitionem* an Jesus Christus glauben und ihm nachfolgen, ist ihr Verständnis darüber, wer er ist und was er tut, ausschlaggebend. Nichts ist wichtiger als das, was jemand über Jesus Christus denkt.

Wir haben schon die Menschheit Christi behandelt. Es gibt nur wenige Leute, die ablehnen, dass jemand mit dem Namen Jesus im 1. Jahrhundert im Nahen Osten gelebt hat. Es gibt jedoch eine ganze Reihe Skeptiker, die bezweifeln, dass er von Gott *kam*, dass er Gott *gleich* war und dass er *ganz* Gott war.

Eines der umstrittensten biblischen Themen ist die *Person Christi*. Zugleich ist es aber zentral für die Richtigkeit unseres Glaubens. Wenn Jesus nicht mehr als nur ein Mensch war, dann ist unser Glaube vergeblich, denn unser Glaube basiert darauf, dass Jesus tatsächlich Gott in menschlicher Gestalt war. Dass man dem zustimmt, dass er ein großer, religiöser Führer war, ein außerordentlicher Mensch, die einzigartigste Person, die je gelebt hat, oder sogar ein geringerer Gott, so wie es die Zeugen Jehovas tun, wird der biblischen Beschreibung seiner Person nicht gerecht.

Jesus war mehr als nur ein Mensch. Er war Gott in menschlicher Gestalt. Er hatte zwei Naturen, während er hier auf der Erde war: göttlich und menschlich. Er war der Gott-Mensch. Er war nicht teilweise Gott und teilweise Mensch. Er war ganz Gott und ganz Mensch.

Es ist wichtig festzuhalten, dass die Menschwerdung beinhaltete, dass der Sohn Gottes selbst menschliche Natur annahm, nicht dass der Mensch Jesus Göttlichkeit annahm. In Jesus lagen diese zwei Naturen in einer Person beieinander.

Was Jesus über sich selbst sagte

Obwohl Jesus nicht deutlich formulierte »Ich bin Gott«, beanspruchte er doch für sich Dinge, die für jemanden, der weniger als Gott war, unangemessen gewesen wären.

Sein Anspruch, Sünden vergeben zu können, führte dazu, dass man ihn der Gotteslästerung anklagte (Mt 9,1-8). Als Jesus zu dem Gelähmten sagte, dass seine Sünden vergeben wären, haben einige von den Schriftgelehrten, die dabei waren, ihn der Gotteslästerung angeklagt und ungehalten erklärt, dass nur Gott Sünden vergeben könne (Mk 2,5-7). Ihre Reaktion zeigte, dass sie Jesu Worte als ein Vorrecht kommentierten, dass nur Gott alleine gehörte – die Macht, Sünden zu vergeben.

Jesus beanspruchte für sich, dass er die Welt richten werde, etwas, was nur von Gott selbst ausgeführt werden kann (Mt 25,31-46).

Als die Pharisäer sich beschwerten, dass Jesus und seine Jünger Ähren pflückten am Sabbat, behauptete Jesus, dass er »Herr auch des Sabbats« sei (Mk 2,27-29). Er beanspruchte für sich das Recht, die Stellung des Sabbats neu zu definieren, ein Vorrecht, das nur Gott besitzt. Als er das tat, implizierte er seine Gleichheit mit Gott.

Jesus erhob den Anspruch, eins mit dem Vater zu sein, und dass Jesus zu sehen und zu kennen bedeuten würde, den Vater zu sehen und zu kennen (Joh 10,30; 14,7-9).

Er machte sogar seine ewige Existenz geltend, als er den Begriff »ich bin« mit Bezug auf sich selbst verwendete, ein Begriff, der üblicherweise nur Gott zugeschrieben wird (Joh 8,58; vgl. 2 Mo 3,14-15). Nachdem er diesen Begriff verwendet hatte, war die unmittelbare Reaktion der Juden, die ihm zuhörten, Steine aufzuheben und zu versuchen, ihn zu töten, ein Hinweis darauf, dass sie ihn der Gotteslästerung für schuldig hielten (Joh 8,59).

Eine der stärksten Behauptungen, dass er Gott sei, findet man bei Jesu Verhandlung, als er dem Hohenpriester antwortete. Der hatte ganz eindeutig gefragt: »Bist du der Christus, der Sohn Gottes?« (Mt 26,63). Jesus antwortete ihm, dass er von nun an den Sohn des Menschen zur Rechten der Macht sitzen und auf den Wolken des Himmels kommen sehen werde (Mt 26,64). Das ist eine offensichtliche Erklärung seiner Gottheit.

Als Jesus nach seiner Auferstehung zum zweiten Mal seinen Jüngern erschien, gab Thomas zu, dass Jesus nicht länger tot war und rief aus: »Mein Herr und mein Gott« (Joh 20,28). Statt Thomas für diese

Antwort zurechtzuweisen, die mancher für eine gotteslästerliche Annahme halten würde, akzeptierte Jesus sie.

Die Lehre des Neuen Testaments

Das Evangelium von Johannes

Das Evangelium von Johannes sticht besonders durch seine Hinweise auf die Gottheit Jesu hervor. Neben den Versen, die im Joh schon angesprochen wurden, drückt schon der erste Vers des ersten Kapitels die Gottheit Jesu aus (Joh 1,1). Das *Wort* (Jesus) wird von Gott unterschieden, zugleich aber auch mit ihm gleichgesetzt. Der Rest des Johannesevangeliums unterstützt diese Betonung der Gottheit Christi.

Der Brief an die Hebräer

Im ersten Kapitel spricht der Verfasser vom Sohn als dem Erben aller Dinge, der eine, durch den Gott die Welt gemacht hatte und alles, was existiert. Der Sohn spiegelt die Herrlichkeit seines Vaters wider und ist eine genaue Repräsentation von dessen Natur. Er erhält das Universum durch die Macht seines Wortes. Nachdem er gestorben war, um uns von den Sünden zu reinigen und unser Schuldverzeichnis zu tilgen, setzte er sich zur Rechten der Majestät im Himmel (Hebr 1,1-3). Der Sohn wird in V.8 *Gott* genannt. Das Argument des Hebr ist, dass der Sohn den Engeln, Mose und dem levitischen Priestertum überlegen ist. Er ist nicht bloß ein Mensch oder ein Engel, sondern jemand Größeres, nämlich Gott.

Andere neutestamentliche Hinweise auf die Gottheit Christi

In Kol 1 schreibt Paulus, dass der Sohn das sichtbare Bild des unsichtbaren Gottes ist (V.15), derjenige, der alle Dinge erschaffen hat (V.16) und derjenige, der alle Dinge zusammenhält (V.17). Letztere Stelle drückt aus, dass Christus derjenige ist, der das Universum erhält und die Gesetze kontrolliert, durch die es in einem geordneten Art und Weise funktioniert. Keiner außer Gott kann das tun. Paulus stellt in Kol 2,9 fest, dass die ganze Fülle der Gottheit leibhaftig in Christus wohnt. Christus wird auch als derjenige bezeichnet, der der letztendliche Richter sein würde (2 Tim 4,1; 2 Kor 5,10). Phil 2,5-11 bringt eine klare Beteuerung der Gottheit Christi.

Historische Abwege von der Gottheit Jesu

Die Ebioniten

Das war eine Sekte häretischer Judenchristen, die zwischen dem ersten und vierten Jahrhundert blühte. Sie bestanden darauf, dass das ganze jüdische Gesetz beachtet werden müsse, verwarfen Paulus als einen Irrlehrer und verwendeten nur das Matthäusevangelium. Sie lehnten sowohl die Jungfrauengeburt als auch die Gottheit Jesu ab und behaupteten, er war ein normaler Mensch, der von ungewöhnlichen, aber nicht übermenschlichen oder übernatürlichen Gaben besessen war.

Der Arianismus

Die Lehren eines Alexandriners namens Arius (gest. 336) wurden die erste größere Bedrohung der biblischen Lehre von der Gottheit Christi. Arius lehrte, dass nur Gott die Eigenschaften der Gottheit besäße. Alles außer Gott entstand durch einen Schöpfungsakt. Er lehrte, dass Jesus ein geschaffenes Wesen sei, wenn auch das erste und höchste aller geschaffenen Wesen. Obwohl er von der Kirche auf dem Konzil von Nizäa 325 und auf anderen Konzilen verurteilt wurde, hat sich doch der Arianismus in verschiedenen Formen bis in unsere Zeit gehalten. Die größte und aggressivste Form des Arianismus ist die Bewegung, die als Jehovas Zeugen bekannt ist.

Schlussfolgerungen

Jesus Christus anzubeten ist nicht nur angemessen, es ist unerlässlich. Er ist nicht nur das höchste aller Geschöpfe, er ist Gott in demselben Sinne und in dem gleichen Maße wie der Vater. Er verdient unser Lob, unsere Anbetung und unseren Gehorsam. Eines Tages wird jeder Mensch bekennen, dass Jesus Christus Herr ist, zur Ehre Gottes, des Vaters (Phil 2,10-11).

Kapitel 14

Wie können wir wissen, dass Jesus der Messias ist?

Die Evangelien berichten wenig über Jesu Kindheit und Jugend. Wir lesen von seiner Beschneidung und Namensgebung am achten Tag (Lk 2,21); davon, dass er 33 Tage später dem Herrn dargestellt wurde (Lk 2,22-24); davon, dass seine Eltern mit ihm nach Ägypten entkamen (Mt 2,13-15), und von seiner Rückkehr nach Nazareth, der Heimatstadt von Josef und Maria (Mt 2,19-23).

Das einzige andere Ereignis vor seiner Taufe durch Johannes den Täufer, das in den Evangelien erwähnt wird, ist seine Reise nach Jerusalem mit Maria und Josef, um am Passahfest teilzunehmen (Lk 2,41-42). Zu dieser Zeit war Jesus zwölf Jahre alt. Lukas beschreibt diese Zeit in Jesu Leben als eine Zeit, in der Jesus an Weisheit und Körpergröße zunahm und an Gunst bei Gott und bei Menschen (Lk 2,51-52).

Jesu Taufe

Johannes der Täufer war von Gott erwählt worden, der Wegbereiter des Messias zu sein. Sein Dienst bestand darin, das jüdische Volk zur Buße zu rufen (Mt 3,2; Mk 1,4). Er verkündete auch, dass einer nach ihm kommen würde, der mächtiger sei als er und der mit dem Heiligen Geist und mit Feuer taufen würde (Mt 3,11; Mk 1,7; Lk 3,16; Joh 1,15.26.30).

Johannes der Täufer erklärte, dass seine Praxis, mit Wasser zu taufen, geschah, damit der Messias Israel offenbart werden könne (Joh 1,31).

Eines Tages kam Jesus dann, während Johannes im Jordan taufte. Als Johannes ihn sah, rief er der versammelten Menge zu, dass Jesus das »Lamm Gottes« sei, das die Sünde der Welt hinweg nehmen würde (Joh 1,29.36).

Jesus hat sich der Taufe des Johannes unterworfen, wobei er ihm sagte, dass er dies tat, um *alle Gerechtigkeit zu erfüllen* (Mt 3,15). Jesus brauchte nicht von Sünden umzukehren wie all die anderen, die Johannes taufte, aber er musste sich mit den Sündern identifizieren, denen er Erlösung bringen würde durch seinen Opfertod am Kreuz. In gewissem Sinne hat seine Taufe durch Johannes seine Einsetzung in seinen öffentlichen Dienst als Messias bedeutet, da sie zu der Salbung des Heiligen Geistes und seiner Bestätigung durch Gott, den Vater, führte (Mt 3,16-17).

Jesu Botschaft und Dienst

Die Absicht des Dienstes von Johannes, dem Täufer, war, das jüdische Volk auf ihren Messias vorzubereiten. Während der drei Jahre seines öffentlichen Dienstes hat Jesus sich frei heraus dem jüdischen Volk als dessen verheißenen Messias vorgestellt.

Als er seinen Dienst begann, war die Botschaft Jesu so ziemlich dieselbe wie die des Johannes: »Tut Buße, denn das Königreich der Himmel ist nahe« (Mt 4,17; Mk 1,14-15). In der Synagoge von Nazareth las Jesus aus der Prophetie Jesajas über den Messias, die sich auf seinen Dienst auf Erden bezog; dann hat er verkündet, dass diese Prophetie sich an eben diesem Tag erfüllt hat (Lk 4,16-21; vgl. Jes 61,1-2).

Gegen Ende seines Dienstes zog Jesus triumphal nach Jerusalem ein und hat sich damit dem jüdischen Volk als dessen Messias dargestellt (Mt 21,1-11; vgl. Jes 62,11; Sach 9,9). Die meisten Juden jedoch wiesen seinen Ansprüche, der Messias zu sein, zurück (Mk 14,63-64). Sie verurteilten ihn sogar für Gotteslästerung (Mt 26,65-66). Als Pilatus den Jesus fragte, ob er der König der Juden sei, legte Jesu Antwort deutlich nahe, dass er tatsächlich der König der Juden war (Lk 23,3; Joh 18,33-37).

Jesu Anspruch, der Messias zu sein, wird durch Wunder beglaubigt

Die Evangelien berichten insgesamt 35 verschiedene Wunder, die Jesus getan hat. Das erste war, Wasser in Wein zu verwandeln (Joh 2,1-10). All die Wunder, die er getan hat, kennzeichneten ihn als den Messias, der im Alten Testament prophezeit worden war (Jes 35,5-6; 61,1).

Kein Wunder, das Jesus tat, war für zu seiner eigenen Ehre. Sie waren immer für andere. Nicht nur, dass er 5.000 Menschen mit fünf Laiben und zwei Fischen gespeist hat, dass er einen Sturm gestillt hat, auf dem Wasser gegangen ist und Tote auferweckt hat, darüber hinaus haben seine Wunder Probleme körperlicher Leiden und Nöte verschiedener Art gelöst (z.B. Mt 8,2-4; 9,2-8; 12,9-13). Matthäus schrieb, dass Jesus viele Kranke geheilt und Verstorbene auferweckt hat (4,23-24).

Jesus hat das jüdische Volk schwer dafür gerügt, dass sie nicht auf seine Wunder reagiert und ihn als Messias akzeptiert hätten. Er bezog sich auf die alttestamentlichen Propheten als Beispiele dafür, wie Gott Wunder und Zeichen gebraucht hat, um Menschen in ihren Leiden zu helfen und seine Macht zu zeigen. Als die Menschen in den Städten von Galiläa nicht umkehrten, nachdem Jesus ihnen gepredigt und Zeichen unter ihnen vollbracht hatte, erinnerte er sie daran, dass, wenn dieselben Wunder in Tyrus, Sidon und Sodom getan worden wären, dann die Menschen dort schon lange in Sack und Asche Buße getan hätten (Mt 11,21-24).

Jesu Tod: Teil von Gottes ewigem Plan

Jesu Tod am Kreuz als Stellvertreter für Sünder war Teil von Gottes ewigem Plan, Rettung für diejenigen zu bringen, die an Christus glauben. Im Buch der Offenbarung wird er »das Lamm, das geschlachtet worden war« genannt, und zwar schon bevor die Welt begann (13,8).

Manche Theologen lehren falscherweise, dass Jesus am Anfang seines öffentlichen Dienstes glaubte, dass er Menschen für seine Sache gewinnen, das römische Joch abwerfen und sein Reich aufbauen könnte. Nach der Theorie, die sie vertraten, wusste Jesus nichts von seinem späteren Opfertod. Das passt jedoch nicht zu den zahlreichen Voraussagen, die er bezüglich seines Todes machte.

Nachdem er die Geldwechsler aus dem Tempel getrieben hatte, antwortete Jesus auf die Frage seiner Gegner – »Mit welcher Vollmacht tust du diese Dinge?« – mit dem Anspruch, dass, wenn der Tempel zerstört werden würde, er ihn wieder in drei Tagen aufbauen würde (Joh 2,18-19). Johannes erklärte, dass der Tempel, von dem Jesus sprach, Jesu eigener Leib war (V.21). Nach seiner Auferstehung erinnerten sich die Jünger an das, was er gesagt hatte und glaubten der Heiligen Schrift und den Worten, die Jesus gesprochen hatte (V.22).

Jesus sagte zu Nikodemus, dass, so wie Mose die Schlange in der Wüste erhöht hatte, dass genauso der Sohn des Menschen erhöht werden müsse; und alle, die an ihn glauben würden, würden die Gabe des ewigen Lebens empfangen (Joh 3,14-15). In diesen Aussagen wird deutlich, dass Jesus über die Art seines Todes genauso Bescheid wusste wie über dessen Bedeutung.

Jesus sagte seinen Jüngern ganz offen, dass er nach Jerusalem gehen müsste und vieles von der religiösen Obrigkeit erleiden müsste, und dass er getötet und am dritten Tag auferweckt werden würde (Mt 16,21; Mk 8,31; Lk 9,22).

Nach Jesu Gefangennahme nahm Petrus das Schwert und schlug damit auf den Diener des Hohenpriesters ein und haute ihm ein Ohr ab (Mt 26,51). Jesus reagierte darauf, indem er Petrus sagte, dass die Heiligen Schriften nicht erfüllt werden könnten, wenn es nicht so ereignen würde, womit er meinte, dass er sterben müsste (Mt 26,53-54). Er sprach davon, dass er den Kelch trinken müsste, den der Vater ihm gegeben hatte (Joh 18,11), was nicht nur zeigte, dass er seinen Willen völlig dem des Vaters unterordnete, sondern auch dass er von seinem bevorstehenden Tod wusste.

Der Tod Jesu am Kreuz war ganz anders als der Tod jedes anderen Menschen, der je gelebt hatte. Hunderte starben am Kreuz, und das für Verbrechen, die sie begangen hatten oder auch nicht. Aus der Sicht des Staates waren sie alle schuldig. Der Tod Jesu war jedoch nicht für Sünden, die er begangen hatte. Es war ein Opfertod, das heißt, er nahm die Stelle anderer ein, die es eigentlich verdient hätten zu sterben.

Als Jesus am Kreuz ausrief: »Es ist vollbracht« (Joh 19,30), hat er damit nicht nur gemeint, dass sein Leben bald vorbei wäre oder dass seine Hoffnungen auf ein irdisches Königtum zerstört wären. In erster Linie meinte er damit, dass alle typologischen Anspielungen und Prophetien des Alten Testaments, die sich auf das Leiden des Messias bezogen, vollendet und eingetroffen sind (Jes 53). Das eine endgültige, perfekte, Opfer war jetzt vollbracht (Hebr 7,26-28; 9,11 – 10,12). Der Tod Christi hat das Ende des Mosaischen Bundes eingeläutet und die Einsetzung des Neuen Bundes, der auf das vollendete Werk Christi basiert.

Der Tod Jesu, gefolgt von seiner Auferstehung, brachte auch die Niederlage Satans (Hebr 2,14; Joh 12,31; 1 Jo 3,8). Satans Einfluss auf diese Welt ist noch nicht weggenommen worden, aber trotzdem ist er ein besiegter Feind; sein endgültiges Schicksal ist klar (Offb 20,1-3.7-10). Die Christen können sich über Sieg über Satan und seine dämonischen Armeen freuen (Eph 6,10-17; 1 Petr 5,8-9; 1 Jo 4,4).

Der wahre Gott – Jesus Christus

Kapitel 15

Ist Jesus wirklich von den Toten auferstanden?

V or Jesu Tod waren die Jünger so mit der Wiederherstellung des israelitischen Königreichs beschäftigt, dass sie die Vorhersage und Bedeutung seines nahenden Todes und seiner Auferstehung nicht verstehen konnten (Mk 8,31-32; 9,31-32; Lk 9,21-22.44-45). Die zwei Jünger, denen Jesus auf der Straße nach Emmaus erschienen war, veranschaulichen diese Einstellung. Sie waren gerade auf dem Heimweg von Jerusalem, wo sie bei der Kreuzigung gewesen waren.

An ihrer Traurigkeit zeigte sich, wie enttäuscht sie deswegen waren, denn sie hatten gehofft, dass Jesus derjenige wäre, der Israel erlösen würde (Lk 24,21). Sogar noch nach der Auferstehung, als die Jünger den auferstandenen Jesus zum ersten Mal sahen, fragten sie noch, ob er die Absicht hätte, das Königreich Israels aufzurichten (Apg 1,6). Die Bedeutung seines Todes und seiner Auferstehung war ihnen noch nicht klar geworden.

Beachten Sie die folgenden Gründe dafür, dass man an die Auferstehung und die Himmelfahrt Jesu glauben sollte:

Jesu Auferstehungsleib

Der Herr Jesus war der erste Mensch, der die Auferstehung erlebte und dabei einen unsterblichen Körper bekam. All diejenigen, die während seines Dienstes zum Leben erweckt worden waren, wurden nicht zu Unsterblichkeit auferweckt. Sie mussten den Tod ein zweites Mal erleben.

Derselbe Körper Jesu, der am Kreuz sein Leben verlor, wurde zu einer unsterblichen und unverderblichen Existenz auferweckt. Sein auferstandener Leib ist das Vorbild für die auferstandenen Leiber, die Gläubige haben werden, wenn Christus für die Seinen zurückkehrt (1 Thess 4,13-18; Offb 20,4-6).

Paulus erklärte den Korinthern, dass der irdische Leib der Christen, der stirbt und verwest, ganz anders sein wird, wenn er auferweckt sein wird. Er wird dann nicht mehr sterben. Jetzt ist er schwach, aber wenn er auferstanden ist, wird er stark und ewig sein. Jetzt ist er ein natürlicher, menschlicher Leib, der Schwachheit solcher Leiber unterworfen, aber wenn er dann auferstanden ist, dann wird er ein geistlicher Leib sein. Unsere körperlichen Leiber sind von Adam geerbt, dem Mann der Erde, aber eines Tages werden wir Leiber wie Christus haben, dem Mann aus dem Himmel (1 Kor 15,42-58).

Zugleich ist es aber auch wichtig festzustellen, dass Jesu auferweckter Leib seinem Leib, den er vor der Auferstehung hatte, ähnlich sah. Das zeigt sich an seiner Einladung an die Jünger, die am Abend seines Auferstehungstages beisammen waren, seine Hände und Füße anzusehen (Lk 24,39-40). Sein Körper zeigte immer noch die Nägelmale seiner Kreuzigung. Als Jesus dann seinen Jüngern zum zweiten Mal erschien, forderte er den zweifelnden Thomas auf, seine Hand in die Wunde seiner Seite zu legen (Joh 20,27). Zuvor schon hatte Jesus seine Jünger aufgefordert, ihn zu berühren, dass er kein Geist war, der keine Muskeln und Knochen hat (Lk 24,39).

Ein weiterer Beleg dafür, dass Jesu Auferstehungskörper ein echter Leib war, ist die Tatsache, dass Jesus aß (Lk 24,42-43; Joh 21,12-13). Dass sein Leib dennoch nicht so war wie ein normaler menschlicher Körper, kann man an seiner Fähigkeit ersehen, zu erscheinen und zu verschwinden, wie er es wollte (Joh 20,19; Lk 24,31.36). Er schien auch die Fähigkeit gehabt zu haben, seine Identität zu verbergen. Die Jünger auf der Straße nach Emmaus wurden anfangs davon abgehalten, ihn zu erkennen (Lk 24,16.31).

Das leere Grab

Die Tatsache des leeren Grabes ist eine der stärksten Belege für Jesu Auferstehung. Die Soldaten, die das Grab bewacht hatten, wurden bestochen zu bekennen, dass Jesu Jünger seinen Leichnam stahlen, während sie schliefen (Mt 28,11-15). Diese eklatante Lüge hat sich schnell unter den Juden verbreitet und ist heute noch da.

Aber es gibt da einen ganz entscheidenden Einwand: Wenn die Jünger den Leib wirklich gestohlen hätten, wie die Wächter es behaupteten, warum waren sie dann bereit, so schreckliche Verfolgungen und sogar den Tod auf sich zu nehmen, und das für etwas, wovon sie wussten, dass es eine Lüge war?

Andere haben vorgeschlagen, dass Maria Magdalena und die andere Frau den Ort von Jesu Grab vergessen hatten und zu einem anderen Grab gingen. Des Weiteren, so die Kritiker, hätten sie Halluzinationen gehabt, als sie die Engel und Jesus sahen. Aber Markus schreibt, dass diese Frauen gesehen hatten, wo Jesus hingelegt worden war und dass sie den Ort genau wussten (Mk 15,47).

Die Erscheinung Jesu nach seiner Auferstehung

Lukas erklärt, dass Jesus seinen Jüngern 40 Tage lang erschien und ihnen damit gründlich bewies, dass er lebte (Apg 1,3).

Im Gegensatz zu der Meinung vieler moderner Kritiker hatten die Jünger keine Halluzinationen über die Auferstehung Jesu, nur weil sie sich so sehr wünschten, dass er wieder leben würde. Genau genommen war nämlich die Stimmung der Jünger das genaue Gegenteil davon. Mk berichtet, dass ein paar Frauen nach dem Sabbat wohlriechende Öle brachten, um den Leichnam Jesu zu salben (Mk 16,1). Sie machten sich Sorgen, wer wohl den Stein vom Eingang des Grabes wegrollen würde (Mk 16,3; Lk 24,1). Sie erwarteten keinesfalls eine Auferstehung.

Am Morgen der Auferstehung, als Maria Magdalena zum Grab kam und sah, dass der Stein nicht länger die Graböffnung abdeckte, rannte sie und erzählte Petrus und den anderen Jüngern, dass jemand den Leichnam Jesu gestohlen hätte (Joh 20,1-2). Es gibt keine überzeugenden Belege dafür, dass sie glaubte, dass Jesus auferstanden sei. Als sie dann zum Grab zurückkam, stand sie davor und weinte. Ein Engel fragte aus dem Grab heraus, warum sie denn weinen würde. Sie antwortete, dass jemand den Leib Jesu gestohlen und versteckt hätte (Joh 20,11-15). Dann erzählte sie dem Mann, den sie für einen Gärtner hielt, dass sie den Leichnam wegnehmen würde. Zu keiner Zeit deutete sie an, dass Jesus auferweckt worden war. Die zwei Jünger auf dem Weg nach Emmaus drückten die gleiche Einstellung von Traurigkeit und Unglauben aus (Lk 24,16-17.22-24).

Die skeptischen Jünger mussten durch viele Beweise überzeugt werden, dass Jesus wieder lebte (Apg 1,3). Das Wort, das als »Kennzeichen« oder »Beweise« übersetzt wird, erscheint nur hier im Neuen Testament. Es bezeichnet ein unfehlbares Kennzeichen oder Argument, durch das man sicher gehen kann, dass eine Sache wahr ist. Die Beweise, von denen da die Rede ist, bestanden in seinem Essen mit den Jüngern, seinen Gesprächen mit ihnen, seinen Treffen mit ihnen zu verschiedenen Zeiten und an verschiedenen Orten und den Wundern, die er tat (Joh 21,6-7). Diese Beweislage ist unfehlbar, weil so viele von ihnen dabei waren, um die Möglichkeit einer Täuschung zu vermeiden.

Der Punkt, der endgültig die Argumentation zum Schweigen bringen sollte, dass die Jünger nur Halluzinationen von der Auferstehung hatten, ist die Behauptung von Paulus, dass mehr als 500 Leute Zeugen der Auferstehung waren, von denen die meisten zu Paulus' Zeit noch am Leben waren (1 Kor 5,16).

Die Himmelfahrt

Vierzig Tage nach seiner Auferstehung war Jesu Dienst auf Erden zu Ende. Dann ist er in der Anwesenheit seiner Jünger in den Himmel aufgefahren, um sich auf dem Thron zur Rechten Gottes, des Vaters, zu setzen und dort bis zu seinem zweiten Kommen zu bleiben (Apg 3,21). Lukas beschreibt die Himmelfahrt in Lk 24,51 und Apg 1,9.

Nach dem Evangelium des Johannes hat unser Herr dreimal von seiner Himmelfahrt geredet (Joh 3,13; 6,62; 20,17).

Paulus spricht davon, dass Christus weit über alle Himmel aufstieg, um das ganze Universum mit seiner Gegenwart und Macht zu durchdringen (Eph 4,10). Solch Sätze wie »in die Herrlichkeit aufgenommen« (1 Tim 3,16), »in den Himmel gegangen« (1 Petr 3,22) und »durch die Himmel gegangen« (Hebr 4,14) beziehen sich auf die gleiche Sache. Paulus drängte die Gläubigen in Kolossä, nach den Dingen zu trachten, die oben sind, wo Christus sitzt zur Rechten Gottes (Kol 3,1).

Mit der Himmelfahrt endeten die Besuche unseres Herrn bei seinen Jüngern in dieser Welt und die Himmel entzogen ihn ihrer Sicht. Das ermöglichte den Dienst des Heiligen Geistes unter den Gläubigen, wie Christus versprochen hatte. Die Jünger hatten nicht mehr die persönliche Gegenwart des Herrn, sondern die Gegenwart des Heiligen Geistes und seine Macht, um als Christi Vertreter Zeugnis abzulegen (Joh 14,16-18.26; 16,7-15; Apg 1,4-5.7-8).

Kapitel 16

Warum wird Jesus Priester, Prophet und König genannt?

I m Alten Testament waren die Ämter des Propheten, des Priesters und des Königs etwas Außergewöhnliches und verlangten im Allgemeinen eine Weihe mit Salbung (1 Kö 19,16; 2 Mo 30,30; 2 Sam 5,3). Gemäß der Prophezeiung würde der kommende Messias (der Christus oder der Gesalbte) alle diese Ämter innehaben. Als ein Prophet hat der Christus uns Gottes Willen verkündigt. Als Priester vertritt er uns vor Gott. Als König übt er Gottes gnädige Herrschaft über sein Volk aus.

Jesus Christus als Prophet

Gott verkündete dem Volk Israel, dass er einen Propheten wie Mose auftreten lassen würde (5 Mo 18,18). Als Petrus kurz nach Pfingsten im Tempelbereich predigte, zitierte er den Abschnitt aus 5 Mo und erklärte, dass der Prophet, von dem Mose gesprochen hatte, kein anderer als Jesus Christus war (Apg 3,17-24). Einige von Jesu Zeitgenossen erkannten, dass er die Erfüllung dieser Vorhersage war (Joh 6,14; 7,40). Jesus hat von sich selbst als einem Propheten gesprochen (Lk 13,33). Mit prophetischer Autorität verkündigte er die Grundlagen des Reiches Gottes (Mt 5-7; 22,36-40). Zu zahlreichen Anlässen prophezeite er, was zukünftig geschehen würde (Mt 24,1-51; Lk 19,41-44). Petrus bestätigte, dass der Geist Christi in den alttestamentlichen Propheten war, und offenbarte, wie Christus ihnen Prophetien gegeben hatte über seine Leiden und die darauf folgende Herrlichkeit (1 Petr 1,10-12).

Jesus Christus als Priester

Ein göttlicher Schwur bestätigte die Priesterschaft des Messias aufs Deutlichste (Ps 110,4). Christus war kein Nachkomme Aarons. Wie Melchisedek kam sein Recht auf das Priestertum durch göttliche Berufung (Hebr 5,6.10).

Christi Priestertum auf Erden
Jesus hatte vollkommene Qualifikationen für das Amt eines Pries-

ters. Er war ganz Mensch, war von Gott berufen und wirkte »bezüglich der Dinge, die mit Gott zu tun hatten« mit der besonderen Aufgabe, »Gaben und Opfer für Sünden« darzubringen (Hebr 5,4.10).

Die Aufgabe des Priesters war es, die Gläubigen durch Opfer mit Gott zu versöhnen, was darstellte, dass die Erlösung für Sünden vorhanden sein konnte (3 Mo 1,4; 4,29.31.35; 5,10; 16,6; 17,11). Die dauernd wiederholten Opfer auf dem Brandopferaltar illustrierten, dass dauerhafte Erlösung möglich war.

Diese Opfer reichten nicht aus. Sie konnten denjenigen, der sie darbrachte, nicht vollkommen machen. Sie konnten keine Sünden wegnehmen oder ein reines Gewissen schaffen (Hebr 10,1-4; 9,9). Sie waren nicht mehr als ein Schatten guter, zukünftiger Dinge (Hebr 10,1; vgl. 9,9.23-24). Das Alte Testament sagte, dass der Messias den Platz dieser Opfertiere einnehmen würde (Ps 40,6-8; Hebr 10,5-9).

Diese Opfer deuteten also auf die stellvertretenden Leiden und den Sühne schaffenden Tod Jesu Christi hin. Als Lamm Gottes wurde er zur Sünde für uns, ein Fluch um unseretwillen. Sein Blut reinigt uns von allen Sünden (2 Kor 5,21; Gal 3,13; 1 Jo 1,7; vgl. 1 Kor 15,3).

Während seines irdischen Dienstes war Christus zugleich Priester und Opfer. Nach seinem Opfer am Kreuz und seiner Auferstehung und Himmelfahrt begann Christi priesterliches Eintreten im Himmel.

Christi Priestertum im Himmel

Was Jesus für seine Nachfolger tat, als er auf der Erde war, tut er weiter für alle Gläubigen, während er im Himmel bei seinem Vater ist. Zur Zeit sitzt unser Hoherpriester zur Rechten des Thrones Gottes und dient im himmlischen Heiligtum (Hebr 8,1-3; 9,24).

Christi Fürsprache bringt seinem Volk Ermutigung (Hebr 7,25). Paulus stellte eine rhetorische Frage: »Wer wird uns verdammen oder ein Urteil über uns sprechen?« Die Antwort ist in der Frage impliziert – keiner; der Grund dafür ist, dass Christus, unser Fürsprecher, zur Rechten Gottes für uns eintritt (Röm 8,34).

Als unser Fürsprecher steht Christus nicht wie ein alttestamentlicher Priester mit erhobenen Händen vor dem Thron Gottes. Er sitzt zur Rechten Gottes. Dieser Symbolismus ist von großer Bedeutung. Alttestamentliche Priester setzten sich niemals hin, weil ihre Arbeit niemals zu Ende war. Auf der anderen Seite war das eine Opfer Christi ein Opfer, das nie mehr wiederholt werden sollte. Aufgrund seines ein für allemal geschehenen Opfers tritt er nun für sein Volk ein. Jesus tritt für unsere Sache nicht mit heftigem Weinen und Tränen in der Gegenwart eines zögerlichen Gottes ein. Als unser himmlischer Hohepriester bittet er, was er möchte, von seinem Vater, der immer hört und gewährt, was Jesus erbittet.

Jesus Christus als König

Jesaja sagte die Geburt eines Kindes voraus, auf dessen Schulter eines Tages alle Herrschaft ruhen würde (Jes 9,6). Als Jesus am ersten Palmsonntag auf einem Esel in Jerusalem einritt, deutete Matthäus in seinem Sacharja-Zitat an, dass der dort genannte König kein anderer als Jesus von Nazareth war (Mt 21,4-5; Sach 9,9).

Von den frühesten Berichten über Jesu Leben an wurde er als König proklamiert. Die Weisen, die aus dem Osten kamen, um ihn anzubeten, nannten ihn »König der Juden« (Mt 2,1-2). Als Jesus von Pilatus gefragt wurde: »Bist du der König der Juden?«, antwortete er, dass er es sei (Mt 27,11). Im Buch der Offenbarung wird er als »König der Könige und Herr der Herren« bezeichnet (Offb 19,13.16).

Jesus betonte, dass die erste Phase seines Königtums während seines Dienstes auf Erden begann. Daher sind »das Königreich der Himmel« und »das Königreich Gottes« beides gegenwärtige Realität und zukünftige Hoffnung. Paulus schrieb, dass Gott uns von der Herrschaft der Finsternis errettet hat und uns in das Königreich seines Sohnes, Jesus Christus, versetzt hat (Kol 1,13). Dieses Königreich ist zur Zeit kein fassbares Königreich. Es ist kein Königreich dieser Welt (Joh 18,36). Es besteht nicht aus materiellen Verbrauchsgütern wie Essen und Trinken, sondern aus Gerechtigkeit, Frieden und Freude im Heiligen Geist (Röm 14,17; vgl. Mt 6,31-33).

In der gegenwärtigen Welt sind die Mitglieder des Reiches Gottes von einer Masse von Menschen umgeben, die dem Evangelium feindlich gegenüber stehen; von den Christen wird dennoch erwartet, dass sie sich wie treue Untertanen Christi verhalten und das trotz all der unheilsamen Einflüsse, die danach trachten, ihren geistlichen Fortschritt zu behindern (Tit 2,11-14).

Das ewige Königreich

Die irdische Erscheinungsform von Christi Reich auf Erden wird erst nach seiner Rückkehr beginnen (Offb 19,11 – 22,1-21). Katastrophen werden sich ereignen, bevor Jesus Christus sein irdisches, materielles Königtum aufrichtet, dessen Thron in Jerusalem aufgestellt werden wird. Das erste, atemberaubende Ereignis wird sein, wenn die Gemeinde den Trompetenstoß und Jesu Kriegsschrei hört, wenn er sein Volk ruft, bei ihm im Himmel zu sein. Danach werden Drangsalsschrecken von allen Bewohnern der Erde erlebt werden, die noch da sein werden (Mt 24-25). Dann wird Jesus mit all seinen Heiligen mit Macht und großer Herrlichkeit zurückkehren, um den Satan zu binden und 1.000 Jahre lang zu regieren (das Millenium, Offb 20,4-6).

Wenn die 1.000 Jahre vorüber sind, fängt die Schlacht von Gog und Magog an, ein Krieg, der schnell vom König der Könige gewonnen wird. Jesus Christus wird der oberste Herrscher sein in der Ewigkeit. Der Engel Gabriel hatte der Maria verkündigt, dass Jesus für immer über das Haus Jakob regieren sollte und dass sein Königtum kein Ende haben würde (Lk 1,30-33; vgl. Jes 9,6). Nur wenn man Jesus Christus als Retter und Herrn annimmt, kann man Bürger seines ewigen Königreichs werden (Joh 3,3).

Der wahre Gott
Heiliger Geist

Wir glauben, dass der Heilige Geist eine göttliche Person ist, gleich mit Gott, dem Vater, und mit Gott, dem Sohn, und von gleicher Natur; dass er aktiv an der Schöpfung beteiligt war; dass er in seiner Beziehung zur ungläubigen Welt den Bösen zurückhält, bis Gottes Absicht erfüllt ist; dass er von Sünde, Gerechtigkeit und Gericht überzeugt; dass er Zeugnis ablegt für die Wahrheit des Evangelium im Predigen und im Zeugnisgeben; dass er derjenige ist, der die Wiedergeburt bewirkt; dass er die Gläubigen versiegelt, bekleidet, leitet, lehrt; Zeugnis ablegt für sie, sie heiligt und ihnen hilft.

Kapitel 17

Wie ist der Heilige Geist?
Ist er Gott?

W ir haben in unseren theologischen Studien oben die Aufmerksamkeit auf die Arbeit des Vaters in der Schöpfung und in der Vorhersehung gelenkt und darauf, wie der Sohn durch seinen Opfertod und seine Auferstehung jedem Sünder, der an ihn glaubt, Erlösung garantiert. Wir haben gesehen, wie der Vater und der Sohn gleichermaßen Gott sind. Jetzt werden wir uns damit beschäftigen, wer der Heilige Geist ist, was er für ein Beziehung zum Vater und zum Sohn hat, und wie er das Erlösungswerk Christi der Menschheit zugute kommen lässt, womit er die Errettung eine Realität werden lässt.

Die Wichtigkeit der Lehre vom Heiligen Geist

Es gibt mehrere Gründe, warum die Lehre über den Heiligen Geist von spezieller Bedeutung für Christen ist:

Der Heilige Geist ist ganz Gott

Der Heilige Geist ist die dritte Person der göttlichen Dreieinigkeit, in jeder Hinsicht dem Vater und dem Sohn gleich. Eine der bekanntesten biblischen Belege dieser Gleichheit ist die Taufformel, die im Missionsbefehl steht (Mt 28,19). Der Segen des Paulus in 2 Kor 13,13 ist ein weiterer Beleg. Auch Petrus verbindet die drei in seinem Einleitungsgruß zu seinem ersten Brief (1 Petr 1,2).

Der Heilige Geist macht die Dreieinigkeit persönlicher

Ohne die Gegenwart des Heiligen Geistes im eigenen Leben tendiert man dazu, sich Gott als weit weg im Himmel vorzustellen; so weit sogar, dass ihm die Nöte der Menschen gleichgültig sind. Gleichermaßen lebte der Sohn vor 2.000 Jahren auf Erden und könnte daher als jemand erscheinen, der weit weg ist.

Aber der Heilige Geist ist anwesend im Leben und Körper jedes einzelnen Gläubigen, wobei er ermutigt, festigt, leitet und tröstet. Daher ist der Heilige Geist dasjenige Mitglied der Dreieinigkeit, durch das der ganze dreieinige Gott in und durch uns arbeitet.

Wir leben in dem, was einige als das »Zeitalter der Heiligen Geistes« bezeichnen
Die Arbeit des Vaters war herausragend zu alttestamentlichen Zeiten, so wie die des Sohnes zur Zeit der vier Evangelien. Der Dienst des Heiligen Geistes ist seit dem Pfingsttag im Vordergrund (Apg 2,1-4.33) und zwar bis in die moderne Zeit hinein.

Die gegenwärtige Kultur betont Erfahrungen mehr als Lehraussagen.
Weil es in erster Linie durch den Heiligen Geist ist, dass wir Gottes Gegenwart in uns *fühlen* und das Wunder seiner verschiedenen Charaktereigenschaften erfahren, ist es entscheidend, dass wir verstehen, wer der Heilige Geist ist und was er tut. Dazu kommt noch, dass nur die Führung und Macht des Heiligen Geistes es möglich macht, ein christliches Leben zu leben und ein effektiver Zeuge zu sein (Apg 1,8).

Die Natur des Heiligen Geistes
Eine ganze Anzahl von Bibelstellen machen deutlich klar, dass der Heilige Geist in demselben Sinne und dem gleichen Maße Gott ist wie der Vater und der Sohn.

Die Begriffe Heiliger Geist und Gott werden manchmal austauschbar verwendet
In Apg 5, nachdem Ananias ein Stück Land verkauft hatte, brachte er den Erlös zu Simon Petrus und bot ihn als eine Spende an die Jerusalemer Gemeinde an. Dabei machte er aber eine falsche Angabe über den Betrag, den er durch den Verkauf erhalten hatte. Petrus fragte ihn tadelnd, warum er den Heiligen Geist belogen hätte und einen Teil des Erlöses vom Verkauf zurückbehalten hätte (V.3). Im nächsten Vers beschuldigt Petrus den Ananias, Gott belogen zu haben und nicht Menschen. Die Folgerung daraus ist, dass den Heiligen Geist zu belügen dasselbe ist wie Gott zu belügen.
Im 1. Korintherbrief behauptet Paulus, dass vom Heiligen Geist bewohnt zu sein bedeutet, von Gott bewohnt zu sein. Indem er den Satz

»der Tempel Gottes« (3,16) mit »der Tempel des Heiligen Geistes« (6,19) gleichsetzt, legt er dar, dass der Heilige Geist Gott ist.

Der Heilige Geist besitzt dieselben Charaktereigenschaften wie Gott

Er wird als allwissend bezeichnet (1 Kor 2,10-11). Seine Allmacht wird öfters im Neuen Testament erwähnt (Lk 1,35; Röm 15,19; Joh 3,5-8). Er wird der ewige Geist genannt (Hebr 9,14). Nur Gott ist ewig (Hebr 1,10-12). All diese Beschreibungen stellen zwingende Gründe dar, zu glauben, dass der Heilige Geist Gott ist.

Der Heilige Geist tut Dinge, die allgemein Gott zugeschrieben werden

Er war an der Schöpfung beteiligt (1 Mo 1,2; Ps 104,30). Er ist äußerst aktiv im geistlichen Leben der Gläubigen. Jesus sprach gezielt von der Rolle des Geistes in der Wiedergeburt (Joh 3,5-8). Paulus erwähnte dieselbe Wahrheit in Tit 3,5. Der Heilige Geist weckte Christus von den Toten auf und wird eines Tages auch unsere sterblichen Leiber auferwecken (Röm 8,11). Die Rolle des Geistes bei der Entstehung der Heiligen Schrift wird in 2 Petr 1,21 bestätigt.

Die Persönlichkeit des Heiligen Geistes

Manche sehen den Heiligen Geist als die Energie Gottes, eine unpersönliche Macht oder ein Einfluss, und nicht als eine wirkliche Person, so wie Gott es ist. Die historische Position der Kirche dagegen ist, dass es einen Gott gibt, der in alle Ewigkeit in drei Personen existiert, als Vater, Sohn und Heiliger Geist. Die Bibel macht deutlich, dass der Heilige Geist eine Persönlichkeit ist.

Das männliche Pronomen wird benutzt, wenn von ihm die Rede ist

Wenn Jesus in Joh 16,13-14 den Dienst des Heiligen Geistes beschreibt, dann verwendet er für das griechische Wort *pneuma*, das ein neutrales Geschlecht hat, ein maskulines Pronomen. Das zeigt, dass Jesus sich auf eine Person bezieht, nicht auf einen Einfluss oder ein Ding.

Sein Werk in der Heiligen Schrift wird von Jesus in einer Art beschrieben, die ähnlich dem Werk von jemand anders ist, der eine Person ist.

Das griechische Wort *parakletos*, das auf den Heiligen Geist angewendet wird im Neuen Testament, kann als »Ratgeber«, »Tröster« oder »Fürsprecher« übersetzt werden. Es wird in Joh 14,26; 15,26 und 16,7 verwendet, den Dienst des Heiligen Geistes zu beschreiben. In jeder dieser Stellen wird deutlich, dass damit nicht so eine Art abstrakter Einfluss gemeint ist, denn Jesus wird auch als *parakletos* in 1 Jo 2,1 bezeichnet. In Joh 14,16 verspricht Jesus, einen anderen *parakletos* zu senden, d.h. einen, der so ist, wie er selbst einer ist. Das zeigt, dass der Heilige Geist die Bedeutung hat, Jesus in diesem Zeitalter zu ersetzen, und dass er diese Rolle weiter erfüllen wird, ein unmissverständlicher Hinweis, dass er eine Person sein muss.

Er besitzt einige Eigenschaften, die zu einer Person gehören.

Zu diesen Eigenschaften gehören Intelligenz, Wille und Gefühle, die allgemein als drei grundlegende Elemente der menschlichen Persönlichkeit angesehen werden. Jesus versprach, dass der Heilige Geist *lehren* würde (Intelligenz) und seine Jünger an alles erinnern würde, was er sie gelehrt hatte (Joh 14,26). In 1 Kor 12,11 erklärt Paulus, dass der Heilige Geist die verschiedenen geistlichen Gaben so an einzelne Empfänger verteilt, wie er es will. In Eph 4,30 warnt Paulus davor, den Heiligen Geist zu betrüben, was eine Bestätigung dessen bedeutet, dass der Heilige Geist *Gefühle* hat.

Die Sünde der *Lästerung gegen den Heiligen Geist* (Mt 12,31; Mk 3,29) kann mit Sicherheit nicht an etwas begangen werden, das unpersönlich ist.

Dazu kommt noch, dass der Heilige Geist Dinge tut, die nur von einer Person getan werden können. Er lehrt, spricht, tritt für andere ein, bezeugt, leitet, befiehlt, such und offenbart.

Was man daraus lernen kann

Der Heilige Geist ist als Person jemand, mit dem wir eine persönliche Beziehung haben können. Er hilft uns ganz besonders, die Heilige Schrift zu verstehen und unsere Gebete richtig zu gestalten.

Wenn man bedenkt, dass der Heilige Geist Gott ist, daher nicht geringer als die anderen Mitglieder der Dreieinigkeit, dann muss er mit derselben Ehre und demselben Respekt bedacht werden wie der Vater und der Sohn.

Im Heiligen Geist kommt uns die dreieinige Gott nahe, so nahe, dass er sogar in jeden Gläubigen hineinkommt und dort wohnt. Gott ist jetzt sogar noch inniger mit uns verbunden als zu der Zeit, in der Jesus vor 2.000 Jahren auf der Erde lebte. Damals war Gott *bei* seinen Jüngern. Jetzt ist er *in* seinen Jüngern.

Kapitel 18

Was ist die Aufgabe des Heiligen Geistes?

Am Abend vor seinem Tod hat Christus seine Jünger mit den Worten über seinen bevorstehenden Abgang schwer verwirrt. Doch hat er ihnen gleich auch versichert, dass sie nicht als Waisen zurückbleiben würden (Joh 14,18), sondern dass sie den Heiligen Geist empfangen würden als seinen persönlichen Stellvertreter. Der Heilige Geist würde für sie sein und für sie tun, was Christus für sie gewesen war und was er für sie getan hatte, während er auf Erden bei ihnen war.

Der Heilige Geist ist aktiv auf der Welt seit dem Anfang der Schöpfung (1 Mo 1,2). Durch das Alte Testament hindurch wird sein Handeln häufig dargestellt. Als Jesus auf Erden war, war der Heilige Geist auch mit großer Macht da. Aber es war Pfingsten, das seine hauptsächliche Arbeit einläutete.

Die Aufgabe, die der Heilige Geist an der Welt zu erfüllen hat

Er erhöht Christus

Dass Christus Herr ist, kann nur durch den Einfluss des Heiligen Geistes anerkannt werden. Paulus versicherte, dass niemand sagen kann, dass Jesus Herr ist, außer durch den Heiligen Geist (1 Kor 12,3).

Jesus erklärte, dass die Hauptaufgabe des Heiligen Geistes wäre, ihn zu verherrlichen (Joh 16,13-14). Einige machen den Fehler, den Heiligen Geist mehr zu rühmen als Christus. Das ist ein direkter Widerspruch zu dem, was Jesus in diesen Versen sagt.

Er überführt

Jesus lehrte, dass die Aufgabe des Heiligen Geistes sein würde, die Welt von Sünde, Gerechtigkeit und Gericht zu überführen (Joh 16,8). Erstens führt der Heilige Geist uns zu einer tiefen Sündenerkenntnis, insbesondere bezüglich der Sünde, nicht an Christus zu glauben (16,9). Zweitens drängt uns der Heilige Geist, die Gerechtigkeit Christi anzunehmen. Jesus lebte ein sündloses Leben, aber Menschen behaupteten, dass er einen Dämon besäße. Der Heilige Geist widerspricht solchen fehlgeleiteten Menschen und legt Zeugnis ab von der Gerechtigkeit Christi und unserem Bedürfnis, uns seine Gerechtigkeit anzurechnen zu lassen. Drittens warnt der Heilige Geist uns vor dem kommenden Gericht, einem mächtigen Instrument, in sündenverdunkelten Gemütern die Notwendigkeit von Buße und Bekehrung hervorzurufen.

Nachdem er dann Christus erhöht und Sünder überführt hat, befähigt der Heilige Geist diese Sünder, wiedergeboren zu werden (Joh 3,3-16). Das Ergebnis ist ein neues Leben, denn der so Gläubige ist ein Wohnort des Heiligen Geistes geworden.

Die Aufgabe, die der Heilige Geist an den Gläubigen zu erfüllen hat

Die Mehrheit der Texte, die vom Heiligen Geist reden, sprechen von seiner Beziehung zu Gottes Volk. Sein heiligender Einfluss führt zu Gehorsam (1 Petr 1,2). Aber niemand erfährt die ganze Macht, die der Heilige Geist zur Verfügung stellt, kontinuierlich, ohne gewisse Bedingungen zu erfüllen. Gläubige werden davor gewarnt, dem Heiligen Geist zu widerstehen, ihn zu betrüben und ihn zu löschen (Apg 7,51; Eph 4,30; 1 Thess 5,19). Hier nun einige bemerkenswerte Dinge, die der Heilige Geist für Gläubige tut:

Er tauft Gläubige

Dieses wichtige Thema wird im nächsten Kapitel ausführlicher behandelt, aber für den Moment reicht es zu sagen, dass dieses bemerkenswerte Ereignis, das in der Heiligen Schrift als »die Taufe mit dem Heiligen Geist« bezeichnet wird, im Augenblick der Bekehrung geschieht. Es ist nicht eine Erfahrung nach der Bekehrung, wie so einige behaupten. Die Bibel macht das in 1 Kor 12,13 deutlich, wo Paulus an die Christen in Korinth schrieb: »Wir sind alle durch einen Geist zu einem Leib getauft worden.« Indem er das Wort »alle« verwendet, hat er ausdrücklich keinen in der Gemeinde in Korinth ausgeschlossen. Um diese Aussage weiter zu belegen, sagt Paulus den Christen in Rom, dass, wenn irgendjemand den Heiligen Geist nicht hat, er nicht zu Christus gehört (Röm 8,9). Wir ziehen daraus den Schluss, dass jeder wahre Christ – diejenigen, die zu Christus gehören – mit dem Heiligen Geist getauft (in ihn eingetaucht worden) ist; und wenn das einmal geschehen ist, dann wird der Körper des Gläubigen zu einem »Tempel« oder Wohnort des Heiligen Geistes (1 Kor 3,16-17).

Er steht den Gläubigen bei
Als Christus den Heiligen Geist vorstellte, nannte er ihn einen anderen *parakletos* (Joh 14,16), ein griechisches Wort, das mit »Helfer«, »Ratgeber«, »Tröster«, »Fürsprecher«, »Mittler« oder »Rechtsbeistand« übersetzt werden kann. Wie oben festgestellt, ist der einzige andere *parakletos* in der Heiligen Schrift Christus selbst. Er ist unser »Rechtsbeistand« oder »Fürsprecher« vor dem Vater (1 Jo 2,1). Als Fürsprecher, Mittler und Helfer stellt er uns vor Gott und offenbart uns Gott. In ähnlicher Weise leitet der Heilige Geist uns zu Christus und tut uns Christi Gnade kund. Das erklärt, warum der Heilige Geist der »Geist der Gnade« (Hebr 10,29) genannt wird.

Er lenkt die Aufmerksamkeit auf die Wahrheit Christi
Jesus nannte den Heiligen Geist den »Geist der Wahrheit« (Joh 14,17; 15,26; 16,13). Seine Aufgaben beinhalten, uns daran zu erinnern, was Jesus gesagt hatte (Joh 14,26) und die Gläubigen in die Wahrheit zu leiten (Joh 16,13). Eine seiner Hauptaufgaben ist es, Jesus Christus zu erhöhen (Joh 15,26; 16,13-14).

Er macht die Gegenwart Christi möglich
Durch den Heiligen Geist ist es Jesus möglich, jederzeit an jedem Ort in der Welt zu sein (Joh 14,17-18). Der Heilige Geist ist Christi Stellvertreter.

Er versiegelt die Gläubigen
Die drei Phasen der Errettung werden in Eph 1,13-14 angegeben. Erstens muss man das Wort der Wahrheit, das Evangelium, hören. Zweitens muss man dem Evangelium glauben. Drittens *versiegelt* der Heilige Geist bei der Bekehrung die Gläubigen. In der Antike war das Siegel eine Garantie. Siegeln wurde benutzt, um Verträge, Gesetze, Rechnungen, militärische Befehle etc. zu beglaubigen. Ein Siegel be-

zeichnet Eigentumsrecht. Gott besitzt den Gläubigen, nachdem er ihn von dem Sklavenmarkt der Sünde gekauft hat (Eph 1,7; 1 Kor 6,20). Das Siegel des Heiligen Geistes ist die Garantie der ewigen Sicherheit des Gläubigen (Eph 4,30).

Er leitet den Betrieb der Gemeinde

Seit der Heilige Geist genau die Gegenwart Christi mit sich bringt, ist er der wahre Vertreter Christi auf Erden und nicht der Papst in Rom. Als das autoritative Zentrum in Angelegenheiten des Glaubens und der Praxis stimmt die Art und Weise, wie er die Gemeinde führt, ganz und gar mit der Bibel überein.

Der Heilige Geist war ganz eng damit verbunden, wie die apostolische Kirche verwaltet wurde. Als Missionare ausgewählt wurden, erhielten die Gemeinden durch Gebet und Fasten seine Leitung (Apg 13,1-4). Paulus erinnerte die Gemeindeleiter in Ephesus, dass sie durch den Heiligen Geist in ihr Amt eingesetzt worden waren (Apg 20,28).

Der Heilige Geist spielte eine wichtige Rolle dabei, als es darum ging, große Probleme zu lösen, die die Einheit der Gemeinden bedrohten. Tatsächlich eröffnet die Heilige Schrift die Entscheidungen des ersten Kirchenkonzils damit, dass die Wichtigkeit des Heiligen Geistes bei diesen Beratungen anerkannt wurde (Apg 15,1-29).

Er rüstet die Christen mit speziellen Gaben aus

Der Heilige Geist hat Gottes Volk spezielle Gaben gegeben. Zu Zeiten des Alten Testaments kam der Heilige Geist auf bestimmte Personen und gab ihnen außerordentliche Fähigkeiten, Israel zu leiten und zu befreien (Ri 3,10; 6,34; 11,29; etc.). Er gab auch die Fähigkeit, zu prophezeien (4 Mo 11,17.25-26; 2 Sam 23,2).

In den Urgemeinden geschah es durch den Heiligen Geist, dass Christus den einzelnen Christen ihre Gaben gab. Der Heilige Geist verteilte diese geistlichen Gaben an Gläubige, wie er es für richtig hielt, damit die ganze Gemeinde-Familie davon profitieren konnte.

Das Gleiche stimmt auch für heute noch. Der Heilige Geist gibt den Gläubigen im Leib Christi gewisse spezielle Gaben. Drei Abschnitte in der Bibel spielen eine herausragende Rolle bei der Diskussion über das, was weithin geistliche Gaben genannt wird (Röm 12,3-8; 1 Kor 12,1-11;

Eph 4,7-16). Es müssen nun bestimmte Punkte bezüglich dieser Listen von Gaben des Heiligen Geistes gemacht werden. Während all diese Listen auf die Gaben des Geistes Bezug nehmen, zeigen sie doch auch gewisse Unterschiede.

Röm 12 berichtet verschiedene grundlegende Funktionen, die in jeder Versammlung ausgeübt werden. Eph 4 listet verschiedene Ämter in jeder Gemeinde auf, oder Leiter, die Gottes Gaben an die Gemeinde sind. 1 Kor 12 gibt einen Katalog von Gaben, die einzelnen Personen gegeben wurden, um dem Gemeindepastor effektiver zu helfen. Diese Listen sind dann also Illustrationen der verschiedenen Gaben, die Gott der Gemeinde gegeben hat.

Einige der spektakuläreren Gaben haben besondere Aufmerksamkeit auf sich gezogen und in den letzten Jahren beträchtliche Kontroversen verursacht, besonders die *Glossolalie* oder *Zungenrede*. In der Heiligen Schrift beziehen sich »Zungen« immer auf die von Gott gegebene Fähigkeit, in einer Sprache zu sprechen, die dem Sprecher unbekannt ist. Ohne jeden Zweifel waren die Zungensprachen, die in Apg 2 erwähnt werden, wirkliche menschliche Sprachen, wenn sie auch denen, die sie sprachen, unbekannt waren. Es gibt keinen Grund zu glauben, dass die Zungensprache im 1 Kor in irgendeiner Art und Weise anders waren.

Die Zeichen und Wunder, einschließlich der Zungensprachen, wurden gegeben, um die Wahrheit der christlichen Botschaft zu bestätigen, und das besonders für das jüdische Volk (1 Ko 14,5.21-22). Das Sprechen in Zungensprachen ist daher ein Zeichen für die Ungläubigen, damit sie verstehen konnten, was gesagt wurde (1 Kor 14,19-25). Mit der Gabe der Heilung verhält es sich ähnlich. Im Neuen Testament wurde sie nur zugunsten der Ungläubigen verwendet (besonders unter den Juden, die nach Zeichen suchten), um ihr Gewissen zu erreichen, um das Evangelium zu bestätigen, das gepredigt wurde, und den neuen Glauben aufzubauen. Wir lesen nichts davon, dass irgendwelche Gläubigen geheilt wurden (siehe 1 Kor 11,30; 1 Tim 5,23; 2 Tim 4,20; Gal 4,13-14; 2 Kor 12,7).

Ist die Gabe der Zungensprachen ein Teil von dem, was Gott heute für Christen vorgesehen hat? Wenn dem so ist, dann würden wir falsch liegen, wenn wir sie ablehnen würden. Wenn dem nicht so ist, dann ist es falsch, wenn wir darauf bestehen, die Zungensprachen zu praktizieren. Bei den Korinthern war das Sprechen in Zungensprachen herausragend. Streitigkeiten und Spaltungen bestimmten ebenso die Gemeinde, aber die Frucht des Geistes – Liebe – fehlte. Paulus sagte in 1 Kor 13, dass die Liebe andauern würde, während Zungensprachen aufhören würden. Die Korinther, so wie viele Leute heute noch, legten die Betonung auf die unwichtigste Gabe – eine Gabe, die mit der Vollendung des Schriftkanons aufhören würde.

Unsere Gemeinden heute brauchen keine neuen Offenbarungen, neue Apostel oder selbst ernannte Wunderwirker. Was jede Gemeinde nötig hat, ist, zum Wort Gottes zurückzukehren und den ganzen Ratschluss Gottes in der Macht und Liebe des Heiligen Geistes zu verkündigen.

Kapitel 19

Sind Taufe und Fülle mit dem Heiligen Geist dasselbe?

Die Taufe mit dem Heiligen Geist hat in den letzten hundert Jahren erhebliche Auseinandersetzungen in christlichen Kreisen verursacht. Christen in den Haupt-Pfingstgemeinden verwenden diesen Begriff weithin, um damit ein Geschehen zu bezeichnen, das nach der Bekehrung passiert und von Zungensprechen begleitet wird. Ein sorgfältiges Studium des Neuen Testaments führt zu einem anderen Ergebnis. Die Taufe mit dem Heiligen Geist ist nicht eine Erfahrung, die ausschließlich nur für »Elitechristen« ist; es ist eine allgemeine Erfahrung, die alle wahren Gläubigen einbezieht. Nur vier Personen äußerten sich zur Taufe mit dem Heiligen Geist: Jesus Christus, Johannes der Täufer, Petrus und Paulus.

Die Taufe mit dem Heiligen Geist und das Gefülltwerden mit dem Heiligen Geist werden oft als ein und dieselbe Erfahrung gesehen, sind aber tatsächlich verschiedene Dinge, die Gott tut. Obwohl verschiedene Gruppierungen versuchen, *sie gleichzusetzen, widerspricht die biblische Beweislage dem jedoch.*

Die Taufe mit dem Heiligen Geist

Johannes der Täufer hat sie als erster erwähnt
Er sagte voraus, dass der Messias mit dem Heiligen Geist taufen würde (Mt 3,11; Mk 1,8; Lk 3,16; Joh 1,33).

Jesus bestätigte, was Johannes als erster verkündet hat
Dennoch hat Jesus die Taufe mit dem Heiligen Geist erst kurz vor seiner Himmelfahrt erwähnt. Er hat den elf Aposteln angekündigt, dass sie wenige Tage später mit dem Heiligen Geist getauft werden würden (Apg 1,5). Zehn Tage später, an Pfingsten, erfüllte der Heilige Geist den Raum, wo die Apostel sich versammelt hatten. Das war der Zeitpunkt, an dem die Apostel mit dem Heiligen Geist getauft wurden (2,1-4).

Petrus erklärte, warum die Taufe mit dem Heiligen Geist notwendig war

Als er der Gemeinde in Jerusalem von der Bekehrung von Kornelius und dessen Haus berichtete, sagte Petrus, dass die Erfahrung dieser Heiden so wie die der Apostel am Pfingsttag war (Apg 11,1-17). Genau in dem Moment, als Kornelius und sein Haus umkehrten und zum Glauben kamen, wurden sie mit dem Heiligen Geist getauft (10,43-44; vgl. 11,18). Es war keine später folgende Erfahrung, nach einem Zeitraum von Warten, Beten und Qualen. Da Kornelius und sein Haus die ersten Bekehrten aus den Heiden waren, ist ihre Erfahrung der normative Standard für Gläubige dieses Zeitalters, eher als für das der Apostel, die ein paar Jahre nach ihrer Bekehrung mit dem Heiligen Geist getauft wurden.

Die Apostel waren vor dem Tode, der Auferstehung und der Himmelfahrt Christi zum Glauben gekommen. Der Heilige Geist war noch nicht gekommen, weil Christus noch nicht in den Himmel aufgefahren war. Daher fand ihre Taufe mit dem Heiligen Geist nach ihrer Bekehrung statt und nicht gleichzeitig damit.

Paulus war der erste, der die Taufe mit dem Heiligen Geist klar definierte

Der Ausdruck »mit dem Heiligen Geist getauft (sein)« erscheint sechsmal in der Bibel (Mt 3,11; Mk 1,8; Lk 3,16; Joh 1,33; Apg 1,5; 11,16). Eine sorgfältige Prüfung dieser Stellen und des ganzen Neuen Testaments in Bezug auf das Konzept der Taufe ergibt die Schlussfolgerung, dass *Taufe im Heiligen Geist* sich auf einen Aspekt der Einführung ins Christentum beziehen kann. Sie ist eine von mehreren Arten, wie das Neue Testament das Christwerden beschreibt: Umkehr und Glaube, Rechtfertigung, Bekehrung, Wiedergeburt, Aufnahme in Christus, Adoption usw.

Daher wird jeder, der wahrhaft an Christus glaubt, im Moment der Errettung mit dem Heiligen Geist getauft, genauso wie er wiedergeboren, adoptiert und gerechtfertigt wurde.

Wie wir oben schon gesehen haben, behauptet Paulus betontermaßen, dass keiner wirklich bekehrt ist, der den Heiligen Geist nicht in sich wohnen hat (Röm 8,9-11). Die Taufe mit dem Heiligen Geist ist etwas, was Christus für uns tut. Es ist nicht eine Erfahrung, die man nach der Bekehrung suchen sollte. Es ist ein ganz gewöhnlicher Bestandteil der geistlichen Wiedergeburt.

Daher geht es über den biblischen Gebrauch hinaus und führt in die Irre, wenn man den Satz »getauft mit dem Heiligen Geist« benutzt, um eine später folgende Erfahrung der Kraft und des Segens des Heiligen Geistes zu beschreiben. An keiner Stelle schlägt die Bibel vor, dass man die Taufe mit dem Heiligen Geist suchen muss oder dass nur eine auserwählte Gruppe von Gläubigen mit dem Heiligen Geist getauft worden ist.

Die Taufe mit dem Heiligen Geist wird nicht dadurch bestätigt, dass man in Zungen spricht. Paulus stellte die Frage: »Spricht jeder Gläubige in Zungen?« (1 Kor 12,30). Diese rhetorische Frage war daraufhin ausgelegt, mit nein beantwortet zu werden. Daher ist das Sprechen in Zungen kein Beleg dafür, dass die Taufe mit dem Heiligen Geist stattgefunden hat.

Das Gefülltwerden mit dem Heiligen Geist

Die Taufe mit dem Heiligen Geist und das Gefülltwerden mit dem Heiligen Geist sind zwei getrennte Dinge, die Gott tut. Beachte folgende *Gegensätze* zwischen der Taufe und dem Gefülltwerden:

Die Taufe mit dem Heiligen Geist ist etwas, was ein für alle Mal geschieht, während das Gefülltwerden mit dem Heiligen Geist ein kontinuierlicher Prozess ist

Wenn jemand Christus als Retter annimmt, dann kommt der Heilige Geist *auf Dauer* in sein Leben. Aber nur dass der Heilige Geist im Gläubigen wohnt, garantiert noch lange nicht, dass Christus durch das Leben des Gläubigen auch verherrlicht wird. Aus diesem Grund werden Christen gedrängt, mit dem Heiligen Geist *gefüllt* zu werden (Eph 5,18). Dieser Befehl steht im Präsensaspekt (»werdet kontinuierlich gefüllt«), was bedeutet, dass diese Erfahrung wiederholt werden kann. Es beinhaltet auch Initiative von Seiten des Gläubigen. Bestimmte Bedingungen müssen erfüllt sein. Es geschieht nicht automatisch, sondern als Ergebnis von Gehorsam. Es gibt keinen Befehl für Gläubige in der Heiligen Schrift, mit dem Heiligen Geist getauft zu werden, aber

Der wahre Gott – Heiliger Geist

der Befehl in diesem Vers zeigt ganz deutlich die Notwendigkeit für Christen, mit dem Heiligen Geist gefüllt zu werden.

Die Taufe mit dem Heiligen Geist ist etwas, was Gott für uns zum Zeitpunkt der Bekehrung tut. Das Gefülltwerden mit dem Heiligen Geist ist eine Erfahrung, die man sich wünschen und erfahren muss, wenn der Gläubige geistlich reif werden soll. Die Taufe mit dem Heiligen Geist ist allgemeingültig für alle Christen (1 Kor 12,13). Der Befehl, mit dem Heiligen Geist gefüllt zu werden, impliziert, dass das bei einigen Gläubigen nicht der Fall war.

Wenn jemand zum Glauben an Christus zu seiner Errettung kommt, genau in diesem Moment wird er/sie mit dem Heiligen Geist getauft. Wenn ein Gläubiger getrennt wird von persönlicher Sünde, die ihm bekannt ist, und dem innewohnenden Geist total hingegeben wird, dann wird er mit dem Heiligen Geist gefüllt (Apg 4,8; 5,32; 13,9).

Lektionen, die man daraus lernen soll

Wir müssen unsere geistlichen Erfahrungen nach der klaren Lehre des Wortes Gottes beurteilen. Wir dürfen unsere Erfahrungen nicht als autoritativer ansehen als die Bibel. Geistliche Unterscheidung muss angewandt werden, wenn Leute behaupten, Erfahrungen gehabt zu haben, die von der Heiligen Schrift nicht bestätigt werden.

Wir müssen vorsichtig die Behauptungen von Leuten überprüfen, die sagen, dass keine Macht des Geistes da sein kann, wenn jemand die Taufe mit dem Heiligen Geist nicht erfahren hat, ein Ereignis, das ihrer Meinung nach nach der Rettung kommt und durch Sprechen in Zungen bestätigt wird. Wenn das wahr wäre, dann müssten wir fragen, was dann wäre mit Jonathan Edwards, George Whitfield, Charles Spurgeon, G. Campbell Morgan, Billy Sunday, W. A. Criswell, Billy Graham, Charles Stanley und noch vielen anderen? Diese Männer und viele andere nicht-pfingstlerische Gläubigen wie sie *haben nicht*, oder praktizieren es nicht, in Zungen zu reden, genauso wenig wie sie an eine Taufe mit dem Heiligen Geist nach der Bekehrung *glaubten* oder *glauben*.

Wir sollten uns über alle geistlichen Segnungen freuen, die Gott uns in Christus gegeben hat (Eph 1,3). Es ist nicht nötig, eine zweite oder dritte Nachbekehrungs-Segnung zu suchen, etwas, was darüber hinaus geht, was die Bibel lehrt. Unsere Stellung in Christus ist vollständig.

Wenn wir dem Heiligen Geist beständig erlauben, uns zu beeinflussen, dann werden wir Gott gehorsam sein (1 Petr 1,2). Aber niemand erfährt die volle Kraft des Heiligen Geistes, die uns zur Verfügung steht, ohne bestimmte Bedingungen zu erfüllen. Die Gläubigen werden davor gewarnt, dem Heiligen Geist zu widerstehen, zu betrüben und ihn auszulöschen (Apg 7,51; Eph 4,30; 1 Thess 5,19). Wir müssen uns wünschen, mit dem Heiligen Geist gefüllt zu sein (Röm 15,13; Eph 3,19; Kol 1,7-12).

Der Teufel
und andere Engelsgeschöpfe

Wir glauben, dass der Teufel, der auch Satan genannt wird, einst ein heiliger Engel war und sich himmlischer Ehren erfreut hat, der aber durch Stolz und Ehrgeiz, wie der Allmächtige zu sein, gefallen ist und dabei eine Heerschar von Engeln nach sich gezogen hat; dass er jetzt ein bösartiger Prinz der Macht in der Luft ist und der unheilige Gott dieser Welt. Wir betrachten ihn als den großen Versucher der Menschen, den Feind Gottes und Christi, den Ankläger der Heiligen, den Urheber falscher Religionen, die Haupt-Machtstütze des gegenwärtigen Abfalls; der Herr des Antichrist und der Urheber aller Mächte der Finsternis; dennoch bestimmt zu endgültiger Niederlage durch den Sohn Gottes und zum Gericht einer ewigen Gerechtigkeit in der Hölle, einem Platz, der für ihn und seine Engel bereitgestellt ist. Es gibt nicht nur böse und gefallene Engel, die von Satan angeführt werden, die Bibel ist voll von Stellen, die sich auf gute Engel beziehen, die Gottes Wünschen gehorsam sind.

Kapitel 20

Was ist der Ursprung des Teufels und was ist seine Aufgabe?

Als Gott die Welt erschuf, machte er alles »sehr gut« (1 Mo 1,31). Sogar die Engelswelt hatte keine bösen Engel oder Dämonen zu dieser Zeit. Aber irgendwann zwischen den Ereignissen, die in 1 Mo 1,31 berichtet werden, als Gott sah, dass alles gut war, und der Erscheinung der Schlange (der Teufel, auch Satan genannt) im Garten Eden (1 Mo 3,1) muss es eine Rebellion in der Engelswelt gegeben haben, bei der viele Engel sich gegen Gott wandten und böse wurden.

Die Bibel spricht von »den Engeln, die sündigten« (2 Petr 2,4). Jud 6 beschreibt bestimmte Engel, die die Autorität, die ihnen von Gott gegeben worden war, nicht bewahrten und damit ihre erhabene Position verließen. Das Ergebnis war, dass Gott sie in Gefängnissen der Finsternis aufbewahrt, wo sie auf den Tag des Gerichts warten.

Von all den gefallenen Engeln wird nur Satan gesondert erwähnt in der Heiligen Schrift. Es ist möglich, dass, als Satan fiel, er eine Menge geringerer Engelwesen mit sich zog. Von denen sind einige bis zum Gerichtstag eingesperrt, wie wir gesehen haben, während andere frei und die Dämonen oder Teufel sind, auf die im Neuen Testament immer wieder Bezug genommen wird. Sie sind Satans Gesandte in all dem, was er tut, und teilen seinen Untergang (Mt 25,41).

Seit seinem dramatischen Fall war Satan ein andauernder Feind Gottes und der größte Feind von Gottes Volk. Man muss die Lehre der Bibel bezüglich diesem Erzfeind kennen, wenn man etwas von den Zuständen um ihn herum verstehen will und wie man mit den Angriffen des Feindes umgehen soll und siegreich sein kann.

Der Ursprung Satans

Aus der ganzen Menge des himmlischen Heeres heraus wird nur Satans Erschaffung besonders erwähnt. Diese Tatsache deutet auf die überragende Stellung hin, die Satan im Vergleich zu allen unsichtbaren Geschöpfen Gottes hat.

In Hes 28,11-18 wird der König von Tyrus beschrieben und während das eine zweitrangige Anwendung auf den irdischen König mit diesem Namen gehabt haben könnte, ist doch offensichtlich, dass die erstrangige Anwendung dem höchsten aller Geschöpfe Gottes gilt. Die Beschreibung hier kann sich auf niemand anders beziehen als auf Satan, da er vor der Sünde existierte, die zu seinem Fall führte.

Der Fall von *Luzifer*, noch ein Name für Satan, wird in Jes 14,12-15 beschrieben. Fünf Mal benutzt Luzifer den Ausdruck »ich will« in den Versen 13 und 14. Dieser Cherub hat sein Herz im Eigenwillen gegen Gott erhoben und wurde für seine Rebellion bestraft (vgl. 1 Tim 3,6).

Die verschiedenen Bezeichnungen für Satan

Er ist »ein Lügner und der Vater der Lügen« (Joh 8,44)

Im Gegensatz zu Satan spricht Jesus von sich selbst als »die Wahrheit« (14,6). Wenn man das nicht anerkennt, dann ist es ein unmissverständlicher Beleg von geistlicher Abstammung von dem, dessen ganze Natur Falschheit ist, und dessen ganzes Ziel es ist, das menschliche Herz zu betrügen – Satan selbst. Wenn Satan lügt, sagt Jesus in Joh 8,44, spricht er seine Muttersprache, denn er ist ein Lügner und Vater der Lüge.

Er ist »der Gott dieser Welt« (2 Kor 4,4), »der Fürst dieser Welt« (Joh 14,30) und »der Fürst der Macht der Luft« (Eph 2,2)

Er wird so bezeichnet wegen seines besonderen Interesses an dieser Welt, der Huldigung, die ihm von den großen Mengen der Welt gezollt wird, der großen Macht, die er durch göttliche Erlaubnis in der Welt und den Herzen seiner Untertanen ausübt.

Der »Teufel« (Mt 4,1)

Das häufigste griechische Wort für Satan in der Heiligen Schrift ist diabolos (Teufel, Widersacher, Ankläger). Was für eine treffende Beschreibung das für unseren größten Feind ist. Er tut sein Bestes, Gottes Kinder zu verleumden und anzuklagen, genau wie er es mit Hiob tat (Hi 1,6-12).

Der »Drache« und eine »Schlange« (Offb 20,2)
Das ist zweifelsohne ein Hinweis auf Satans Fähigkeit zu bedrohen, sowie auf die subtilen Taktiken, die er angewandet hat, als er Adam und Eva im Garten Eden versuchte (1 Mo 3,1ff.). Alle Namen, die dem Satan in der Bibel gegeben wurden, zeigen etwas von seinem Charakter und seinem Handeln.

Der Charakter Satans

Er ist der Feind Gottes und der Menschen
Das Wort Satan bedeutet Widersacher. Als Widersacher ist er von einer Einstellung motiviert, die feindlich ist gegenüber allen Versuchen der Menschen, Gott anzubeten und zu verherrlichen. Der Apostel Paulus erklärt, dass Feinde in Fleisch und Blut nichts als Satans Werkszeuge sind. Der wirkliche Feind hinter ihnen ist Satan selbst (Eph 6,12).

Dieser Abschnitt lehrt auch, dass Satan unsichtbare Helfer hat. Die unzählbare Schar von Dämonen, die seinen Willen tun, vermehren seine Macht unermesslich. Als Beelzebub ist er der Oberste der Teufel oder Dämonen (Lk 11,15). Im Gegensatz zu Gott ist er nicht allgegenwärtig, sondern durch die dämonischen Scharen steht er in Verbindung mit der ganzen Erde.

Er ist arglistig und durchtrieben
Paulus warnte vor seiner Heimtücke in 2 Kor 11,3. Er ist solch ein Meister der Verkleidung, dass, obwohl er »Fürst der Finsternis« ist, er in der Lage ist, sich in einen »Engel des Lichts« zu verwandeln (2 Kor 11,13-15). Es sollte nicht allzu sehr überraschen, dass Heuchelei in der Welt so vorherrscht, wenn wir uns daran erinnern, dass Satan – der Meisterheuchler – in der Lage ist, sich selbst in fast jede Gestalt zu verwandeln und sogar als ein Engel des Lichts zu erscheinen, um sein Reich der Finsternis voranzutreiben.

Er ist äußerst böse
Er hat von Anfang an gesündigt und sündigt immer noch (1 Jo 3,8). Er ist der Urheber und Förderer der Sünde, ein Fachmann und Anstifter schon seit Anbeginn der Welt.

Er ist mächtig
Wenn er auch nicht all-mächtig ist so wie Gott, so ist doch seine Macht weit größer als die der Menschen (Lk 4,5-6).

Die Werke Satans

In seiner göttlichen Weisheit und Vorhersehung erlaubt Gott manchmal dem Satan, den Menschen Schädliches anzutun. Er trachtet danach, das Wort Gottes zu unterhöhlen und zu entstellen (Mk 4,13-15; 1 Mo 3,4-5)

Der Teufel ist fest entschlossen, dass das Wort Gottes keinen Einfluss auf das Leben der Menschen ausübt, die dem Wort ausgesetzt sind. Er »nimmt das Wort weg«, bevor es im Herzen eines Menschen Wurzeln fassen kann. Wenn jemand dem Wort ausgesetzt ist, dann wird der Teufel sicher versuchen, dessen wahre Meinung zu verdrehen. Er hat diese List erfolgreich an Adam und Eva angewandt.

Er macht Menschen blind dafür, dass sie das Evangelium Christi brauchen (2 Kor 4,3-4)
Weil Satan der Fürst der Finsternis und der Beherrscher der Finsternis dieser Welt ist, lässt er mit voller Absicht und Böswilligkeit die Menschen im Dunkeln, wobei er ihren Verstand mit Unwissenheit, Aberglaube, Vorurteilen und Irrtümern blind macht, damit sie nicht an »das glorreiche Evangelium Christi« glauben.

Er ist »der Versucher« (1 Thess 3,5)
So wie er unseren Herrn versuchte, so macht er auch seine Angriffe auf die Nachfolger des Herrn. Satan ist ein raffinierter Feind und gebraucht viele Listen, um uns zu betrügen. Aus diesem Grunde sollten wir seinen Kunstgriffen nicht unwissend gegenüberstehen (2 Kor 2,11).

Er versucht, die Kinder Gottes zu behindern und zu verschlingen (1 Thess 2,18; 1 Petr 5,8)
Satan ist ein beständiger Feind der Arbeit Gottes und tut alles, was er kann, um sie zu blockieren. Er ist kein gewöhnlicher Gegner. Er ist grausamer und wachsamer als der schlimmste menschliche Widersa-

cher. Wie ein »brüllender Löwe« ist er hungrig, rastlos, wild, stark und grausam, ein entschlossener und gieriger Verfolger der Seelen. Seine ganze Bauart ist es, die Leben und den Ruf derjenigen, die sich nach Gott ausrichten, zu verschlingen und zu zerstören.

Er fährt manchmal in Menschen hinein und benutzt sie als Bauern für seine Pläne (Joh 13,27)

Der Teufel ist in jedem bösen Menschen, der seinen Willen tut (Eph 2,2), doch manchmal fährt er mächtiger in sie hinein als zu anderen Zeiten, besonders wenn er sie veranlassen kann, etwas abscheulich Böses zu tun.

Kapitel 21

Wie kann man den Teufel überwinden und was wird am Ende aus ihm werden?

Eine der Hauptgründe für die Menschwerdung Jesu Christi war es, die Werke des Teufels zu zerstören (1 Jo 3,8). Der Teufel plante und strengte sich an, das Werk Gottes auf dieser Welt zu ruinieren. Daher führt der Sohn Gottes einen heiligen Krieg gegen ihn. Jesus kam in unsere Welt, wurde in einem menschlichen Körper geoffenbart, damit er den Teufel besiege und seine Werke zerstöre.

Der Schreiber des Hebräerbriefes versichert, dass durch den Tod Christi der Teufel, der die Macht über den Tod hat, zerstört wird (Hebr 2,14-15). Vom Teufel mag zwar gesagt werden, dass er die Macht über den Tod hat, denn er war der erste Sünder, der erste, der zu Sünde versucht hat, und Sünde ist der Grund für den Tod. In einem sehr wirklichen Sinne ist der Teufel schon besiegt worden; aber sein endgültiger Niedergang liegt noch in der Zukunft.

Wie man siegreich gegen Satan ist

Glauben Sie, dass der Teufel ein echtes Wesen ist und keine mythologische Gestalt

Eine der seltsamen Ironien, die mit dem Teufel verbunden sind, ist, dass er nichts mehr mag, als dass Menschen seine Existenz leugnen. Ein Mensch, der Satans Existenz in Frage stellt, ist viel empfänglicher für dessen Listen.

Sie müssen anerkennen, dass er existiert, ein Geschöpf mit großer Macht ist, willens, Sie zu Fall zu bringen, und er ist der Feinde unserer Seelen. Ihm sind Ihre Schwachheiten bewusster als Ihnen selbst, und ob es Stolz, Lust oder Habsucht ist, er wird immer auf die Spalte in Ihrer Rüstung zielen. Es zahlt sich aus, Ihren Feind zu kennen, sich der Taktiken bewusst zu sein, die er benutzt, um uns zu zerstören.

Glauben Sie, dass Sieg möglich ist, auch wenn er mit menschlicher Kraft allein nicht zu erreichen ist (2 Kor 10,3-5)

Die Waffen unserer Kriegsführung sind mächtig, weil wir einen Krieg nicht mit starkem Arm und aus eigener Stärke führen, sondern durch die Macht des allmächtigen Gottes (Sach 4,6). Wie der Komponist geschrieben hat:

Der Arm aus Fleisch wird dich im Stich lassen.
Wag es nicht, auf dich selbst zu vertrauen.

Was auch immer Satan als Festungen benutzt, um uns zu bekämpfen oder die Verbreitung des Evangeliums zu behindern, ob nutzlose Vorstellungen, fleischliches Denken oder stolze Arroganz, diese Festungen werden durch die Macht Gottes niedergerissen. Keine Festung, nicht einmal Satan selbst, kann der mächtigen Kraft einer geistlichen Waffe widerstehen, die im Namen Jesu Christi geschwungen wird.

Glauben Sie, dass Gott für Ihren Sieg über den Teufel Vorsorge getroffen hat
Er hat Sie mit der ganzen geistlichen Waffenrüstung, die Sie brauchen, ausgestattet (Eph 6,10-17). Wir haben einen Feind, gegen den wir kämpfen müssen (den Teufel), einen Feldherrn, für den wir kämpfen (den Herrn Jesus Christus), ein Banner, unter dem wir kämpfen (das Evangelium) und gewisse Regeln der Kriegsführung, mit denen wir uns selbst leiten sollen (das Wort Gottes).

In der Schlacht, in die wir verwickelt sind, kann keiner siegreich sein, wenn er nicht gut bewaffnet ist. Paulus ermahnt uns, »die ganze Waffenrüstung Gottes anzulegen« und die entsprechenden Waffen zu benutzen, um die Versuchungen und Listen des Satans zurückzuschlagen (V.11).

Die ganze Waffenrüstung muss angelegt werden, damit kein Teil des Körpers dem Feind entblößt wird. Das ist sogar noch dringlicher, wenn man bedenkt, dass unsere Feinde Fürstentümer, Mächte, Herrscher und böse Geister in hohen Plätzen sind. Es ist die Waffenrüstung Gottes. Wir haben kein Recht, unsere eigenen Waffen zu wählen. Gott hat Einschränkungen bezüglich der Art der Waffenrüstung und der Waffen festgesetzt, die wir verwenden sollen. Die Absicht, warum man die Waffenrüstung anlegen soll, wird klar und deutlich erwähnt: damit wir gegen die Listen des Teufels bestehen können (V.11).

Paulus gibt jedes Teil der Waffenrüstung, das angelegt werden muss, einzeln an. Die Reihenfolge, in der die Rüstungsteile beschrieben sind, ist die Reihenfolge, in der ein Soldat in der Antike sie anlegen würde. Zuerst muss der christliche Soldat »mit der Wahrheit gegürtet sein« (V.14).

Bevor man die Waffenrüstung anlegen kann, müssen die Gewänder darunter angelegt werden. Gott möchte Wahrheit in den inneren Teilen. Wahrheit ist der Gürtel des christlichen Soldaten. Damit gegürtet, ist er nicht anfällig für Satans irrationale und beharrliche Lügen.

Der nächste Teil der Waffenrüstung, der angelegt werden muss, ist »der Brustpanzer der Gerechtigkeit« (V.14). Aufrichtigkeit des Charakters und Treue zum Wort Gottes sind hier gemeint. Unbeachtet zu lassen, was wir als richtige Handlung erkennen, bedeutet, ein klaffendes Loch in unserer Waffenrüstung zu lassen.

Das nächste Stück der Waffenrüstung ist das richtige Schuhwerk: »die Bereitschaft zur Verkündigung des Evangeliums des Friedens« (V.15). Das Gospel ist, was einem guten Halt gibt im andauernden Kampf gegen den Teufel.

Dann kommt »der Schild des Glaubens« (V.16), der den Rest des Körpers schützt. Unter Glauben versteht Paulus, völlig auf Gott zu vertrauen, was der Kern des Glaubens ist. Dieser Teil der Waffenrüstung des Soldaten ist nach Paulus der wichtigste von allen. »Vor allem«, sagt er, »ergreift den Schild des Glaubens«. Die feurigen Pfeile, die der Schild abwehrt, stehen für die bösen Zungen der Menschen, für ihre Unreinheit, Selbstsucht, ihren Zweifel, ihre Furcht, ihre Enttäuschung, alles Dinge, die vom Teufel und seinen Kohorten geplant sind, um zu verbrennen und zu zerstören.Paulus wusste, dass nur der Glaube, der sich auf Gott verlässt, diese zerstörerischen »Pfeile« auslöschen und abwenden kann.

Der nächste Teil der Waffenrüstung, der »Helm des Heils« (V.17), bezieht sich nicht nur auf Gottes Gabe der Errettung von der Strafe für die Sünde, sondern noch mehr auf seine rettende Hilfe, die vor der Macht der Sünde schützt. Ohne diese Hoffnung auf Stärkung und die Zuversicht auf Rettung von Gebundenheiten der Vergangenheit kann der Christ im Kampf leicht verwundet werden (siehe Ps 140,8). Der Teufel versucht uns, um uns zur Verzweiflung zu bringen, aber die

Hoffnung auf gegenwärtige und zukünftige Befreiung hält uns dabei, auf Gott zu vertrauen und uns über ihn zu freuen. Der letzte, aber sicherlich nicht unwichtigste Teil der christlichen Waffenrüstung ist »das Schwert des Geistes« (V.17). Zu der Zeit, als Paulus diese Worte schrieb, war ein Schwert ein sehr notwendiger und nützlicher Teil der Waffen eines Soldaten. Das Wort Gottes, so wie Goliaths Schwert, ist unvergleichlich. Jesus widerstand Satans Versuchungen in der Wüste mit einem Wort aus der Heiligen Schrift (»Es steht geschrieben«, Mt 4,1-11).

Möge ein Ansporn und Beispiel für uns sein, uns selbst mit dem Wissen und Verständnis des Wortes Gottes zu festigen, damit wir am Tage der Versuchung bestehen können. Argumente aus der Heiligen Schrift sind die mächtigsten Argumente, Versuchungen abzuwehren. Denken Sie an die Heilige Schrift. Im Glauben legen Sie diese Waffenrüstung jeden Tag an, ohne Ausnahme, besonders aber, wenn entscheidende Ereignisse in Ihrem Leben vor Ihnen liegen. Ein Soldat, der sich auf die Schlacht vorbereitet, vergisst nicht, seine Rüstung anzulegen und seine Waffen zu nehmen. Sein Leben hängt davon ab, dass er für den Kampf passend ausgestattet ist. Genauso ist es in der Erfahrung des Gläubigen. Man muss immer vorbereitet sein, denn jeder Tag bringt seine Herausforderungen und Versuchungen. Der Krieg, in den wir verwickelt sind, wird nicht enden bis zu unserem Tod oder bis Christus kommt, um uns zu sich zu nehmen.

Wenn Sie dem Teufel widerstehen, dann wird er fliehen (Jak 4,7). Wenn Sie den Teufel Fuß fassen lassen, dann tauchen Probleme auf (Eph 4,27). Sie können sich von der Wahrheit trösten lassen, dass Gott allen Gläubigen die Gabe des Heiligen Geistes gegeben hat, von dem gesagt wird, dass er mächtiger ist als jeder Feind, dem Sie in dieser Welt begegnen können, und mächtiger als der Teufel selbst (1 Jo 4,4).

Das Schicksal Satans

Die Bibel macht deutlich, dass ein ernster und heftiger Kampf zwischen Christus und seinen Nachfolgern auf der einen Seite und Satan und seinem Heer auf der anderen stattfindet. Belege für diese heftige

Auseinandersetzung schließen die Versuchung Jesu ein (Mt 4,1-11) und Jesu zahlreiche Begegnungen mit Dämonen (Lk 22,31-34).

Satans letztendliche Zerstörung wurde schon in 1 Mo 3,15 vorausgesagt, als Gott ihn warnte, dass eines Tages die Nachkommenschaft der Frau, Christus (Gal 3,16), seinen Kopf zertreten würde.

In Offb 20 lesen wir, dass Satan 1.000 Jahre lang gebunden (V.2-3) und dann wieder für eine Zeitlang entlassen wird, bevor er in den See von Feuer und Schwefel geworfen wird (V.10). Jesus offenbarte, dass das auch das Schicksal von Satans Engeln sein wird (Mt 25,41). Diese Ereignisse ziehen die vollkommene Zerstörung von Satans Reich nach sich. Dann werden er und seine bereitwilligen Komplizen nicht mehr herumstreifen können, wie sie wollen, so wie brüllende, wilde Löwen, die eifrig danach suchen, wen sie verschlingen können.

Ganz egal, wie scheinbar mächtig und unzerstörbar Satan zu sein scheint, wir können versichert sein, dass seine Tage gezählt sind. Die Heilige Schrift garantiert seinen bevorstehenden Untergang. Dieser glückliche Tag wird kommen, wenn er auf ewig in den Feuersee eingesperrt wird.

Kapitel 22

Wenn es gute Engel gibt, was tun sie dann?

B evor wir das Thema des Teufels, des Obersten der gefallenen Engel, hinter uns lassen, wird es von Nutzen sein, darüber nachzudenken, ob gute Engel existieren, und wenn dem so ist, was dann ihre Aufgabe ist. Viele Engel sind gefallen, wie wir gesehen haben, aber nicht alle Engel sind gefallene Geschöpfe, die dem Satan treu ergeben sind. Dass gute Engel wirklich existierende Geistwesen sind, deren Aufgabe es ist, Gott zu verherrlichen und seine Befehle auszuführen, ist eine Tatsache, die die Bibel klar und deutlich lehrt.

Vor einigen Jahren haben viele Leute in der Welt der Intellektuellen und der Wissenschaften über die Existenz von Engeln gespottet. Sie behaupteten, sie könnten nicht glauben, dass solche Wesen existierten oder dass es überhaupt eine übernatürliche Welt gebe.

In der näheren Vergangenheit, seit dem Aufschwung der New Age Gedankenwelt und des Okkulten, werden die geistliche und übernatürliche Welt wieder erforscht, wozu auch die Erforschung der Engel gehört. Eine ganze Menge von Büchern über Engel wurde in den letzten zwanzig Jahren veröffentlicht, ganz zu schweigen von den zahlreichen Fernsehsendungen in den USA, die sich dem Thema gewidmet haben.

Traurigerweise verbreiten viele dieser Bücher und Sendungen Spekulationen über Engel, die der Bibel fremd sind. Sie tendieren im Großen und Ganzen dazu, auf eingebildete Erfahrungen und Begegnungen mit Engel zu gründen und nicht auf der Heiligen Schrift. Während des Mittelalters gab es ein übertriebenes Interesse am Thema Engel. Während es nicht angemessen ist, die Bedeutung der Engel zu übertreiben, so ist es doch gleichermaßen unangebracht, das Nachdenken über sie außer Acht zu lassen. Das Nachdenken über Engel ist notwendig, weil die Bibel so oft auf sie Bezug nimmt.

Die Existenz der Engel

Während viele Menschen heute Engel als mystische Wesen betrachten, die nur in Märchen gehören, macht die Bibel absolut deutlich, dass diese Geistwesen existieren. Fast 300 Mal erscheint das Wort »Engel«

in der Bibel. Natürlich reicht es, dass eine Wahrheit nur einmal in der Heiligen Schrift erwähnt wird, um sie als Wahrheit zu erkennen, aber wenn sie so oft erwähnt wird, wie es bei den Engeln der Fall ist, dann wird es für den ernsthaften Bibelbetrachter unmöglich, sie zu ignorieren oder verleugnen.

Die Existenz von Engeln wurde heiß diskutiert zwischen Pharisäern und Sadduzäern, da Letztere nicht an die Existenz von Engeln und Geistern glaubten, oder auch an die Auferstehung von den Toten (Apg 23,6-8).

Noch eine wichtige Tatsache über Engel ist, dass sie nicht nur während einer Geschichtsperiode oder in einem Teil der Heiligen Schrift erwähnt werden. Engel werden in mindestens 34 Büchern der Bibel erwähnt, und zwar von 1 Mo bis Offb.

Im Alten Testament werden Engel immer als wirkliche Wesen dargestellt, nicht als Illusionen oder mythologische Wesen. Sie tun bestimmte Dinge, die mit ihrem Wesen als *Botschafter* übereinstimmen (was auch die Bedeutung der jeweiligen Worte für Engel auf Hebräisch und Griechisch ist).

Viele der Stellen in den fünf Büchern Mose und in Richter beziehen sich auf den Engel des Herrn, der eine Gottheit zu sein scheint. Ein Engel übte Gericht über Israel aus, nachdem David fälschlicherweise eine Volkszählung durchführte (2 Sam 24,16). Jesaja bezieht sich auf Seraphim (6,1-3), Hesekiel auf Cherubim (10,1-3). Daniel spricht von Gabriel und Michael (9,20-27; 10,13; 12,1). Sacharja erwähnt Engel aus solche, die Gottes Willen ausführen (Kap. 1) und Ausleger von Visionen (Kap. 1-6). In den Psalmen werden Engel als Diener Gottes dargestellt, die ihn anbeten und Gottes Volk vor Schaden bewahren (34,8; 91,11; 103,20).

Im Neuen Testament lehrte unser Herr die Existenz von Engeln. Er erklärte, dass der Zustand der Menschen bei der Auferstehung so wie der der Engel sein wird (ungeschlechtlich; Mt 22,30). Er sagte, dass Engel am Ende des Zeitalters die Gerechten von den Bösen trennen würden (13,39) und dass sie ihn bei seinem zweiten Kommen begleiten würden (25,31). In Mt 18,10 befürwortet er die Vorstellung von *Schutzengeln* für Gläubige (siehe auch Hebr 1,13-14; Apg 12,15). Die Schreiber des Neuen Testaments stimmten der wirklichen Existenz von Engeln zu. Sie offenbarten, dass Engel mit Christi Geburt, Versuchung, Leben, Auferstehung und Himmelfahrt verbunden waren (Mt 2,19; Mk 1,13; Lk 2,13; Joh 20,12; Apg 1,10-11). In der Apg kamen Engel zum Zuge, indem sie Gottes Diener halfen, Gefängnistüren für die Apostel öffneten (5,19; 12,5-11), Philippus und Kornelius zeigten, was sie tun sollten (8,26; 10,1-7) und Paulus im Sturm auf seiner Reise nach Rom ermutigten (27,23-25).

Das Wesen der Engel

Sie sind geschaffene Wesen
Es gab eine Zeit, als sie nicht existierten (Neh 9,6; Kol 1,16). Dass sie geschaffen wurden, wird deutlich in Ps 148,2.5 impliziert. Die Heilige Schrift beschreibt sie als unzählbar (Offb 5,11; Hebr 12,22).

Sie sind Geistwesen
Sie haben keine körperlichen und materiellen Leiber. Körperliche Erscheinungsformen der Engel, die in der Heiligen Schrift berichtet werden, müssen als Erscheinungen zu bestimmten Momenten gesehen werden.

Sie stehen über den Naturgesetzen
Anscheinend sind Engel in der Lage, materielle Hindernisse zu umgehen und weite Räume in kurzer Zeit zu überbrücken (Apg 12,7ff.).

Sie unterscheiden sich bezüglich Rang und Macht
Die Bibel spricht von Erzengeln, Engeln, Fürstentümern, Mächten, Herrschaftsbereichen, Thronen, Macht und Autoritäten (Kol 1,16). Sie zeichnen sich durch Macht aus (Ps 103,20; 2 Petr 2,11; 2 Kö 19,35; 2 Sam 24,15-16; Mt 28,2-4). Ein Engel wird eines Tages den Teufel binden und ihn 1000 Jahre lang in einem Gefängnis gefangen halten (Offb 20,1-3).

Die Aufgabe der Engel
Bei den Angelegenheiten der Menschen benutzt Gott Engel, um seinen Kindern zu helfen und bestimmte Aufgaben, die Gott ihnen gegeben hat, auszuführen (Lk 1,26-38).

Sie führen Gottes Gerichte und Absichten aus

Engel sind Gottes *Geheimagenten* genannt worden, und das sind sie auch. Ein Engel hat Bileam den Weg versperrt (4 Mo 22,22). Am Ende des Zeitalters wird der Sohn des Menschen seine Engel aussenden, die alles entfernen werden, was Sünde verursacht, und alle, die Böses tun (Mt 13,41). König Herodes starb aufgrund dessen, dass ein Engel ihn tödlich schlug (Apg 12,23).

Sie leiten Gläubige

Ein Engel sagte Joseph, dass er sich nicht von Maria scheiden lassen solle, dass das Kind, das sie in ihrem Leib hatte, nicht unehelich war, sondern dass es vom Heiligen Geist war. Ihm wurde gesagt, dass das Kind Jesus heißen sollte, denn er würde sein Volk von seinen Sünden retten (Mt 1,18-21).

Als der äthiopische Eunuch verstehen wollte, was er da las aus der Heiligen Schrift, führte ein Engel den Philippus zu seinem Wagen. Philippus hatte keine Ahnung, was der Eunuch brauchte, aber Gott wusste es. Ein Engel wurde auf diese wichtige Mission gesandt, um Philippus zu dem bedürftigen Sünder zu schicken. Als Philippus dem Äthiopier die Heilige Schrift erklärte, kam der zum Glauben an Christus und wurde errettet (Apg 8,26).

Dieses Ereignis impliziert, dass Engel uns manchmal dabei unterstützen, Menschen für Christus zu gewinnen.

Sie stehen dem Volk Gottes bei, beschützen und stärken es

Als Isebel dem Elia nach dem Leben trachtete, sorgte sich ein Engel um ihn und beschützte ihn (1 Kö 19,5). Daniel war sicher und unverletzt in der Löwengrube, weil Gott seine Engel sandte, um diese sonst so heißhungrigen Löwen zu beruhigen (Dan 6,23). Nachdem Jesus in der Wüste vom Teufel versucht worden war, kamen Engel und dienten ihm (Mt 4,11). Zu der Zeit, als Paulus während des Sturms auf See Ermutigung brauchte, kam ein Engel und versicherte ihm, dass alles gut gehen würde (Apg 27,23-24).

Sie werden bei Jesu zweitem Kommen mitwirken

So wie Engel bei anderen wichtigen Ereignissen in Jesu Leben dabei waren, werden alle heiligen Engel ihn begleiten, wenn er in seiner Herrlichkeit kommt (Mt 25,31). Paulus bestätigt diese Wahrheit in 2 Thess 1,7-8.

Ob Engel weiterhin in diesem Zeitalter die genannten Aufgaben erfüllen, ist unbekannt. Gott hat beschlossen, Engel zu gewissen Schlüsselzeiten in der Vergangenheit einzusetzen, wie wir in der Schrift gesehen haben, und es wäre nicht unlogisch anzunehmen, dass dasselbe für heute noch gelten würde.

Nach Paulus' Aussage beobachten Engel unser Leben (1 Kor 4,9); und weil Engel Zeugen dessen sind, wie wir durch's Leben gehen, sollte es die Entscheidungen, die wir treffen, und das Leben, das wir führen, stark beeinflussen. Die Forderung, gerecht und gottesfürchtig in dieser Welt zu leben, sollte uns ernüchtern, wenn wir bedenken, dass der Wandel und die Kriegsführung der Christen die höchste Priorität des Himmels und seiner Engelsscharen ist (1 Tim 5,21).

Die Schöpfung

Wir glauben an den Schöpfungsbericht von 1. Mose und dass er wörtlich und nicht allegorisch oder übertragen zu verstehen ist; dass der Mensch direkt als Gottes Ebenbild und Abbild geschaffen wurde; dass die Erschaffung des Menschen nicht eine Sache von Evolution oder der evolutionären Veränderung der Spezies war, oder der Entwicklung während endloser Zeitperioden von niedrigeren zu höheren Formen; dass alle Formen von Tier- und Pflanzenleben direkt gemacht wurden, und dass es das von Gott festgelegte Gesetz war, dass sie sich nur »nach ihrer eigenen Art« vermehren sollten.

Kapitel 23

Wurde das Universum erschaffen oder hat es sich durch Evolution entwickelt?

E ine der wichtigsten und grundlegendsten Wahrheiten, die in der Bibel gelehrt werden, ist die Schöpfung. Die Feinde Gottes und der Heiligen Schrift wissen das; daher haben sie sich ihre bösartigsten Angriffe für diese grundlegende biblische Wahrheit aufgespart. Wenn der Glaube an den biblischen Bericht der Schöpfung zerstört werden kann, ist der Rest leicht. Kein Heiland ist mehr notwendig, wenn die Menschen nicht im Bilde und in der Ähnlichkeit Gottes geschaffen wurden und wegen ihres Ungehorsams gefallene, sündige Kreaturen sind. Der Wert der Bibel ist nur gering, wenn die Schöpfungsgeschichte nur unwissenschaftliche Vermutungen einer unaufgeklärten, primitiven Gesellschaft, enthält.

Wenn es um den Ursprung des Universums und besonders dieses Planeten, den wir als Erde kennen, geht, kann die Wissenschaft riskante Vermutungen anstellen, kann aber keine befriedigende Antwort liefern. Die Bibel dagegen ist klar, denn durch den Glauben verstehen wir, dass alles durch das Wort Gottes geschaffen wurde (Hebr 11,3).

Die allerersten Worte der Bibel drücken es völlig unmissverständlich aus, dass Gott der göttliche Designer hinter der ganzen Schöpfung ist (1 Mo 1,1). Das Wort Genesis (das englische Wort für 1 Mo, Anm. d. Üs.) bedeutet »Anfang«. Das Buch Genesis ist ein Buch der Anfänge (unserer Welt, der Menschen, der Sünde, der Rettung, etc.), und ist grundlegend für die biblische Weltsicht.

1. Mose enthält Geschichtsschreibung, nicht Mythen

Die ersten elf Kapitel von 1 Mo wurden, mehr als jeder andere Abschnitt der Bibel, als wahre Geschichtsschreibung verworfen. Und zwar aus dem Grunde, dass es keine außerbiblischen geschichtlichen Aufzeichnungen für diese Zeit gibt, die die Geschichte von 1. Mose bestätigen, und wegen den angeblichen Widersprüchen mit der Wissenschaft. Viele Wissenschaftler haben während der vergangenen Jahrhunderte geglaubt, dass der biblische Bericht von der Schöpfung in 1 Mo akkurat ist.

Viele andere Wissenschaftler wollen nur die Gedanken in 1 Mo als zuverlässig akzeptieren, die religiöse Wahrheiten beinhalten. Sie bestehen darauf, dass sogar, wenn man nur den Kern der historischen Tatsachen in solchen Weltentstehungssichten suchen wollte, dies unvereinbar sei mit dem wissenschaftlichen Standpunkt, der darin besteht, dass Tatsachen nur durch erfolgreiche Experimente bewiesen werden können.

Viele geschichtliche Tatsachen haben keinerlei rigorose wissenschaftliche Experimente durchlaufen. Dennoch erzählen uns viele Wissenschaftler ohne experimentelle Beweisführung, dass dieser Abschnitt aus Geschichten bestehen muss, die Menschen einmal erfunden haben, damit sie damit ihr Leben besser bewältigen können. Diese Wissenschaftler handeln damit keineswegs wissenschaftlich und folgen auch nicht den Regeln von Verhalten und Logik, die sie selbst aufgestellt haben. Sie haben keine erfolgreichen Experimente durchgeführt, die beweisen könnten, dass der Bericht, der von Gott in 1. Mose gegeben wird, falsch ist. Zu verstehen, wie Gott das Universum geschaffen hat, ist immer noch ein viel zu großes Konzept für ihre gegenwärtige, unreife, Art von Experimentieren.

Der Schöpfungsbericht in 1. Mose repräsentiert echtes Geschichtsgeschehen, das über wirklich existierende Menschen und Ereignisse in Raum und Zeit berichtet.

Mose benutzt denselben historiographischen Erzählstil in Kap. 1-11 wie im Rest von 1. Mose

Der Autor ändert seinen Stil nicht nach Kap. 11, noch gibt er irgendeinen Hinweis im Text darauf, dass er nun von Mythen- zu Geschichtsschreibung wechselt. Stattdessen stellt das Buch eine Einheit dar, ein Bericht von historischen Ereignissen, der den Hintergrund für den Rest der Bibel darstellt. Es nimmt Bezug auf tatsächliche Orte und Menschen und darauf, wie lange sie lebten. Mythen haben kein Interesse an Ort und Zeit, weil sie ihre Charaktere aus der tatsächlichen Geschichte entfernen wollen.

Die anderen Bibelautoren, sogar Jesus selbst, betrachteten die ersten Kapitel von 1. Mose als tatsächlich geschehene Geschichte.

Der Psalmist preist Gott dafür, dass er die Welt erschaffen hat, so wie es in 1 Mo 1 beschrieben wird, genauso wie er Gott dafür preist, dass er die Israeliten aus Ägypten befreit hat (Ps 136; 2 Mo 6,1).

Als Jesus die Fragen der Pharisäer bezüglich der Ehescheidung beantwortete, bezog er sich auf die Verse in 1 Mo, die von der Erschaffung Adams und Evas sprechen und wie sie ein Fleisch wurden in der Ehe (Mt 19,4-6). Wenn man sagen würde, dass Jesus hier nur Aussagen verwenden wollte, die seiner Zuhörerschaft bekannt waren und die er gar nicht wörtlich meinte, fordert das zu der ernsten Frage heraus, ob Jesus, wenn man ihm hier nicht vertrauen kann, ob man ihm dann irgendwo anders vertrauen kann?

Der biblische Bericht von der Schöpfung ist grundlegend anders als einige der antiken Schöpfungsmythen

Tatsächlich ist eine der Hauptabsichten des Schöpfungsberichtes in 1 Mo, irrige Ansichten von Schöpungsmythen des antiken Nahen Ostens zu korrigieren.

Was die Bibel über die Schöpfung lehrt

Gott wird durch seine Schöpfung geoffenbart, ist aber dennoch von ihr verschieden.

Genauso wie wir etwas über einen Architekten lernen können, wenn wir seine kreierten Gebäude begutachten, so können wir etwas über den Schöpfer lernen, wenn wir seine Schöpfung betrachten (Röm 1,20). Sogar wenn die Gebäude, die ein Architekt konstruiert hat, abbrennen sollten, würde doch der Architekt weiter da sein. Genauso existiert auch Gott unabhängig von seiner Schöpfung. Gott schuf die Himmel und die Erde (1 Mo 1,1).

Das 1. Buch Mose beschreibt nicht sehr detailliert, wie Gott die Himmel und die Erde geschaffen hat, aber es betont deutlich, dass er sie schuf. Es heißt da: »Am Anfang«. Und dabei kommt es für einen Christen nicht darauf an, wie alt die Erde ist.

Wir müssen nicht versuchen, den Anfang zu datieren. Es hat auch keinen Wert, auch nur zu versuchen, die unmöglichen Fragen zu beantworten, wo und wie Gott die Zeit vor dem Anfang verbrachte, da Raum und Zeit Teil der geschaffenen Welt sind. Wir können uns die Sphäre außerhalb von Raum und Zeit überhaupt nicht vorstellen. Worauf es ankommt, ist, dass die Erde dem Herrn gehört, dass er sie geschaffen hat (Ps 24,1). Und er hat das durch die Macht seines Wortes getan (Ps 33,6-9). Und er hat es als dreieiniger Gott gemacht: Vater, Sohn und Heiliger Geist (1 Mo 1,2; Joh 1,1-4).

Die Erde ist nicht ewig

Was die Wissenschaft über den Ursprung des Universums und des Lebens auf der Erde entdeckt hat, ist nicht unvereinbar mit einer sehr wichtigen Tatsache bezüglich der Schöpfung, die in 1 Mo 1,1 formuliert wird. Sie hat einen Anfang. Jahrhunderte lang dachten viele Wissenschaftler, dass das Universum ewig sei, aber jetzt wissen wir, dass das nicht der Fall ist. Viele Wissenschaftler erkennen jetzt das an, was man als Urknalltheorie bezeichnet. Obwohl Wissenschaftler darauf bestehen würden, dass diese Theorie den biblischen Bericht nicht bestätigen würde, und Christen genauso wenig zustimmen würden, dass die Schöpfung in dieser Art und Weise stattfand, so impliziert diese Theorie dennoch, dass das Universum einen Anfang hatte.

Die Bibel erklärt, was die Wissenschaft noch nie erklären konnte, und das ist, dass am Anfangspunkt der Schöpfung Gott sprach und so die Welt entstand (Ps 33,9). Robert Justrow schrieb in seinem Buch *God and the Astronomers*:

> *Die Details sind unterschiedlich, aber die wesentlichen Elemente in den astronomischen und biblischen Darstellungen vom Anfang sind dieselben ... Wir Wissenschaftler hatten nicht erwartet, Belege für einen abrupten Anfang zu finden, weil bis vor kurzem so außerordentlichen Erfolg damit hatten, die Kette von Ursache und Wirkung zurück in die Zeit zu verfolgen. Für den Wissenschaftler, der in seinem Glauben an die Macht der Vernunft gelebt hat, endet diese Geschichte wie ein Albtraum. Er hat die Berge der Unwissenheit erklommen; er ist dabei, den höchsten Gipfel zu erobern; gerade, als er sich über den letzten Fels zieht, wird er von einer Gruppe Theologen begrüßt, die dort schon seit Jahrhunderten sitzen.*

Die Bibel lehrt, dass Gott das Universum schuf, ohne präexistentes Material zu benutzen – *ex nihilo*, »aus dem Nichts« (Hebr 11,3). Als er die ganze reale Welt zum Existieren brachte, schuf Gott nur durch sein Wort. Alles, was wir kennen, ist die Formung aus schon existierender Materie. Ein Schreiner macht einen Stuhl aus Holz; ein Bildhauer macht eine Figur aus Stein. Schöpfung aus dem Nichts ist ganz und gar jenseits all unserer Erfahrung. Zu sagen, dass Gott alle Dinge schuf und das aus dem Nichts, bedeutet zu sagen, dass es keine ewige Realität neben oder außerhalb von ihm gibt.

Gott hat das Böse nicht erschaffen. Von Anfang an haben Menschen über das Problem des Bösen nachgedacht. Wenn Gott das Böse nicht geschaffen hat, warum würde er, der doch heilig ist, es dann erlauben? Obwohl es keine völlig befriedigende Antwort gibt, können wir doch sagen, dass Gott in seiner unbegrenzten Weisheit die Möglichkeit von Situationen erlaubte, die es der Sünde gestatten würden, in der menschlichen Erfahrung wirksam zu werden. Doch letztlich versichert Gott uns durch den Tod seines Sohnes und seine Vorsehung, die uns dessen Tod zugute kommen lässt, dass letztendlich die Gerechtigkeit triumphieren würde.

Schlussfolgerungen

Der entscheidende Punkt in dieser ganzen Auseinandersetzung ist die Autorität Gottes gegenüber menschlichen Meinungen. Unter »menschlichen Meinungen« verstehen wir diemehrheitliche und vom Establishment vorgegebene Sicht der Erd- (und Menschheits-) Geschichte, so wie sie heute in der wissenschaftlichen Gemeinschaft und in den meisten Ausbildungsstätten gelehrt und geglaubt wird.

In seinem Buch *The Case for Faith* zitiert Lee Strobel den bekannten Evolutionisten William Provine von der Cornell University, der zugestand, dass, falls der Darwinismus wahr wäre:

> *Dann ergäben sich daraus fünf unausweichliche Folgerungen: es gibt keine Belege für Gott; es gibt kein Leben nach dem Tod; es gibt keine absolute Grundlage für richtig und falsch; das Leben hat keine letztgültige Bedeutung, und Menschen haben nicht wirklich einen freien Willen.«*

Kein Gott, kein Leben nach dem Tod, kein Richtig und kein Falsch, das Leben hat keine Bedeutung, keinen freien Willen, das ist es, was der Darwinismus einem Menschen gibt. Wo sind die wissenschaftlichen Experimente, die beweisen, dass es keinen Gott gibt, kein Richtig und Falsch, keine Bedeutung für das Leben, keinen freien Willen?

Kein Wissenschaftler kann Gott in eine Flasche stecken und messen, oder auf eine Waage setzen und ihn wiegen oder ihn auf seinem Thron sehen durch eine Raumsonde. *Der irdische Wissenschaftler hat nicht das Fachwissen, Gott auszuwerten.* Der weise Mensch akzeptiert, was Gott bezüglich seines Schöpfungswerkes in der Bibel geoffenbart hat.

Der Apostel Petrus ermahnt uns, immer bereit zu sein, eine Antwort zu geben für die Hoffnung, die in uns ist (1 Petr 3,15). Mit anderen Worten, wir müssen immer bereit sein, unseren Glauben sowohl zu verteidigen als auch auszubreiten, und ein sehr wichtiger Bestandteil unseres Glaubens ist der Schöpfungsbericht. Sich dieser Verantwortung zu entziehen, heißt, dem Feind nachzugeben.

Das Gebiet des größten Angriffs ist die Schöpfung. Nach der Heiligen Schrift besteht das Universum nicht aus einem Zufall heraus; es ist das Ergebnis beabsichtigter Planung. Die Unterscheidung zwischen den Spezies ist kein fehlendes Verbindungsglied, sondern göttliche Absicht (1 Mo 1,24). Genauso wenig ist der Mensch das Endergebnis von Millionen von Jahren Evolution – er ist der Höhepunkt von Gottes Schöpfung, beabsichtigt, Gemeinschaft mit seinem Schöpfer zu haben (1 Mo 1,27).

Kapitel 24

Sind die Menschen das Ergebnis von Evolutionskräften?

Professor John Gerstner erzählte eine Geschichte über Arthur Schopenhauer, den deutschen pessimistischen Philosophen aus dem 19. Jahrhundert. Schopenhauer saß auf einer Parkbank in Berlin. Ein Polizist, der ihn wegen seiner Bekleidung für einen Penner hielt, fragte ihn, wer er dachte, dass er wäre. Er antwortete ihm: »Bei Gott, das wüsste ich auch gerne.«

Alle, die die Existenz Gottes als Schöpfer, der Leben gibt und erhält, ablehnen, haben ein Problem mit ihrer Identität. Sie wissen nicht, wer sie sind und worum es im Leben geht. Wenn die Frage: »Wo komme ich her?« ohne Bezugnahme auf Gott beantwortet wird, dann ist das Leben völlig ohne Sinn und Bedeutung. Die Art, wie die Frage beantwortet wird, hängt von der Weltsicht des einzelnen ab, was wiederum zu Schlussfolgerungen momentaner Natur führt.

Diejenigen, die an atheistischen, naturalistischen und evolutionären Prämissen festhalten, propagieren eine Denkrichtung über den Ursprung des Menschen, der in der modernen Welt weithin anerkannt wird. Menschen in diesem Lager erkennen die Evolutionshypothese mit Eifer an, während sie darauf bestehen, dass Gott nichts mit dem Ursprung des Lebens oder des Universums zu tun hat. Beachte das Wort Hypothese, was als eine Möglichkeit mit ungenügender Beweislage, dass es als wissenschaftliche Tatsache erklärt werden kann, definiert werden kann.

Alle, die diese Ansicht unterstützen, sehen Menschen in erster Linie als Mitglieder im Tierreich, die von einer ihrer höheren Formen abstammen. Sie sind durch die gleiche Art von Prozess ins Leben gekommen wie alle anderen Tiere und werden auch ein ähnliches Ende nehmen. Der einzige Unterschied zwischen Menschen und Tieren ist der Rang. Noch eine andere Gruppe akzeptiert die Evolution als die beste Erklärung für den Ursprung des Menschen, besteht aber darauf, dass Gott den Prozess am Anfang ins Rollen brachte. Das nennt man *theistische Evolution*.

Im Gegensatz dazu ist die biblische Sicht total anders. Menschen sind nicht das Ergebnis von purem Zufall oder zufälligem Zusammentreffen von Atomen. Sie sind Geschöpfe Gottes, nach seinem Bild geformt. Das wird manchmal als die theistische oder kreationistische Sicht bezeichnet. Weil Menschen das Erzeugnis eines göttlichen Schöpfers und nicht purer Zufall sind, gibt es einen Grund für unsere Existenz, ein Grund, der in der Absicht des Schöpfers liegt.

Gott erschuf die Menschen

Gott formte den Menschen aus dem Erdboden (1 Mo 1,26-27; 2,7). Er hat es nicht so gemacht, dass Menschen stufenweise aus anderen Lebensformen, etwa Meeres- oder Landlebewesen, heraus entstanden. Die unbewiesene, doch allgemein akzeptierte Sicht von vielen heute ist, dass Menschen aus den niedrigeren Formen des Tierlebens entstanden und das Ergebnis natürlicher Prozesse sind, die Milliarden von Jahren gedauert haben. Solch ein Ansatz kann mit dem biblischen Bericht nicht harmonisiert werden.

Der biblische Bericht in 1 Mo bestätigt, dass Gott den Menschen nach seinem eigenen Bild formte, ein Wesen wie er selbst, außer dass er an Intelligenz und Stärke unterlegen ist. In unseren geistigen und mentalen Fähigkeiten haben wir eine gewisse Ähnlichkeit mit Gott. Es ist eine große Ehre, dass von allen Geschöpfen dieser Erde nur Menschen im Bilde Gottes geschaffen sind. Alle anderen Wesen, außer den Engeln, sind den Menschen unterlegen (1 Mo 1,28).

Weil Menschen im Bilde Gottes geschaffen sind, heißt das, dass die Unverletzlichkeit des menschlichen Lebens ein extrem wichtiges Prinzip in Gottes Entwurf der Dinge ist. Abtreibung, Euthanasie und Mord sind alle diesem göttlichen Prinzip entgegengesetzt.

Adam war der erste der menschlichen Spezies; von ihm sollte alles danach kommende menschliche Leben abstammen. Einige argumentieren, dass das hebräische Wort für Adam ein Gattungsname sei, der nur »Mensch« bedeutet, und dass der Name Adam sich nicht auf eine spezifische Person bezog. Dass Adam ein tatsächlicher Mensch war, wird von der Genealogie-Liste in Lk 3,23ff. bestätigt, in der Lukas die Vorfahren Jesu direkt auf Adam zurückverfolgt, den er als »den Sohn Gottes« bezeichnet.

Der Apostel Paulus baut seine Erlösungstheologie im Röm auf den ersten und den zweiten Adam auf (Röm 5,12-21; siehe auch 1 Kor 15,20-22.45-49). Der erste Adam war der Bewohner des Gartens Eden, unser erster Vorfahre, in dem die Sünde mit all ihren furchtbaren Konsequenzen ihren Ursprung hatte. Und es war die Sünde des ersten Menschen, die das Opfer des zweiten Adams am Kreuz von Golgatha notwendig machte. Zu behaupten, dass der erste Adam eine mythische Figur war, während man den zweiten Adam für eine tatsächliche geschichtliche Person hält, stellt die Heilige Schrift auf den Kopf.

Gott machte die ersten zwei Menschen ohne Schuld, aber sie bekamen einen freien Willen und konnten wählen, Gott zu gehorchen oder auch nicht (1 Mo 2,16-17). Dem ersten menschlichen Paar wurde gesagt, fruchtbar zu sein, sich zu vermehren, die Erde zu füllen und sie sich zu unterwerfen (1 Mo 1,28). Daher sind alle Menschen, die jemals lebten oder die noch leben werden, miteinander verwandt (Apg 17,26).

Was Gott mit der Erschaffung der Menschen beabsichtigte

Die Evolution lehrt, dass Menschen aufgrund eines Zufalls hier auf dem Planeten sind. Unsere Existenz wurde durch einen Schicksalsglücksschlag verursacht. Die Bibel präsentiert jedoch ein ganz anderes Bild. Der Gott der Ordnung und Gestaltung, der uns gebildet hat, hat eine Absicht mit unserer Existenz. Es gibt mindestens fünf Gründe, warum Gott seine Schöpfung ins Leben gerufen hat:

Er tat es, um sich selbst eine Freude zu machen (Offb 4,11)
Etwas in Gottes Wesen inspirierte ihn zum Erschaffen. Es war ihm ein Freude, dass wir die Gabe des Lebens empfangen. Es war nicht dazu gedacht, dass wir eine gute Zeit erleben würden nach unserem eigenen Gutdünken und Tun, was uns am Besten erscheint. Wir sind am glücklichsten, wenn wir leben, um unserem Schöpfer zu gefallen. Wir sind am unglücklichsten, wenn wir unseren eigenen Willen tun, indem wir Freude nur um der Freude willen suchen (Lk 12,16-21; 1 Tim 5,6).

Er tat es zu seiner eigenen Ehre
Die ursprüngliche Schöpfung sang den Lobpreis ihres Schöpfers (Hi 38). Der Allmächtige erklärte, dass er die Menschen zu seiner Ehre geschaffen habe (Jes 43,7). Denjenigen, die meinen, dass Gott ein eigensüchtiges, egoistisches Wesen sei, der von seinen Geschöpfen erwartet, ihn auf ewig zu preisen, denjenigen würden wir mit den Worten des Paulus antworten: »Welcher Mensch hat das Recht, Gott zu kritisieren? Hat der Ton das Recht, den Töpfer zu fragen, warum er die Welt in der Art geformt hat, wie er es tat? Der Töpfer kann alles machen, was er will« (Röm 9,20-21, paraphrasiert). Diese Verse implizieren, dass der Schöpfer das Recht hat, von seinen Geschöpfen zu erwarten, was auch immer er möchte.

Er tat es, um Gemeinschaft mit den Menschen zu haben
Gott freut sich über die Gemeinschaft mit seinen Geschöpfen. Seit der Mensch im moralischen Ebenbild Gottes erschaffen wurde, hat er die Möglichkeit empfangen, seinem Schöpfer seine Liebe und Loyalität zu zeigen. Wie Gott hatte er die Macht, zu wählen – die Freiheit, entsprechend moralischen Imperativen zu denken und zu handeln. So hatte er die Freiheit, zu lieben und zu gehorchen oder kein Vertrauen zu haben und ungehorsam zu sein. Der Eintritt der Sünde in die Welt zerbrach die Gemeinschaft zwischen Gott und Menschen und führte so das biblische Drama der Erlösung herbei.

Er tat es, damit Menschen miteinander Gemeinschaft hätten.
Gott sagte, dass es für den Menschen nicht gut war, allein zu sein, so dass er ihm einen Helfer machte, jemanden, der vollkommen zu ihm passen würde. Was Adam fehlte, hat Eva mitgebracht (1 Mo 2,18). Genau wie die drei Personen der Dreieinigkeit in einer liebevollen Beziehung vereint sind, so wurden wir geschaffen für die Gemeinschaft und das Zusammenwirken in der Ehe und die Freundschaft mit anderen Menschen. In diesen Beziehungen haben wir die Gelegenheit, für andere da zu sein. Gott beabsichtigte, dass Menschen beziehungsorientiert seien in Einheiten, die wir Familie, Gemeindefamilie, etc. nennen.

Er schuf uns, damit wir Verwalter der Umwelt seien (1 Mo 1,26.)

Als Gottes Repräsentant wurde der Mensch über die geringeren Geschöpfe gesetzt (siehe auch Ps 8,5-8). Das Tierreich kann die Souveränität Gottes nicht verstehen, aber viele Tiere sind in der Lage, die Menschen zu lieben und ihnen zu dienen. Die Verantwortung des Menschen ist es, gütig über die Welt zu herrschen und damit Gottes wohlwollende Regierung über das Universum zu reflektieren. Wir sind keine Opfer der Umstände, die von Umweltkräften beherrscht werden. Stattdessen hat Gott uns beauftragt, einen positiven Beitrag mit der Gestaltung der Umwelt zu machen. Wir sollen nicht selbstsüchtig die natürlichen Ressourcen der Erde verschwenden und willkürlich Luft und Wasser verschmutzen, was zu einer zunehmenden Verschlechterung der Lebensqualität führt. Wir sollen gute Verwalter der Umwelt und die niedrigeren Lebewesen, über die wir herrschen, sein.

Schlussfolgerungen

Wie kann jemand, der glaubt, dass wir das Ergebnis von zufälligen Evolutionskräften sind, ein Bewusstsein von Bedeutung haben? Andererseits, wie können wir möglicherweise lange in einer Haltung von Mutlosigkeit oder Hoffnungslosigkeit verharren, wenn wir bedenken, dass der Schöpfergott uns die Gabe des Lebens gegeben hat, uns durch das Blut seines Sohnes erlöst hat und uns eine herrliche Zukunft in seiner eigenen Gegenwart zugesichert hat?

Der renommierte britische Atheist Antony Flew, der mehr als 50 Jahre lang gegen die Existenz Gottes argumentierte, hat vor kurzem seinen Atheismus abgelegt (Dezember 2004) zugunsten eines Glaubens an Gott und einer theistischen Sicht des Universums. Der frühere Professor in Oxford, Aberdeen und Reading hat, beeinflusst von Argumenten der »intelligent design«-Bewegung, zugegeben, dass er der Beweislage folgte. In seinem Falle führte sie ihn weg von Darwinismus und Atheismus zu einem Glauben an Gott.

Die Sicht kam von der Bibel, dass hinter aller Schöpfung ein intelligenter Architekt wäre, ein göttliches Wesen, das das ganze Universum schuf, das Menschen aus Erde machte und ihn nach seinem eigenen moralischen und geistlichen Bilde schuf. Dieses Wesen, Gott, beantwortet die Frage: »Wo ist der Ursprung des Lebens?«, und allein diese Erklärung stattet das Leben mit einer echten Absicht aus.

Der Sündenfall

Wir glauben, dass der Mensch ohne Schuld unter dem Gesetz seines Schöpfers geschaffen wurde, dass er aber durch freiwillige Übertretung aus seinem sündlosen und glücklichen Zustand abfiel, weswegen nun alle Menschen Sünder sind, nicht aus Zwang, sondern durch eigene Wahl; daher stehen sie unter Verdammnis ohne Verteidigung oder Entschuldigung.

Kapitel 25

Wie entstand die Sünde?

Obwohl in Gottes Bild geschaffen und in eine vollkommenen Umgebung gesetzt – den Garten Eden – waren doch Adam und Eva dem ausdrücklichen Befehl Gottes ungehorsam, aßen die verbotene Frucht und stürzten sich und ihre Nachkommen in einen gefallenen, sündigen Zustand. Nachdem viele Jahrhunderte vergangen waren und trotz bemerkenswertem wissenschaftlichen und technischen Fortschritt auf vielen Gebieten des Lebens, bleibt doch die Sünde eine hartnäckige, abscheuliche Realität.

Dazu kommt noch, dass die Welt niemals völlig frei von Kriegen, Kriegsgerüchten, Krankheit, Gewaltverbrechen und Tod war. Welcher Mensch, wie gut auch immer er zu sein scheinen mag, kann rechtens für sich beanspruchen, völlig frei von Neid, Stolz, Lust, Falschheit, Habgier, Bösartigkeit und Hass zu sein? Aber wie kam es zu einer solch radikalen und schrecklichen Verwandlung? Wie kamen unsere ersten Vorfahren überein, in einer solch idyllischen Umgebung das deutliche Gebot ihres Schöpfers zu übertreten? Und weiter, wenn Gott eine vollkommene Welt erschuf, wie konnte sich dann Sünde entwickeln?

Gott und der Ursprung der Sünde

Ist es möglich, dass Gott der Urheber der Sünde ist? Das ist eine Frage, die Menschen seit uralten Zeiten verwirrt hat. Die Heiligen Schriften machen jedoch deutlich, dass Gott von Natur aus heilig ist (Jes 6,3). Es gibt keine Ungerechtigkeit in ihm (5 Mo 32,4). Gott kann nichts Böses und Ungerechtes tun (Hi 34,10).

Des Weiteren kann Gott nicht vom Bösen versucht werden, noch versucht er selbst jemanden (Jak 1,13). Der Psalmist versichert, dass Gott Sünde hasst (Ps 5,5; 11,5). Gottes ursprüngliche Schöpfung war *sehr gut* (1 Mo 1,31). Weit entfernt davon, der Urheber der Sünde zu sein, ist er der Urheber der Rettung für alle, die ihm gehorchen (Hebr 5,9).

Der Anfang der Sünde

Gott hätte die Sünde verhindern können, wenn er ein Universum von Robotern geschaffen hätte, die nur das tun würden, wofür sie programmiert sind. Aber Gottes Liebe erforderte, dass er Wesen erschuf, die frei auf seine Liebe reagieren konnten, und solch eine Reaktion ist nur von Geschöpfen möglich, die die Macht haben, eine Wahl zu treffen.

Seine Schöpfung mit solch einer Art von Freiheit zu versehen, bedeutete jedoch, dass Gott das Risiko eingehen musste, dass einige geschaffene Wesen sich von ihm abwenden würden.

Engel, Wesen höherer Ordnung als Menschen, wurden geschaffen, um eine enge Beziehung zu Gott zu haben (Offb 1,1; 3,5; 5,11). Ausgestattet mit überragender Stärke und gehorsam Gottes Wort gegenüber (Ps 103,20), fungieren sie als Diener oder »dienstbare Geister« (Hebr 1,14). Obwohl sie im Allgemeinen unsichtbar sind für das menschliche Auge, erscheinen sie doch beizeiten in menschlicher Gestalt (1 Mo 18-19; Hebr 13,2). Es geschah durch ein solches Engelswesen, dass die Sünde in das Universum kam.

Obwohl das Aufkommen der Sünde geheimnisvoll und nicht zu rechtfertigen ist, so können doch ihre Ursprünge zu Luzifer zurückverfolgt werden. Als ein hochrangiges Wesen in der Engelswelt wurde er herausfordernd stolz (Hes 28,17; vgl. 1 Tim 3,6). Nicht zufrieden mit der gehobenen Position, die der Schöpfer ihm gegeben hatte, begann er selbstsüchtig, Gottes eigenen Autoritätsanspruch zu begehren (Jes 14,12-14; vgl. Jud 6). Luzifers Rebellion gegen Gottes Regierung war der erste Schritt zu seiner Verwandlung in Satan, *den Widersacher*.

In einem Versuch, die Kontrolle über das Universum zu übernehmen, säte dieser gefallene Engel eine Saat von Unzufriedenheit unter seinen Mitengeln und gewann die Unterstützung vieler. Der darauf folgende Krieg endete, als Luzifer, jetzt als Satan oder Teufel (Widersacher) bekannt, und seine Engel aus dem Himmel geworfen wurden (Offb 12,4.7-9).

Der Ursprung der Sünde in der menschlichen Rasse

Unbeirrt von seiner Vertreibung aus dem Himmel, beschloss Satan, andere zu locken, sich seiner Rebellion gegen Gottes Herrschaft anzuschließen. So richtete sich seine Aufmerksamkeit auf die gerade geschaffene menschliche Rasse. Wie konnte er Adam und Eva dazu bringen, zu rebellieren? Sie lebten in einer perfekten Welt, wobei der Schöpfer für all ihre Bedürfnisse sorgte. Wie konnten sie nur unzufrieden werden und dem Einen misstrauen, der die Quelle ihrer Freude war? Der Bericht von der ersten Sünde gibt die Antwort darauf.

Als Gott Adam und Eva erschuf und sie in den Garten Eden setzte, legte er ihnen nur ein Verbot auf. Der Baum in der Mitte des Gartens, »der Baum der Erkenntnis von Gut und Böse«, war tabu. Von diesem Baum zu essen würde eine Handlung bewussten Ungehorsams bedeuten und zu Entfremdung von Gott und zum Tod führen (1 Mo 2,16-17).

Bei seinem Angriff auf die ersten Menschen entschied Satan, sie zu erwischen, als sie nicht darauf gefasst waren. Er näherte sich Eva, als sie nahe beim Baum der Erkenntnis von Gut und Böse war, in Gestalt einer Schlange – das listigste Geschöpf, das Gott gemacht hatte – und befragte sie bezüglich Gottes Verbot, die Frucht von dem Baum nicht essen zu dürfen (1 Mo 3,1-2).

Als Eva antwortete, dass Gott gesagt hatte, sie würden sterben, wenn sie von der Frucht des Baumes aßen, stellte Satan das Verbot Gottes in Frage, indem er darauf bestand, dass sie nicht sterben würde, wie Gott in seiner Warnung gesagt hatte. Er erregte ihre Neugierde, indem er vorschlug, dass Gott versuchte, ihr eine wunderbare neue Erfahrung vorzuenthalten: die, so wie Gott zu sein (3,4-5).

Sofort schlug Zweifel an Gottes Wort Wurzeln. Eva wurde betört von den großartigen Möglichkeiten, die die Frucht angeblich zu bieten hatte. Die Versuchung fing an, in ihrem Geiste Schaden anzurichten. Glaube an Gottes Wort verwandelte sich in Glaube an Satans Wort. Plötzlich bildete sie sich ein, dass der Baum nicht etwas war, was man zu meiden hatte, sondern dass seine Frucht nahrhaft wäre, sie war angenehm anzusehen, und dass sie sie viel weiser machen würde als sie es bis dahin gewesen war (3,6a).

Unzufrieden mit ihrer Situation, gab Eva der Versuchung nach, wie Gott zu werden. Sie nahm die Frucht und aß. Von Adam wird gesagt, dass er bei Eva war, und er hätte ihr Beschützer sein sollen. Stattdessen erlaubte er ihr zu essen, ohne sein Missfallen auszudrücken, und aß dann die Frucht auch noch selbst (3,6b).

Schlussfolgerungen

Indem sie ihren Sinnen mehr vertrauten als Gottes Wort, lösten Adam und Eva ihre Abhängigkeit von Gott auf, fielen aus ihrer hohen Stellung und tauchten in die Sünde. Der Fall der menschlichen Rasse war daher zuallererst charakterisiert von einem Zusammenbruch des Glaubens – Glauben an Gott und sein Wort. Dieser Unglaube führte zu Ungehorsam, der wiederum zu einer gebrochenen Beziehung und letztendlich zu einer Trennung von Gott und Mensch führte.

Obwohl der Begriff *Fall* in der Heiligen Schrift nicht verwendet wird, ist er doch angemessen, denn er hallt die Sprache und die Lehre der Heiligen Schrift wider. Das Neue Testament behandelt Sünde durchgehend als einen Fall, einen Abstieg.

Der Fall von Adam und Eva hatte Auswirkungen auf die ganze menschliche Rasse; aber kleine Fälle ereignen sich jedes Mal, wenn ein Gläubiger sündigt. Daher warnt Paulus vor übergroßer Selbstsicherheit. Diejenigen, die denken, sie würden niemals so und so eine Sünde begehen, müssen wachsam sein, damit sie nicht fallen (1 Kor 10,12). Die Bibel warnt vor einem hochmütigen Geist; solch eine sorglose Einstellung führt oft zu einem Fall (Spr 16,18). Es gibt nichts, was Satan mehr genießt, als, soweit möglich, den Fall unserer ersten Vorfahren zu wiederholen. Wie Paulus warnt, sollten wir andauernd auf der Hut sein gegenüber seinen Anstrengungen, uns zu Fall zu bringen.

Kapitel 26

Was sind das Ausmaß und die Auswirkungen der Sünde?

Die Heilige Schrift lehrt deutlich, dass Adam und Eva aus ihrem ersten Besitz fielen, als sie Gottes Befehl ungehorsam waren, nicht vom Baum der Erkenntnis von Gut und Böse zu essen, ein Baum, der in die Mitte des Gartens gesetzt war. Die Freiheit von Adam und Eva war grenzenlos in Eden, mit Ausnahme des einen Verbotes, das Gott bezüglich dieses bestimmten Baumes verhing. Als Adam und Eva bewusst entschieden, Gottes Verbot zu missachten, wurden unmittelbare und langfristige Auswirkungen wegen ihrer Sünde über sie verhängt. Die schlimmen Auswirkungen, die daraus entstanden, zeigen, wie schlimm ihre Übertretung war.

Die unmittelbaren Folgen der Sünde

Die Sünde brachte eine Änderung in der menschlichen Natur mit sich

Dies hatte Auswirkungen auf zwischenmenschliche Beziehungen, sowie auch auf die Beziehung zu Gott. Die ursprünglich beglückende, augenöffnende Erfahrung brachte Adam und Eva schon nach kurzer Zeit nur Gefühle von Scham (1 Mo 3,7). Anstatt Gott gleich zu werden, wie Satan es versprochen hatte, bekamen sie Angst vor Gott und versuchten, sich vor ihm zu verstecken (3,8-10).

Als Gott Adam und Eva bezüglich ihrer Sünde befragte, versuchten sie, statt ihre Schuld zuzugeben, sie weiterzugeben. Adam beschuldigte Eva (3,12). Seine Worte implizieren, dass beide, Eva und indirekt auch Gott, für seine Sünde verantwortlich waren, was deutlich zeigt, wie die Sünde seine Beziehung zu seiner Frau und zu seinem Schöpfer gebrochen hatte. Eva ihrerseits versuchte, sich freizusprechen, indem sie den Finger auf die Schlange richtete (3,13).

Ein Fluch wurde auf die Schlange, Satans Instrument, gelegt
Verurteilt, sich auf dem Bauch zu bewegen, wurde die Schlange zur dauerhaften Erinnerung an den Sündenfall (3,14). Die Schlange war

das listigste Tier gewesen (3,1); jetzt war es das verfluchteste. Es ist möglich, dass die Schlange Füße hatte bis zu dem Moment des Fluchs.

Der Schmerz der Frau bei der Geburt wurde immens vergrößert
Und obwohl ihr Verlangen nach ihrem Mann sein würde, würde er ihr Herr sein (3,16). Ihre Beziehung in der Ehe würde in dem Maße gegenteilige, negative, Auswirkungen haben, wie sie sich bemühten, einander zu helfen.

Die Erde wurde verflucht, das Bemühen und die Anstrengung von Adams Arbeiten zu vermehren (3,17-19)
Adam und Eva konnten nicht länger in einem unverdorbenen Paradies leben, sondern auf einer Erde, die verflucht ist. Die guten Früchte und Gemüse, die sie produziert, muss ihr jetzt entrissen werden durch den Einfallsreichtum und den Fleiß von Menschen. Das ist bloß ein Beispiel der faktischen Auswirkungen auf die Schöpfung. Paulus stellt fest, dass die ganze Schöpfung durch den Eintritt der Sünde in die Welt beeinflusst wurde, und dass sie jetzt unter der Gebundenheit von Veränderung und Verfall steht (Röm 8,20-22).

Sie wurden aus Eden verstoßen und dem Tod unterworfen
Indem er die Unabänderlichkeit seines Gesetzes bestätigte, dass solch eine Übertretung zu dem sicheren Tod führen würde, erinnerte Gott Adam, dass er aus dem Staub des Bodens gemacht worden war und dass er zum Staub zurückkehren würde (3,19). Gott führte dieses Urteil aus, indem er das ungehorsame Paar aus ihrem Zuhause in Eden vertrieb, was ihre direkte Kommunikation mit ihm zerstörte (3,23-24). Dazu kommt noch, dass Gott sie davon abhielt, in dem Garten zurückzukehren, um vom Baum des Lebens zu essen, die Quelle des ewigen Lebens. So wurden Adam und Eva dem Tod unterworfen (3,22).

Die langzeitigen Konsequenzen der Sünde
Viele Abschnitte der Heiligen Schrift, besonders der Bericht vom Sündenfall in 1 Mo, machen es mehr als klar, dass Sünde ein moralisches Übel ist, das Ergebnis einer Wahl eines freien Mannes, den offenbarten Willen Gottes zu übertreten (1 Mo 3,1-6; Röm 1,18-22).

Biblische Definitionen der Sünde beinhalten Folgendes: sie bricht das Gesetz Gottes (1 Jo 3,4); sie weigert sich, Gutes zu tun, wenn man Gutes zu tun weiß und es trotzdem nicht tut (Jak 4,17); sie beinhaltet jegliche Tat, die nicht aus dem Glauben kommt (Röm 14,23). Sünde kann auch als jegliche Abweichung vom bekannten Willen Gottes definiert werden, entweder durch Missachtung dessen, was er ausdrücklich zu tun definiert hat, oder durch Tun dessen, was er ausdrücklich verboten hat.

Sünde kennt keine Neutralität. Jesus sagte, dass jeder, der nicht mit ihm ist, gegen ihn ist (Mt 12,30). Wenn man nicht an ihn glaubt, ist es auch Sünde (Joh 16:9). Jede Sünde, ob groß oder klein, hat den Urteilsspruch »schuldig« zur Folge. Die Bibel macht klar, dass, auch wenn eine Person das ganze Gesetz hält und doch in einem Punkt dagegen verstößt, so ist er doch schuldig, es ganz gebrochen zu haben (Jak 2,10).

Die Sünde beinhaltet sowohl Gedanken als auch Taten. Oft wird von Sünde nur mit Bezug auf aktuelle Taten des Gesetzesbruchs gesprochen. Aber Christus sagte, dass lüsterne Begierden das Gebot übertreten, nicht Ehebruch zu begehen (Mt 5,28; vgl. 2 Mo 20,14). Daher beinhaltet Sünde nicht nur offenen Ungehorsam in Taten, sondern auch in Gedanken und Wünschen.

Die Sünde verdunkelt den Verstand des Menschen
Obwohl die Erkenntnis Gottes auf natürliche Weise erhalten werden könnte, wurde sie durch die Sünde verdunkelt (Röm 1,18-23). Verdunkelter Verstand führte zu irrationalen Trieben, die auf verschiedene Art und Weise aufflammten, aber ausdrücklich in Lüsten des Fleisches (Röm 1,24-27). Nichts ist einer Person heilig, die sich in sexueller Schwäche suhlt. Kein Gesetz ist so bindend, dass es nicht gebrochen werden könnte (oder brechbar wäre) von jemandem, der vom Fleisch versklavt ist (Röm 1,28-32).

Die Sünde verursacht Schuld
Aus biblischer Perspektive impliziert Schuld, dass derjenige, der eine Sünde begangen hat, bestrafungspflichtig ist. Und weil alle Sünder sind, ist die ganze Welt vor Gott schuldig (Röm 3,19). Wenn Schuld

nicht richtig behandelt wird, zerstört sie die körperlichen, mentalen und geistigen Kapazitäten. Und letztlich bewirkt sie den Tod, denn der Lohn der Sünde ist der Tod (Röm 6,23).

Die Sünde hat Auswirkungen auf die ganze Menschheit
Einige mögen den Eindruck haben, dass die Todesstrafe eine zu schwere Strafe für das Essen der verbotenen Frucht war. Wir können jedoch die Ernsthaftigkeit der Übertretung nur im Licht der Wirkung von Adams Sünde auf die menschliche Rasse ermessen. Adam und Evas erstgeborener Sohn beging Mord. Ihre Nachkommen haben bald darauf die geweihte Ehevereinigung verletzt, indem sie sich auf Polygamie einließen, und es dauerte nicht lange, bis Bosheit und Gewalt die Erde erfüllten (1 Mo 4,8.23; 6,1-5.11-13).

Gottes Aufruf zu Büße und Erneuerung blieben unbeachtet, und nur acht Personen wurden von der Sintflut gerettet, die die Unbußfertigen von Noahs Tagen zerstörte. Die Geschichte der menschlichen Rasse nach der Sintflut ist, von wenigen Ausnahmen abgesehen, ein trauriger Bericht der Anhäufung der Sündhaftigkeit der menschlichen Natur.

Die Bibel lehrt, was die Geschichte auch bestätigt, dass Adams Nachkommen an der Sündhaftigkeit seiner Natur teilhaben (Ps 143,2; 14,3; 1 Kö 8,46; Spr 20,9; Pred 7,20; Röm 3,23; 1 Jo 1,8). Paulus sagte: »In Adam sterben alle« (1 Kor 15,22). Er bestätigte dies nochmals, als er erklärte, dass die Sünde durch Adam in die Welt kam und den Tod zur Folge hatte; und dann hat sie sich über die ganze Menschheit verbreitet, weil alle gesündigt haben (Röm 5,12).

Das Kontrollzentrum der Sünde

Der Sitz der Sünde ist in dem, was die Bibel das Herz nennt – was wir als den Verstand und die Gefühle einer Person kennen. Dementsprechend mahnt die Bibel, das Herz zu behüten, denn die guten und die schlechten Entscheidungen, die wir treffen, kommen aus dieser Quelle (Spr 4,23). Jesus offenbarte, dass es die Gedanken des Menschen sind, die ihn verunreinigen (Mt 15,19).

Es geschieht durch das Herz, dass die ganze Person – der Verstand, der Wille, die Neigungen, die Gefühle und der Körper – beeinflusst wird. Weil das Herz trügerisch und total böse ist (Jer 17,9), muss die menschliche Natur als korrupt, verdorben und durch und durch sündig beschrieben werden.

Das Heilmittel für die Sünde

Die Gemeinschaft mit Gott wird nur durch eine Neuschöpfung wiederhergestellt. Für Menschen bedeutet die Neuschöpfung die Wiederherstellung dessen, was wir in Eden verloren haben. In unserem gefallenen Zustand brauchen wir dringend eine Neuschöpfung. Nur Gott kann die Situation wieder gutmachen. Um die gefallene Menschheit wieder in eine Beziehung mit sich selbst zu bringen, sandte er seinen einzigen Sohn, um unser Retter zu sein. Diejenigen, die auf die gütige Botschaft antworten, die erschuf Gott von neuem (2 Kor 5,17; Eph 2,10). Seine erneuernde Gnade erzeugt eine neue Welt in der Seele. Alles wird neu. Wie Matthew Henry gesagt hat: »die erneuerte Person handelt gemäß neuen Prinzipien, mit neuen Regeln, mit neuen Absichten und in neuer Gesellschaft«.

Für das Universum bedeutet die Neuschöpfung »einen neuen Himmel und eine neue Erde«. Seit Adam und Eva durch ihre Übertretung fielen, wankt die ganze Schöpfung unter der Last der Sünde. Aber eines Tages wird Gott noch einmal mit Schöpfungsmacht handeln. Er wird neue Himmel und eine neue Erde schaffen (Jes 65,17; 2 Petr 3,10.13). Die Schöpfung wird auf ewig bestehen.

Die Sühnung für die Sünden

Wir glauben, dass die Rettung von Sündern gänzlich aus Gnade geschieht; durch die Vermittlungsdienste des Sohnes Gottes, der durch Einsetzung vom Vater freiwillig unsere Natur auf sich nahm, dennoch ohne Sünde blieb, der das Gesetz Gottes durch persönlichen Gehorsam ehrte und durch seinen Tod eine vollständige und stellvertretende Sühnung für unsere Sünden bewirkte; dass seine Sühnung nicht darin bestand, uns durch seinen Tod ein Beispiel als Märtyrer zu geben, sondern dass er den freiwilligen Austausch seiner selbst an die Stelle des Sünders vollzog, als Gerechter sterbend für Ungerechte, Christus, der Herr, der unsere Sünden an seinem eigenen Leib ans Kreuz trug, dass er, nachdem er von den Toten auferstand ist, jetzt im Himmel thront und in seiner wunderbaren Person die empfindsamsten Mitgefühle mit göttlicher Vollkommenheit vereint, ist er in jeglicher Art und Weise qualifiziert, ein mitfühlender und allgenügsamer Retter zu sein.

Kapitel 27

Warum musste Jesus sterben?

Die Frage: »Was muss ich tun, um gerettet zu werden, um die Gunst Gottes zu erfahren und mir eines Zuhauses im Himmel sicher sein zu können?« hat Menschen seit den Tagen von Adam und Eva zugleich verwirrt und fasziniert. Diejenigen, die diesbezüglich weiter verwirrt sind, sind diejenigen, die zögern, sich der Autorität von Gottes Wort zu unterwerfen.

Eine richtige Antwort auf diese Frage kann nur in der Heiligen Schrift entdeckt werden. In den nächsten paar Kapiteln werden wir das extrem wichtige Thema der Errettung behandeln.

Die Frage »Warum musste Jesus sterben?« bezieht sich auf das, was die Bibel Sühnung nennt. Dieses Kapitel, das erste einer Reihe von Kapiteln über die Erlösung, betont die Sühnung. Wenn wir sagen, dass Sühnung die entscheidende Lehre des Christentum ist, dann legen wir nicht nur eine Theorie dar, die allgemein bei christlichen Gruppen akzeptiert ist, sondern wir erläutern damit auch, vielleicht unabsichtlich, unseren Glauben, wenn wir ein auserlesenes Wort verwenden – entscheidend.

Entscheidend (engl. *crucial*, d. Üb.) stammt vom Lateinischen *crux*, was »Kreuz« bedeutet. Wann immer wir also sagen: »das ist der entscheidende (engl. *crucial*, d. Üb.) Punkt« oder »der Punkt (engl. *crux*, d. Üb.) an dieser Sache ist der«, dann heißt das in unserer Sprache »so wie das Kreuz zentral im Christentum ist, so ist der Punkt, den ich meine, zentral für unsere Diskussion«. Die Zentralität des Kreuzes für den christlichen Glauben hat die Sprache, die wir gebrauchen, geformt.

Genau im Zentrum des Christentums ist ein Kreuz, und an diesem Kreuz hat der Sohn Gottes die Rettung der Menschen bewirkt. Einfach gesagt bedeutet die Erlösung, dass Jesus Christus in seinem Tode das Problem, das die Sünde des Menschen mit sich brachte, vollständig aus der Welt geschafft hat. Was auch immer getan werden musste, er tat es, und jetzt können diejenigen, die im Glauben zu ihm kommen, in den Segen der Errettung eintreten. Der Apostel Paulus glaubte, dass die Lehre von der Erlösung zentral sei und bezieht sie in seiner klassischen Definition des Evangeliums in den ersten vier Versen von 1 Kor

15 mit ein. »Evangelium« bedeutet »gute Nachricht« und das war die beste Nachricht, die Menschen je bekommen haben.

Die Bedeutung von Christi Sühnung

Drei Prinzipien liegen der Sühnung zugrunde. Diese sind mit der Tatsache der Sünde eng verknüpft und verbunden.

Das Prinzip von »bedecken«

Die Sicherheit der Israeliten in jener ersten Passahnacht in Ägypten hing einzig und allein vom Vergießen und Anbringen der Lammesblutes und ihrer Position unt er der Abdeckung ab (2 Mo 12,1-13; 1 Kor 5,7). Die Parallele ist deutlich. Das Blut Jesu Christi, das am Kreuz von Golgatha vergossen wurde, bedeckt die Sünden des Gläubigen. Unter dem Blut zu sein bedeutet an einem Ort völliger Sicherheit zu sein.

Das Prinzip der »Versöhnung durch Bezahlung der Strafe«

An der einzigen Stelle, an der das Wort *Sühnung* im Neuen Testament gebraucht wird, bedeutet es *Versöhnung* (Röm 5,11). Sünder sind ihrem Schöpfer entfremdet (Eph 4,18). Der Tod von Gottes einzigem Sohn, Jesus Christus, ist die einzige Tat, die Versöhnung zwischen dem sündigen Menschen und einem heiligen Gott bewirken konnte.

Das Prinzip des »Tausches«

Christus ist nicht als Märtyrer für irgendeine gute Sache gestorben. Er starb »für unsere Sünden«. Das Konzept des *Tausches* findet man viele Male im Neuen Testament. Wir sehen es in dem Spruch Jesu, als er erklärte, dass er kam, um sein Leben als Lösegeld für viele zu geben (Mk 10,45).

Paulus drückte einen ähnlichen Gedanken aus, als er erklärte, dass Gott Jesus, der keine Sünde kannte, für uns zur Sünde machte (2 Kor 5,21). Das identifiziert Christus in seinem Tod mit Sündern. Als Paulus schrieb, dass Christus uns erlöste von dem Fluch, den das Gesetz verkündete, indem er unsern Fluch auf sich nahm (Gal 3,13), meinte er damit, dass Christus den Fluch trug, den wir hätten tragen sollen. Und das ist ein Tausch. Er starb an unserer Stelle. Er starb den Tod, den wir verdienten (Jes 53,5).

An meiner Stelle verurteilt er stand;
versiegelte meine Begnadigung mit seinem Blut.

Der Unterschied zwischen Christi Sühnung und dem alttestamentlichen Prototyp

Ein *Prototyp* ist ein Original oder ein Modell, nach dem etwas kopiert oder gebildet wird. Obwohl es Ähnlichkeiten zwischen dem Versöhnungstag im Alten Testament und der Sühnung Christi im Neuen Testament gibt, so gibt es doch auch bedeutende Unterschiede. Der alttestamentliche Priester vergoss das Blut eines Tieres; Christus vergoss sein eigenes Blut. Der hebräische Priester bewirkte Sühnung zuerst für seine eigenen Sünden und dann erst für die Sünden der Nation. Der sündlose Christus brauchte keine persönliche Sühnung, sondern opferte sein eigenes Blut für die Sünden der menschlichen Rasse. Christus hat einen weit höheren Dienst empfangen als den der antiken Priesterschaft (Hebr 8,6).

Die Angemessenheit von Christi Sühnung

Der hebräische Priester betrat das Allerheiligste einmal im Jahr. Das Opfer am Versöhnungstag war ein jährliches Fest. Christus opferte sich selbst nur einmal. Sein eines Opfer war angemessen, für immer Sünden zu sühnen (Hebr 9,26).

Das endgültige Opfer wurde dargebracht

Als unser Herr am Kreuz aufschrie: »Es ist vollbracht«, gab er damit nicht zu, dass sein Tod dem, was er zu erreichen versuchte, ein Ende bereitete. Stattdessen war das letzte und endgültige Opfer für Sünden damit vollendet.

Es ist kein Bedarf da, nach anderen »Plänen des Heils« zu suchen und sie an die Stelle der Erlösung Christi zu setzen

Jegliche Anstrengung, für die Erlösung Christi ein anderes Mittel der Errettung einzusetzen, bedeutet eine Leugnung der Offenbarung der Heiligen Schrift und eine Missachtung von Gottes ewiger Absicht in Christus Jesus (Offb 1,5)

Golgatha, der »Versöhnungstag« des Christen, braucht nicht wiederholt zu werden

Jegliche Wiederholung von Golgatha, wie zum Beispiel in der katholischen Messe, bedeutet eine Weigerung, Christi Sühnung als auf ewig vollendet anzunehmen.

Das Ausmaß der Sühnung

Dass der Tod Christi dazu bestimmt war, die ganze Menschheit einzubeziehen, ist die Ansicht der Kirche in der Geschichte, die die große Mehrheit der Theologen, Reformatoren, Evangelisten und Kirchenväter von den Anfängen der Kirche bis heute teilte.

Sogar Jean Calvin, der von denjenigen herangezogen wird, die an begrenzte Versöhnung/Sühne oder spezifische Erlösung glauben, hatte folgendes zu sagen bezüglich Mk 14,24 (»Das ist mein Blut ... das für viele vergossen wird«): »Mit dem Wort ‚viele‘ meinte er nicht nur einen Teil der Welt, sondern die ganze menschliche Rasse.«

Wenn die Bibel sagt: Christus starb *für alle*, meint sie genau das. Das Wort sollte in seiner normalen Bedeutung gesehen werden, außer es gibt einen zwingenden Grund, es anders zu verstehen. Jes 53,6; Joh 3,16; 2 Kor 5,15; 1 Tim 2,1-6; 4,10; 1 Jo 2,2, und Hebr 2,4 ergeben keinen Sinn, wenn man es nicht in der normalen Bedeutung versteht.

Keiner lehnt ab, dass Christus für die Auserwählten gestorben ist. Aber es ist falsch, zu behaupten, dass er nur für die Auserwählten starb.

Wie man sich die Vorzüge der Sühnung Christi aneignen kann

Auf Golgatha erniedrigte sich Gott in unendlicher Gnade zu den Bedürfnissen einer sündigen Rasse (Eph 2,4-7). Die Frage stellt sich: »Wie kann ich mir sicher sein, dass Christi Opfer für Sünden für mich geschah?«. Ein allgemeines Prinzip zu verstehen, ist eine Sache; es persönlich und praktisch werden zu lassen, eine andere. Essen auf dem Tisch kann einladend wirken, aber Essen zu sehen oder sogar zu verstehen, was Essen bewirken kann, wird den Hunger nicht stillen. Essen muss gegessen werden, bevor es für deinen Körper von Nutzen sein kann.

Die wunderbare Wahrheit der Sühnung, dass jemand unseren Platz eingenommen hat, erlitt, was wir verdient haben, ist ansprechend. Aber, wenn wir nicht und solange wir nicht die Sündhaftigkeit unseres Wesens anerkennen, unser Herz für Jesus Christus öffnen, uns ihm unterwerfen als dem Sohn Gottes, dessen Blut Sühnung schafft für unsere Sünden, ihn im Glauben als Herrn und Retter anerkennen, solange werden wir nicht von den Vorzügen seiner Sühnung profitieren können (Joh 1,12; 4,24; Eph 2,8).

Schlussfolgerungen

Die Lehre von der Sühnung impliziert die Schlussfolgerung, dass Jesus der einzige Retter ist. Jesus sagte über sich selbst, dass er »der Weg, die Wahrheit und das Leben« sei und dass kein Mensch eine rettende Beziehung zu Gott haben kann, außer er kommt durch ihn zum Vater (Joh 14,6). Er ist nicht ein Weg unter anderen oder eine Wahrheit unter anderen. Das Christentum steht und fällt mit der Antwort, die die Gemeinde und die Menschen darin auf eine einzige Frage geben. Diese Frage ist seit fast 2.000 Jahren unvermeidbar. Das ist die Frage, die Jesus selbst seinen Jüngern in Caesarea stellte: »Wer sagt ihr, dass ich bin?« (Mt 16,15).

Wiedergeburt oder die neue Geburt

Wir glauben, dass Sünder, um gerettet zu werden, von neuem geboren werden müssen; dass die neue Geburt eine neue Schöpfung in Christus Jesus ist; dass sie in einem Augenblick geschieht und kein Prozess ist; dass in der neuen Geburt derjenige, der tot in Übertretungen und Sünden ist, zum Teilhaber an der göttlichen Natur gemacht wird und ewiges Leben empfängt, eine kostenfreie Gabe Gottes; dass die neue Schöpfung in einer Weise entsteht, die unser Begreifen übersteigt, nicht durch Kultur, nicht durch Charakter, nicht durch den Willen des Menschen, sondern völlig und nur ganz allein durch die Macht des Heiligen Geistes in Verbindung mit der göttlichen Wahrheit, um unseren freiwilligen Gehorsam dem Evangelium gegenüber sicherzustellen; dass sie durch die heiligen Früchte von Umkehr, Glauben und einem neuen Leben bestätigt wird.

Kapitel 28

Was bedeutet es, von »Neuem geboren« zu sein?

Die *neue Geburt* (in der Bibel auch als *Wiedergeburt* bezeichnet) in ein Tun Gottes, mit dem er dem an Jesus Christus Gläubigen geistliches Leben verleiht. Es ist die göttliche Seite der Herzensänderung, die wir aus menschlicher Sicht heraus Bekehrung nennen. Als solche geschieht sie simultan mit anderen Aspekten dieser geistlichen Erfahrung wie Rechtfertigung, Erlösung, Adoption und Heiligung.

Es ist von größter Wichtigkeit, dass wir ein klares Verständnis von dieser grundlegenden Lehre haben. Durch die *Wiedergeburt* werden wir in das Reich Gottes eingelassen (Joh 3,3-7). Es gibt keinen anderen Weg, ein Christ zu werden, außer »von neuem geboren« zu sein. Das ist die Eingangstür in die Familie Gottes. Diejenigen, die nicht hier eintreten, treten gar nicht ein.

Das Wesen der Wiedergeburt

Als der Äthiopier nach der Taufe verlangte, hob Philippus hervor, dass er erst mit seinem ganzen Herzen glauben müsste (Apg 8,35-37). Es war die Handlung des Glaubens, nicht die Handlung der Taufe, die den Äthiopier rettete. Paulus versicherte dem Kerkermeister in Philippi, dass wenn er an den Herrn Jesus Christus glauben würde, er gerettet werden würde (Apg 16,31). Wenn Taufe und Wiedergeburt identisch wären, warum sollte dann der Apostel Paulus so wenig aus dem Taufritus machen (vgl. 1 Kor 4,15 mit 1,14)?

Jesus sagte zu Nikodemus, dass er von neuem geboren werden müsse, wenn er ins Reich Gottes gelassen werden wolle (Joh 3,3). Nikodemus stellte die Frage, wie ein Mann geboren werden könne, wenn er schon alt ist? Wäre es ihm möglich, in den Schoß seiner Mutter zurückzukehren und ein zweites Mal geboren zu werden? (3,4). Vielleicht wollte er damit Spott ausdrücken. Trotzdem hat Jesus die Gelegenheit genutzt, den Gegensatz herauszustellen zwischen körperlicher und geistlicher Geburt und die Notwendigkeit, beides zu erleben, um ins Reich Gottes hineinzukommen. Er sagte: »Wenn ein Mensch nicht aus

Wasser (die körperliche Geburt) und Geist (geistliche Geburt) geboren wird, kann er nicht in das Reich Gottes hineingehen.« (3,5).

Es ist naheliegend, dass jemand erst körperlich geboren werden muss, bevor er geistlich geboren werden kann. Aber warum bezieht sich das Wort »Wasser« hier auf die körperliche Geburt und nicht auf die Taufe? Die ersten neun Monate im Leben eines ungeborenen Babys lebt es in einem Blase von Wasser (oder Fruchtwasser) im Leibe seiner Mutter (Nikodemus hatte gerade davon geredet, in den Bauch der Mutter zurückzukehren).

Die körperliche oder »Wasser«-Geburt kommt zuerst, wie Jesus deutlich macht; die körperliche Geburt allein stattet einen jedoch nicht damit aus, ein Kind Gottes zu sein (Joh 1,13). Jesus sagte, wenn jemand nur aus dem Fleisch geboren wird, würde man immer im Fleisch bleiben. Aber wenn jemand aus dem Geist geboren ist, dann wird er Geist (3,6). Nur dann kann man eine persönliche Beziehung zu Gott haben, der Geist ist. Diese Verwandlung kann nur eintreten, wenn man die *geistliche Geburt* erfährt.

Manche glauben, dass sich »aus dem Wasser geboren« sein auf das Wort Gottes bezieht. Eph 5,26 und Tit 3,5 sind Verse, die benutzt werden, um diese Ansicht zu untermauern. Bildlich gesprochen wird in diesen Versen das Wiedergeborensein bildlich als durch Wasser gereinigt dargestellt.

Wiedergeburt ist keine Erneuerung

Das Leben zu erneuern bedeutet einen Schritt-für-Schritt-Prozess, das eigene Verhalten zu verbessern, zu durchlaufen. Wiedergeburt dagegen ist eine übernatürliche Tat Gottes (Jak 1,18). *Es ist eine geistliche Krise, ein göttliches Eingreifen. Es kennzeichnet den Beginn des ewigen Lebens.* Keiner kann gerechterweise jemanden dafür verurteilen, dass er sein Leben verbessern möchte, aber unsere allerbesten Anstrengungen werden ohne Gottes Hilfe in uns die Veränderung nicht schaffen, die allein bei Gott akzeptabel ist (Tit 3,5).

Wiedergeburt ist eine geistliche Erneuerung, eine neue Geburt

Von Natur aus sind Menschen körperlich »am Leben«, doch geistlich »tot« in ihren Übertretungen und Sünden (Eph 2,1). Die neue

Geburt gewährt ein neues geistliches Leben, so dass von da an der wiedergeborene Mensch so ist wie jemand, der von den Toten wiedergekommen ist – jemand, der vom geistlichen Tod zum geistlichen Leben hinübergegangen ist (Joh 5,24).

Als Jesus mit Nikodemus über die neue Geburt redete, wie wir gesehen haben, verglich er die Erfahrung der Wiedergeburt mit der körperlichen und natürlichen Geburt (Joh 3,3-8). Bei der Geburt tritt ein Kind in eine neue Sphäre von Existenz ein. Das Kind muss sich an neue Bedingungen gewöhnen. Genauso betritt derjenige, der von *Neuem geboren* ist, ein neues Lebensreich. Die Sünden, die man vorher genossen hat, sind jetzt geschmacklos. Man hat neue Werte, eine neue Hoffnung und Zuversicht, und ein verändertes Denkmuster (2 Kor 5,17).

Wiedergeburt ist die Zuteilung einer neuen Natur
Diese neue Natur ist in Wirklichkeit Gottes Natur (2 Petr 1,4; Eph 4,24; Kol 3,10). Christus lebt jetzt in dem Gläubigen, eine sehr geheimnisvolle Wahrheit, die aber auch immensem Trost bringt (Gal 2,20).

Wie die körperliche Geburt uns dazu in die Lage versetzt, das Leben (die Natur) unserer Eltern in uns zu haben, setzt uns die geistliche Geburt in die Lage, am Leben Gottes teilzuhaben. Wir könnten so, wie wir sind, mit bloß unserem menschlichen Leben, nicht im Himmel leben. Um im Himmel zu leben, ist es notwendig, Gottes Leben in uns zu haben.

Die Notwendigkeit der Wiedergeburt
Der sündige Zustand des Menschen erfordert sie
Alle Menschen sind von Natur aus (durch die körperliche Geburt) in die falsche Familie geboren. Unser Herr hat seine Feinde bloßgestellt, indem er erklärte, dass ihr Vater der Teufel sei und dass sie gerne die bösen Dinge taten, die ihr Vater tat. »Wie der Vater, so der Sohn« (Joh 8,44).

Diese ernüchternde Wahrheit impliziert, dass niemand, der Jesus Christus zurückweist, rechtmäßig beanspruchen kann, dass Gott sein Vater ist. Eine beliebte Lehre heute ist, dass jeder ein Kind Gottes ist. Zugegebenermaßen ist Gott der Schöpfer von allem, und in diesem Sinne ist er auch der *Vater* von allem, aber nur durch die Wiedergeburt wird man zu einem wahren Kind Gottes.

In geistlich totem Zustand existieren die Ungeretteten in einem Zustand von Entfremdung von Gott (Eph 4,18). Sie sind geistlich gesehen verloren (Lk 19,10). Und wenn sie in solch einem Zustand sterben sollten, würden sie verloren gehen (1 Kor 1,18; Joh 3,16). Daher müssen Menschen *von Neuem geboren* werden, um in die Familie Gottes hineinzukommen.

Gottes Heiligkeit erfordert eine neue Geburt
Wenn »ohne [Heiligkeit] niemand den Herrn sehen wird« (Hebr 12,14) und wenn Heiligkeit nicht durch eine natürliche Entwicklung erlangt werden oder durch Eigenanstrengungen aufrechterhalten werden kann, dann ist *Wiedergeburt* absolut notwendig. Der Wechsel, der einen befähigt, heilig zu sein, findet nur dann statt, wenn man *wiedergeboren* ist. Um das *Leben Gottes* zu haben, muss man die *Natur Gottes* haben.

Die Mittel der Wiedergeburt

Wenn man wiedergeboren werden soll, muss man einer Botschaft zustimmen. Man muss »an den Herrn Jesus Christus glauben«. In ungerettetem Zustand kann sich der Sünder kein geistliches Leben verleihen oder sich selbst in Gottes Reich hineinlassen. Aber durch seinen erlösenden Tod für die Sünden der Welt (1 Jo 2,2) hat Jesus den Weg für Gott bereitet, denen zu vergeben, die umkehren und an das Evangelium glauben, um ihnen das ewige Leben zu verleihen, das für das Eintreten ins Reich Gottes notwendig ist (Joh 3,16).

Persönlicher Glaube an Christus als den Erlöser ist die Bedingung der Wiedergeburt (Joh 1,12-13). Das ist die Botschaft des Wortes Gottes und nur wenn man diesem Wort beipflichtet, kann man hoffen, »wiedergeboren« zu werden (1 Petr 1,23).

Jesus kündigte an, dass der Heilige Geist als derjenige handeln würde, der die *Wiedergeburt* ausführt (Joh 3,5-6). Es ist der Heilige Geist, der die Überzeugung bringt und das Herz öffnet, die Botschaft von der Errettung aufzunehmen. Der Heilige Geist verleiht geistliches Leben anstelle von geistlichem Tod und wendet Menschen von der Sünde zu Gott.

Schlussfolgerungen

Einige Christen kennen den genauen Zeitpunkt ihrer Wiedergeburt. Der sich daraus ergebende Wechsel war dramatisch, weil er kam, als sie schon älter waren und vielleicht nach einem längeren Leben in Sünde.

Diejenigen, die in einem christlichen Zuhause aufwuchsen und sich schon in jungem Alter zum Glauben an Christus bekannten, werden sich vielleicht nicht an den genauen Zeitpunkt oder Ort ihrer Heilserfahrung erinnern. Die Einzelheiten sind unbestimmt. Zu welcher von diesen Gruppen auch immer du gehörst, wenn du nur auf Christus als den Herrn und Retter vertraust, dann kannst du dich über das innere Zeugnis des Heiligen Geistes freuen und wissen, dass du ein *wiedergeborenes* Kind Gottes bist (Röm 8,16).

Errettung ist eine freie Gabe

Wir glauben an Gottes auserwählende Gnade; dass die Segnungen der Errettung durch das Evangelium allen frei zugänglich sind; dass es die unmittelbare Aufgabe von allen Menschen ist, sie durch einen aufrichtigen, reumütigen und gehorsamen Glauben anzunehmen; und dass nichts die Errettung des größten Sünders verhindert als seine eigene innewohnende Verderbtheit und freiwillige Zurückweisung des Evangeliums, dessen Verwerfung ihn verschärfte Verdammnis hineinzieht.

Kapitel 29

In welchem Sinn ist Errettung frei?

Nach einem kürzlich erschienen Nachrichtenbericht der Associated Press hat ein wohlhabender Bauer in Italien der römisch-katholischen Kirche über eine Million Dollar hinterlassen. Als er kurz vor seinem Tode gefragt wurde, warum er so eine großzügige Spende machen wollte, antwortete er:»um Erlösung für meine Sünden zu schaffen«. Wie viele Menschen heute, die es gut meinen, dachte der Bauer über die Erlösung als einen Ware, den man kaufen könnte.

Als der Prophet Jesaja Gottes universellen Ruf zur Errettung verkündete, machte er mehr als reichlich deutlich, dass die einzige Bedingung, die nötig wäre, ein Bewusstsein davon sei, dass man sie brauchte (Durst). Darüber hinaus besteht Jesaja in bildhafter Sprache darauf, dass Gottes Angebot der Errettung nicht mit einem Preisschild kommt (55,1).

In den letzten Worten der Bibel erscheint ein ähnlicher Schwerpunkt. Als der Geist und die Braut eine Einladung an diejenigen aussprachen, die durstig sind (ein Bild, das den geistlichen Zustand derjenigen, die ohne Christus sind, beschreibt), ist der Aufruf universal in seiner Tragweite, und wiederum hat das Angebot keine Rechnung dran (Offb 22,17).

Das Angebot der Errettung

Am letzten Tag des Laubhüttenfestes in Jerusalem rief Jesus aus:»Wenn irgendjemand Durst hat, dann soll er zu mir kommen und trinken« (Joh 7,37). Jesus hat damit nicht nur gute Menschen herausgegriffen und auch nicht nur böse Menschen. Er sagte:»Wenn irgendjemand Durst hat.«»Irgendjemand« bezieht sich auf Reiche und Arme, Religiöse und Nicht-Religiöse, Juden und Heiden. Es ist ein universeller Aufruf, weil jeder auf der Welt geistlich durstig ist. Und wiederum, die Einladung kommt ohne Rechnung.

Paulus hat Jesajas starke Aussage von Gottes universellem Angebot zur Errettung aufgegriffen, als er bestätigte, dass es keinen Unterschied zwischen Jude und Grieche gäbe. Der gleiche Herr, der über allen ist, wird großzügig allen geben, die ihn anrufen. Tatsächlich wird jeder, der ihn anruft, errettet (Röm 10,12-13). Das Kreuz Jesu ist breit und tief genug, alle Sünden von jedem, der zu ihm kommt, zu bedecken. Obwohl das Angebot dieser großen Gabe Gottes aufrichtig und für jedermann erhältlich ist, bekommen viele sie jedoch nicht. Sie weigern sich, an Jesus Christus zu glauben. Jesus hat sich seinem eigenen Volk, den Juden, während seines Dienstes auf Erden angeboten; aber sein eigenes Volk hat ihn im Großen und Ganzen abgelehnt (Joh 1,11). Trotzdem stellt der nächste Vers heraus, dass jeder, der ihn aufnimmt, das »Recht« zugesprochen bekommt, »ein Kind Gottes« zu werden (1,12).

Als die jüdischen Leiter danach trachteten, Jesus zu töten, hat er das Zentrum des Problems ans Licht gebracht. Er sagte, dass sie nicht zu ihm kommen wollten, um Leben zu haben (Joh 5,40). Der universelle Aufruf des Evangeliums wird nur wirksam, wenn er sich mit dem Glauben an das vollendete Werk Jesu Christi verbindet (1 Jo 5,10).

Das überführende Wirken des Heiligen Geistes

Das überführende Wirken des Heiligen Geistes ist ein anderer Aspekt der Wahrheit der Errettung (Joh 16,7-11). Derjenige, der *Überzeugung* bewirkt, wenn das Evangelium verkündigt wird, ist der Heilige Geist. Jesus sagte, dass der Heilige Geist unser *Helfer* sei, ein Wort, das von dem griechischen Wort *parakletos* übersetzt wird, »einer, der an die Seite gerufen wird zu helfen«. Jesus Christus ist auch unser *parakletos*, unser »Anwalt«, derjenige, der unseren Fall vor Gott, dem Vater, auf die Anklagen Satans gegen uns vertritt.

Wobei der Heilige Geist auch »der Geist der Wahrheit« genannt wird (Joh 14,16-17; 15,26), ist er der andere *parakletos*, derjenige, der an die Seite gerufen wird Sündern zu helfen, die wahre Natur der Sünde zu verstehen, und sie zu überzeugen, dass Christus die Antwort auf ihr Dilemma ist.

Das griechische Wort *elencho* in Joh 8,46, das normalerweise mit »überzeugen« oder »überführen« übersetzt wird, bedeutet grundsätzlich »ans Licht bringen, bloßlegen«, d.h. etwas so aufzuzeigen, dass man einen erfolgreichen Widerspruch nicht fürchten muss. Jesus hat das Wort benutzt, als er den Pharisäern geantwortet hat, die seinen

Selbstanspruch herausforderten. Er forderte die Pharisäer heraus, unanfechtbar zu zeigen, dass er ein Sünder war. Wenn also der Heilige Geist Sünder überzeugt, dann heftet er die Überzeugung ins Denken der betreffenden Person, könnte man sagen. Die Person, die auf diese Weise überzeugt wird, weiß im Herzen, dass es wahr ist. Wenn sie die Wahrheit ablehnen, dann ist es deshalb, weil sie Satan erlauben, ihre Augen der Wahrheit gegenüber zu verblenden. Errettung liegt offen da, man kann sie erbitten, aber das Erbitten ist grundlegend.

Der Heilige Geist überzeugt von *Sünde*, nicht nur von *Sünden*. Wir können vielleicht einem Alkoholiker helfen, mit seinem Alkoholproblem fertig zu werden und ihm damit einige gesundheitliche und gesellschaftliche Probleme zu ersparen, aber er wird dadurch dem Himmel nicht näher kommen. Wir können einem Drogenabhängigen helfen, über seine Abhängigkeit hinwegzukommen, oder einem Lügner helfen, nicht mehr zu lügen. Aber Erneuerung nur an sich hat bei der geistlichen Suche nicht mehr Wert als wenn man versucht, einen Plastikapfel an einen Apfelbaum zu hängen und so zu tun, als wäre er echt.

Das wirkliche Bedürfnis eines unerretteten Menschen ist *nicht* nur, bestimmte Sünden los zu werden. Der Geist Gottes überzeugt den Sünder niemals nur von *Sünden*. Stattdessen überzeugt er Sünder hauptsächlich von der Sünde, nicht an den Herrn Jesus Christus zu glauben.

Menschen dazu zu bringen, von ihren Sünden abzulassen, wird sie nicht zu Christus bringen. Sie müssen geistlich von Neuem geboren werden. Nur dann werden sie eine neue Natur empfangen – Gottes Natur – die ihnen neue Wünsche gibt, eine neue Perspektive und die Macht, Sieg über die Sünden zu haben, die sie versklavt haben.

Man kann viel Zeit damit verbringen, Blätter von einem Baum zu pflücken, aber wenn man wartet, bis der Saft aufhört zu fließen, dann werden die Blätter von selber abfallen. Einige Bäume sind anders. Eichen behalten oft die ganzen stürmischen Wintermonate hindurch viele Blätter.

Erst wenn der neue Saft durch die Äste und Zweige aufsteigt, werden die alten Blätter abfallen. Statt dass man versucht, Menschen zu zwingen, ihre Sünden aufgeben, müssen wir sie mit der wichtigsten

Sünde konfrontieren, die sie plagt – der Sünde des Unglaubens. Wenn sie dann also zu Christus kommen, wird das neue Leben, dass in ihnen wogt, die alten, hinderlichen Gewohnheiten dazu bringen abzufallen. Die Gegenwart und Macht des Heiligen Geistes veranlasst das alles.

Der erbitterte Gegner der Errettung

Die Tatsache, dass der Heilige Geist für Jesus Christus dadurch plädiert, dass die Wahrheit von Gläubigen zu Sündern gesprochen wird, bedeutet nicht, dass der Teufel seine Hände gefaltet hat und sich zurückzieht.

In Wirklichkeit ist es so, dass die Schlacht schlimmer geworden ist. Satan und seine Ergebenen trachten danach, die Wahrheit auszublenden und zu entstellen. Jesus hat die Pharisäer daran erinnert, dass der Teufel »ein Lügner und der Vater der Lügen« sei (Joh 8,44).

Der Apostel Paulus sprach von den heimtückischen Anschlägen des Teufels. Er präsentiert aufreizende Werbung, die genau zu passen scheint, um dem Sünder Glück zu bringen, ist aber nur der Weg des Todes (2 Kor 4,3-4). In Jesu Gleichnis vom Sämann sprach er von Vögeln, die die gesäte Saat auffressen (Lk 8,5), und erklärte dann, dass das ein Bild für Satans Werk ist (8,12).

Im Lichte von Satans Gerissenheit – man denke an den Garten Eden – müssen wir uns sicher sein, wenn wir die Botschaft des Evangeliums weitergeben, dass wir einen Inhalt vermitteln, den der Heilige Geist nutzen kann, um Satan zu besiegen und den Schleier zu heben, der Ungläubige verblendet.

Wir dürfen niemals die grundlegende Wahrheit außer Sicht verlieren, dass das Evangelium *Gute Nachricht*, nicht *Schlechte Nachricht* bedeutet. Wenn wir Leuten in aller Deutlichkeit und Einfachheit das Evangelium erklären, dann werden wir zu Instrumenten, durch die Gott sein Licht auf verdunkelte menschliche Herzen richtet.

Ein Werkzeug, das Satan vielleicht wirksamer als alle anderen benutzt hat, ist, dass Errettung irgendwie verdient werden müsse und nicht frei von Anstrengung sei. Man muss etwas tun, um Gottes Gunst zu gewinnen. So versuchen dann viele, ihren Weg zu Gottes Gunst zu erhandeln. Andere versuchen, gute Werke zu tun, um von Gott akzeptiert zu erwerben, während einige sich bemühen, die Zehn Gebote oder die Goldene Regel oder irgendeine Art von religiösem Ritual einzuhalten in der Hoffnung, das würde ausreichen.

Schlussfolgerungen

Zwei Dinge macht die Heilige Schrift überaus deutlich: erstens, dass die Errettung allen frei angeboten wird, die sie empfangen wollen (Röm 10,13; Joh 3,16); und zweitens, dass Errettung niemals verdient oder erworben werden kann. Die Gnade Gottes ist die Quelle der Errettung und Glaube ist der Kanal, durch den Gottes Gnade fließt. Aber es muss Glaube an den Herrn Jesus Christus sein – nichts mehr, nichts weniger (Eph 2,8-9).

Rechtfertigung

Wir glauben, dass dieser große Evangeliumssegen, den Christus jenen zusichert, die an ihn glauben, die Rechtfertigung ist; dass Rechtfertigung die Vergebung von Sünden beinhaltet und die Gabe des ewigen Lebens auf den Prinzipien der Gerechtigkeit; dass sie zugeeignet wird nicht durch Berücksichtigung irgendwelcher Werke der Gerechtigkeit, die wir getan haben, sondern einzig durch den Glauben an das Blut des Erlösers. Seine Gerechtigkeit wird uns gutgeschrieben.

Kapitel 30

Geschieht Rechtfertigung durch Glauben oder Glauben und Werke?

Rechtfertigung durch Glauben ist eine der bedeutendsten Lehren im Wort Gottes. Sie bildete einen wesentlichen Teil in Paulus' Lehre von der Errettung, aber im Laufe der Zeit wurde diese Lehre in hohem Maße verdreht und fast ganz vernachlässigt. Wir stehen in der Schuld von Martin Luther und anderen Reformatoren des 16. Jahrhunderts, dass sie diese Lehre wieder an ihren richtigen Platz gesetzt haben. Luther hat in der Tat erklärt, dass Rechtfertigung durch den Glauben »der Punkt ist, auf dem die Kirche steht oder fällt«. Ein angemessenes Verständnis dieser Wahrheit ist wesentlich, um die Bedeutung der Errettung umfassend zu verstehen.

Die Definition von Rechtfertigung

Rechtfertigung kann als die Handlung Gottes definiert werden, durch die er den reuigen Sünder für gerecht erklärt oder ihn als gerecht ansieht.

Die Grundlage für diese Rechtfertigung ist nicht unser Gehorsam, dass wir gut sind oder noble Taten vollbringen, sondern die vollkommene Gerechtigkeit Jesu Christi (Röm 5,18-19). Das größte Bedürfnis von ungerechten Menschen ist Gerechtigkeit. Genau dieser Mangel an Gerechtigkeit ist es, der von Christus für den umkehrenden Sünder gefüllt wird.

Von Natur aus sind Menschen nicht nur Kinder des Teufels; sie sind Übertreter von Gottes Gesetz (Kol 1,21; Tit 3,3). Aus seinem eigenen Verdienst heraus steht der Sünder als verurteilter Verbrecher vor seinem heiligen Richter, der Sünde schuldig und des Tod würdig. Gottes Heiligkeit verlangt von ihm, den Sünder zu verurteilen und zu bestrafen. Durch seine unbegrenzte Liebe und Gnade hat Gott dafür gesorgt, dass sein sündloser und perfekter Sohn Jesus Christus der Stellvertreter des Sünders wurde.

Als Stellvertreter des Sünders hat Christus alle Forderungen des

Gesetzes vollkommen erfüllt. Er gehorchte den Geboten des Gesetzes und erlitt die Strafe des Gesetzes. Das tat er nicht für sich selbst, sondern für schuldige Sünder (2 Kor 5,21). Die Sünde des Gläubigen wird Christus *angerechnet* und Christi Gerechtigkeit wird dem Glaubenden *zugerechnet* (Röm 4,3).

Wenn umkehrende Sünder Jesus als ihren Stellvertreter empfangen, werden sie lebensnotwendig mit ihm vereinigt. Sie kommen *in* Christus *hinein* und Christus kommt *in* sie *hinein*. Als Folge dieser lebensnotwendigen Beziehung kann Gott den Sünder gerechtermaßen so behandeln, als ob er die Dinge getan hätte, die sein Stellvertreter für ihn tat.

Angesichts der Beziehung des Sünders zu seinem Stellvertreter rechnet Gott dem Sünder Christi Gerechtigkeit an. Auf der Grundlage dieser angerechneten Gerechtigkeit, die der Sünder durch Glauben empfängt, erklärt Gott als Richter, dass der Sünder in Bezug auf das Gesetz gerecht ist. Er ist gerechtfertigt; er ist ohne Verdammnung. Er ist in Gottes Gunst versetzt. Er ist noch nicht aus sich selbst heraus gerecht, aber er ist in gerichtlichem Sinne gerecht, d.h. von einem gesetzmäßigen Standpunkt aus. Es geht darum, dass einer gerecht erklärt wird, so wie das ein Richter tut, wenn er einen Angeklagten für unschuldig erklärt.Es geht nicht darum, jemanden gerecht zu machen oder seinen tatsächlichen geistlichen Zustand zu ändern.

Das Schlüsselwort ist *erklären*. Rechtfertigung ist eine *Erklärungs*-Handlung; es ist nicht etwas, das im Menschen gefertigt wird, sondern eine *Erklärung* Gottes, dass der Gläubige eine neue Stellung bei seinem Schöpfer hat.

Die Mittel der Rechtfertigung

Seit die Sünde zum ersten Mal in die menschliche Familie kam, wurde über die Frage nachgedacht: *Wie kann jemand bei Gott gerecht sein?* Rechtfertigung ist nicht eine Lehre, die man nur im Neuen Testament findet. Paulus erinnert uns, dass Abraham durch Glauben gerechtfertigt wurde (Röm 4,1-5.9-12). David hatte sich auch über die Tatsache einer angerechneten (oder gutgeschriebenen) Gerechtigkeit gefreut (Röm 4,6-8).

Sie geschieht nicht durch Werke des Gesetzes

Werke, die ein Sünder getan hat, können nicht die Grundlage für Rechtfertigung sein (Röm 3,20; Gal 2,16). Die Bibel lehrt ganz deutlich, besonders in den Briefen des Paulus, dass Errettung nicht verdient werden kann. Dass jemand natürlicherweise gut ist, hat keinen Wert in Gottes Augen (Jes 64,5). Das Gesetz wurde gegeben, Sünde zu definieren und zu offenbaren und den überführten Sünder zu nötigen, sich Christus unterzuordnen (Gal 3,24).

Sie geschieht durch die Gnade Gottes (Röm 3,24; Tit 3,7).

Wenn man bedenkt, dass *Gnade (unverdiente Gunst)* die Quelle unserer Rechtfertigung ist, dann sind wir genötigt zuzugeben, dass Rettung ihren Ursprung in Gott hat und nicht in unseren eigenen guten Absichten.

Sie geschieht durch das Blut Christi (Röm 5,9a)

So wie Gnade die *Quelle* ist, ist das Blut Christi die *Grundlage* unserer Rechtfertigung. Weil Christus die Bestrafung für unsere Sünden an seinem eigenen Leib getragen hat, ist Gott in der Lage, die Strafe zu erlassen und uns in seine Gunst zu setzen.

Sie geschieht durch Glauben

Der römische Katholizismus macht ihre kirchlichen Sakramente, besonders Taufe und Beichte, geradezu zur Grundlage dafür, dass ein Mensch bei Gott angenommen wird. Die römisch-katholische Sicht behauptet, dass Rechtfertigung durch Glauben geschieht, leugnet aber, dass sie durch Glauben allein geschieht, wobei sie gute Werke als eine notwendige Bedingung hinzufügt.

Die Heilige Schrift erklärt rundheraus, dass Rechtfertigung »durch Gnade« geschieht (Röm 3,22.27; 4.16; etc.). Wie wir gesehen haben, ist Glaube der Kanal oder das Instrument, durch das Christus aufgenommen wird und durch das wir mit ihm vereint sind. Wir können Glauben mit einer elektrischen Leitung vergleichen, durch die der Strom fließt, um die Lampe mit Licht zu versorgen. Der Draht liefert keinen Strom. Er ist nur der die Leitung, durch die der Strom fließt. Der Glaube einer Person ist in sich selbst und aus sich selbst heraus nicht ausreichend zu retten. Er ist nur der Kanal, durch den Gottes Gnade zum gläubigen Sünder fließt.

Wenn es wahr ist, wie zahlreiche Bibelstellen bezeugen, dass nur Glaube an Christus allein Rechtfertigung zur Folge hat, dann bedeutet das völlig buchstäblich, dass damit alle Werke ausgeschlossen sind (Röm 3,28; Eph 2,8-9).

Wenn jemand gerechtfertigt ist
Rechtfertigung ist eine Handlung, kein Prozess
Es gibt keine Grade von Rechtfertigung. Ein Mensch, der seit 50 Jahren gerettet ist, ist nicht mehr gerechtfertigt als ein Mensch, der seit 50 Minuten gerettet ist.

Rechtfertigung geschieht bei der Bekehrung
Der Gläubige wird vom Richter des Universums in dem Moment gerechtfertigt, in dem er den Herrn Jesus Christus empfängt. Das ist etwas, was mit einem Schlag passiert, im Gegensatz zur Veränderung des Gläubigen, die allmählich, fortschreitend geschieht und das ganze Leben lang andauert (Apg 13,39; Röm 8,30).

Die Ergebnisse der Rechtfertigung
Friede mit Gott (Röm 5,1)
Alle Feindschaft zwischen Geschöpf und Schöpfer ist vorbei. Als Adam im Garten Eden sündigte, war seine erste Reaktion, sich vor Gott zu verstecken. Feindschaft zwischen Schöpfer und Geschöpf, vor dem Sündenfall unbekannt, wurde eine tragische Realität.

Dennoch nimmt die Handlung der Rechtfertigung, die aus der Reaktion einer Person auf eine Einladung, den Herrn Jesus Christus als persönlichen Heiland anzunehmen, im Glauben heraus entsteht, die Feindschaft weg und stellt den Frieden wieder her.

Ein Erbe Gottes (Tit 3,7)
Von diesem Moment an wird Gott uns als seine Kinder behandeln. Als seine Erben sollen wir Teilhaber an dem Erbe sein, das er seinem Volk verleiht. Dieses Erbe ist seine Gunst hier auf dieser Welt und ewiges Leben danach.

Frei von der Verdammung (Röm 8,33-34)
Niemand wird in der Lage sein, uns zu verdammen oder eine Anklage gegen uns vorzubringen, da Gott uns gerechtfertigt hat. Allen Anklägern wird das Maul gestopft, jetzt und in der Zukunft, wenn wir vor den Richterstuhl Christi vorgeladen werden.

Gute Werke
Jakobus hat vor einem falschen Verständnis der Rechtfertigung aus Glauben gewarnt, dass jemand durch Glauben gerechtfertigt werden kann ohne entsprechende, gute Werke zu vollbringen. Er zeigte, dass authentischer Glaube ohne Werke nicht existieren kann. Glaube und Werke sind untrennbar verbunden. Die Werke, die man tut, retten einen nicht, aber sie zeigen der Welt die Legitimität unseres Glaubens (Jak 2,17-26). Weder Werke noch ein toter Glaube führen zu Rechtfertigung. Diese kann nur durch einen authentischen Glauben verwirklicht werden, der den Menschen nach der Errettung dazu führt, durch Liebe Werke zu tun (Gal 5,6).

Zuversicht der Errettung (Röm 5,9)
Zuversicht der Errettung bedeutet das Recht des Christen, folgende Worte des Paulus für sich in Anspruch zu nehmen: »Ich *kenne* den einen, auf den ich mein Vertrauen gesetzt habe, und habe überhaupt keinen Zweifel, das er in der Lage ist zu schützen, was ich ihm anvertraut habe und was er mir anvertraut hat bis zu dem Tag seiner Rückkehr« (2 Tim 1,12, paraphrasiert). Die Person, die gerechtfertigt ist, hat die innere Gewissheit, dass sie vor dem kommenden Zorn gerettet wird.

Zuversicht der Verherrlichung (Röm 8,30)
Dass Paulus die Vergangenheitsform verwendet hat (»verherrlicht«) zeigt die Sicherheit unserer zukünftigen Herrlichkeit. Es wird davon geredet, als wäre sie schon eingetreten. Unsere Hoffnung auf die Herrlichkeit, mehr noch, unsere Sicherheit des Himmels, hängt von unserer *Rechtfertigung* ab.

Umkehr und Glaube

Wir glauben, dass Umkehr und Glaube ernste Verpflichtungen sind und auch untrennbare Gnadenbezeugungen, die in unseren Seelen durch das Tun des Geistes Gottes bewirkt werden; dadurch, wenn wir zutiefst von unserer Schuld, Gefahr und Hilflosigkeit überzeugt sind und von dem Weg der Errettung durch Christus, wenden wir uns an Gott mit ungeheuchelter Reue, Bekenntnis und Flehen um Gnade; zugleich empfangen wir von Herzen den Herrn Jesus Christus und bekennen ihn öffentlich als unseren einzigen und all-genügsamen Retter.

Kapitel 31

Was ist wahre Umkehr?

Predigten, die die Notwendigkeit der Umkehr betonen, hört man heutzutage nicht allzu oft. Der Grund dafür ist, dass das *Konzept der Sünde* bagatellisiert wurde. Wo es kein Bewusstsein von Sünde gibt, wird es keine Bereitschaft zur Umkehr geben. Dennoch ist diese Bibelwahrheit heute noch so unerlässlich wie je zuvor.

Menschen sind immer noch Sünder, die eine grundlegende Veränderung brauchen, um in Gemeinschaft mit ihrem Schöpfer kommen zu können. Diese Gesinnungsänderung wird in der Heiligen Schrift als *Umkehr* bezeichnet. Sie ist die erste Bedingung der Vergebung (Apg 5,31).

Die Bedeutung der Umkehr

Das griechische Verb umkehren *(metanoeo)* und das Substantiv Umkehr *(metanoia)* werden viele Male im Neuen Testament verwendet. Die allgemeine Bedeutung ist *Gesinnungsänderung.* Umkehr ist eine Änderung der Gesinnung und Haltung Gott gegenüber und den Dingen gegenüber, von denen das Evangelium spricht (vgl. Mt 21,28-29). Der Sünder ist normalerweise rebellisch gegen Gott, feindlich oder desinteressiert gegenüber den Dingen Gottes und erhebt sich selbst oft über Gott (Röm 3,11-12.18; 1 Kor 2,14).

Darüber hinaus trachtet der Sünder danach, sein falsches Handeln zu rechtfertigen oder zu entschuldigen. Wenn er Buße tut, demütigt er sich vor Gott und distanziert sich von seinen Sünden. Ein klares Bewusstsein von Gottes Heiligkeit und dem ungeheuren Ausmaß seiner Sünden verursacht dem Sünder Bedauern im Herzen, aus dem heraus echte Umkehr entsteht (2 Kor 7,10).

Diese Änderung von Gesinnung und Einstellung wurde von Gott selbst initiiert (Apg 11,18; 2 Tim 2,25). Ohne wahre Umkehr gibt es keine Rettung (Lk 13,3).

Umkehr beinhaltet, Gott die Sünden zu bekennen
Umkehr beinhaltet ein Bekenntnis gegenüber Gott und manchmal auch gegenüber Mitmenschen, wenn die Umstände das erfordern soll-

ten. Der Zöllner implizierte, dass er Gottes Gesetz gebrochen hatte (Lk 18,13). Der verlorene Sohn bekannte, dass er gegen Gott und gegen seinen Vater gesündigt hatte (Lk 15,11-21).

Priester, Pastoren und andere Christen haben kein Recht und keine Vollmacht, Sünden zu vergeben. Dennoch kann es unter gewissen Umständen hilfreich sein, ihnen die Sünden zu bekennen. Jeder Christ hat die Vollmacht, einem umkehrenden Sünder zu verkünden, dass seine Sünden um Jesu willen vergeben sind.

Umkehr beinhaltet, Sünden aufzugeben (Joh 8,11; Spr 28,13; Jes 55,7)

Der Zöllner Zachäus erklärte in Lk 19 unmittelbar, nachdem er Jesus sein Vertrauen schenkte, seine Bereitschaft, überhöhte Steuerforderungen zurück zu erstatten, womit er implizierte, dass er eine frühere unehrliche Gewohnheit aufgab.

Umkehr beinhaltet, dass man sich an Gott wendet

Kein Mensch kann tun, was Gott versprochen hat, dass er es selbst für den Sünder, der umkehrt, tun würde. Nur Gott kann eine Begnadigung anbieten und Frieden geben. Der Apostel Paulus betont diesen Punkt. Das Ziel seines Predigens war, ungläubige, skeptische, verlorene Menschen von der Finsternis zum Licht zu bringen und von der Macht Satans zu Gott, damit sie Vergebung der Sünden und ein ewiges Erbe unter den Heiligen empfangen (Apg 26,18).

Manche Christen schwächen das Konzept der Umkehr, indem sie betonen, dass es sich dabei nur um eine Änderung der Gesinnung, nicht aber notwendigerweise des Verhaltens handeln würde. Dennoch gilt: wenn die Änderung der Gesinnung das Leben nicht verändert, was würde es sonst verändern? Es ist ein unantastbares Prinzip, dass unsere Taten nicht mehr sind als die Ausgeburt unserer tiefsten Gedanken.

Jesus sagte zu Petrus, dass die Dinge, die aus unserem Mund kommen, aus dem Herzen stammen, Dinge so wie schlechte Gedanken, Mord, sexuelle Unmoral, Diebstahl, Lügen und Lästerungen (Mt 15,18-20).

Diese Worte mussten die beabsichtigte Wirkung auf Petrus gehabt haben, denn nach seiner vollmächtigen Predigt am Pfingsttag waren die Zuhörer in ihrem Herzen überführt (Apg 2,37). Das Herz ist der Sitz der tiefsten Überlegungen und daher die Quelle all unserer Taten. Daher fragten die Juden:»Was sollen wir tun?« Sie wollten dringend etwas tun, um ihre vorherigen Taten zu rechtfertigen. Die Gesinnungsänderung mit Bezug auf Christus und ihre Sünden erforderte eine Änderung des Handelns.

Die Wichtigkeit der Umkehr

Das Alte Testament betont wiederholt die Wichtigkeit der Umkehr ganz deutlich. Eine charakteristische und sehr konkrete Äußerung diesbezüglich findet sich in 2 Chr 7,14, wo Gott zu seinem Volk sagt, dass, wenn sie sich demütigen, beten, sein Angesicht suchen und sich von ihren bösen Wegen abwenden, dass er dann vom Himmel her hören wird, ihre Sünde vergeben wird und ihr Land heilen wird.

Kein Teil des Neuen Testaments lässt Umkehr außer Acht. Die Evangelien, die Apostelgeschichte und die Briefe betonen sie alle. Auf den ersten Seiten des Neuen Testaments hat Johannes der Täufer seine Zuhörer mit einer starken Botschaft von Umkehr aufgeschreckt (Mt 3,1-2).

Unser Herr begann seinen öffentlichen Dienst mit derselben Betonung (Mt 4,17). Als die Jünger zum ersten Mal ausgesandt wurden zu predigen, befahl Jesus ihnen Umkehr zu predigen (Mk 6,12). Sein letzter Auftrag an sie war nur eine Wiederholung des ersten Befehls: sie sollten Umkehr predigen unter den Nationen und damit in Jerusalem anfangen (Lk 24,47)

Nach Christi Himmelfahrt haben die Apostel die Botschaft von der Umkehr treu verkündigt (Apg 2,38; 17,30). Die Briefe, die von den Aposteln an die Gemeinden geschrieben wurden, spiegeln den gleichen Refrain wider (Röm 2,4; 2 Kor 7,9-10).

Schlussfolgerungen

Unsere Welt wird mit der verzweifelten Notlage konfrontiert umzukehren. Politiker, Lehrer, Wissenschaftler, Kleriker, Wirtschaftler und Soziologen sagen voraus, dass der Ausblick in die Zukunft für die menschliche Rasse düster ist. Zerfallende Kulturen, sinkende mora-

lische Werte, islamischer Terrorismus und zunehmende Gesetzlosigkeit weisen alle darauf hin, dass, wenn wir nicht eine Wiederbelebung
in geistlichen Werten vollziehen, ein weltweites Großfeuer im Anzug
sein könnte.

Obwohl nationale Sünden bekannt und aufgegeben werden müssen,
besteht doch eine Nation aus Individuen. Die Umkehr einer Nation beginnt mit der Umkehr des einzelnen. Sie muss ihren Ursprung haben
in der Denkweise und im Herzen von Gottes Volk, die an Ungläubige
vermittelt werden und schließlich zu einer mächtigen nationalen Re-
gung kollektiver Umkehr führen. Der Einzelne ist der Schlüssel zur Lösung des Problems.

Die Last auf dem Herzen Gottes und sein einziger Befehl an alle
Menschen überall ist, dass sie umkehren sollen (2 Petr 3,9). Tatsächlich bedeutet die Weigerung, Gottes Ruf zur Umkehr zu beachten, dass
der unbußfertige Mensch ganz sicher verloren geht (Lk 13,3).

Kapitel 32

Was für eine Rolle spielt der Glaube in der Errettung?

Fast jeder Mensch gibt sich der Aussicht hin, eines Tages in den Himmel zu kommen, aber sie versuchen oft, unter Verwendung selbst gemachter Straßenkarten dorthin zu reisen. Die große Mehrheit der Menschen denkt, dass das Vollbringen von guten Werken sie dafür qualifiziert, in den Himmel eingelassen zu werden. Sie sollten doch gelobt werden für ihre Bemühungen, das Gesetz zu halten und gute Bürger zu sein.

Andere glauben, dass Charakterqualitäten bestimmend sind, weswegen sie versuchen, an diesem Bereich ihres Lebens zu arbeiten. Auch sie sollten Beifall empfangen für ihre guten moralischen Vorstellungen und ihren aufrechten Charakter, aber sie liegen falsch, törichter- und tragischerweise falsch.

Die Bibel widerspricht jeder Anstrengung von Seiten der Menschen, sich Errettung zu erarbeiten oder zu verdienen. Nichts weniger als wahre Umkehr (eine komplette Hinwendung an Gott) und Glauben an den Herrn Jesus Christus kann Gottes Ansprüche zufrieden stellen (Apg 20,21).

Die Bibel betont wiederholt, dass Glaube, nicht Werke, den Sünder rettet (Eph 2,8; Hebr 11,6). Gott akzeptiert keine andere Gerechtigkeit als nur die seines Sohnes Jesus Christus. Die Anstrengung, durch die eigene Gerechtigkeit gerettet zu werden, endet immer in armseligen Scheitern (Tit 3,5).

Als eine Gruppe von neugierigen Juden Jesus fragte, was sie tun müssten, um die Werke Gottes zu vollbringen, überraschte er sie mit der Antwort, dass es das Werk Gottes sei, dass sie an den glaubten, den Gott gesandt hatte, wobei er sich selbst meinte (Joh 6,28-29). Sie hatten erwartet, eine Liste von Dingen zu hören, die sie tun müssten. Es war ihre feste Überzeugung, dass jemand, der ein gutes Leben lebte, sich das Wohlwollen Gottes verdienen könnte. Aber Jesus belehrte sie mit einer provozierenden Wahrheit eines Besseren: Es war Gottes

Werk, an ihn zu glauben als ihren Messias und Retter. Dem zugrunde liegend, was Jesus den Juden sagte, war die dringende Botschaft, dass Glaube der wesentliche Bestandteil war, um Gottes Werk zu tun.

Die Wichtigkeit des Glaubens

Was Benzin ist für dein Auto, ist Glaube für das Christsein. Du kannst nicht verstehen, was Christsein ist, wenn du nicht verstehst, was Glaube ist. Wenn es einen Abschnitt gibt, der das glasklar macht, dann ist das Röm 3,21-30.

Glaube ist wesentlich für das Christsein. Es ist nicht nur so, dass du Christsein nicht verstehen kannst, wenn du nicht verstehst, was Glaube ist, es ist auch so, dass du kein Christ sein kannst, wenn du keinen Glauben hast. So wichtig ist der Glaube, dass uns in Röm 3,28 gesagt wird, dass es keine Rechtfertigung ohne Glauben gibt. Es ist nur möglich, in Gottes Gegenwart zu kommen und nicht für unsere Sünden verdammt zu werden, wenn wir durch den Glauben gerechtfertigt sind.

Was Glaube nicht ist

Glaube besteht nicht aus Gefühlen

Es gibt Leute, die sich weigern zu glauben, dass Jesus der Sohn Gottes ist, dass er als ihr Stellvertreter starb und von den Toten wieder auferstand; dennoch sind sie überzeugt, dass sie im Himmel willkommen sein werden, wenn sie sterben, falls es einen Himmel gibt. Wenn man sie fragt, die Grundlage ihrer Hoffnung zu nennen, dann antworten sie, dass sie *fühlen*, sie hätten ein gutes Leben gelebt. Ihr Glaube ist einfach ein subjektives *Gefühl*, dass sie eine richtige Beziehung zu Gott haben.

Glaube ist nicht Leichtgläubigkeit

Glaube glaubt nicht törichterweise und leichtgläubig alles, was manche über Religion sagen. Betrüger und Schwindler könnten nicht solche Gewinne machen, wenn es nicht so viele naive Menschen in der Welt gäbe. Johannes warnt uns, nicht jedem zu glauben, der zu uns unter einem religiösen Deckmantel kommt.

Ihre Botschaft muss geprüft werden, um zu sehen, ob sie mit Gottes Wort übereinstimmt (1 Jo 4,1-2). Dann fügt er noch eine Warnung hinzu: es gibt viele falsche Propheten in der Welt (1 Jo 4,3). Jesus formulierte die gleiche Warnung in Mt 7,15-20.

Glaube basiert nicht auf Sehen

Fast alles, was wir tun, basiert auf unseren Wahrnehmungsmechanismen – was wir sehen können, was wir berühren können, was wir erfahren haben, mit anderen Worten, was unsere fünf Sinne uns sagen, was wahr ist. Aber Glaube ist nicht Sehen. Glaube funktioniert in einem ganz anderen Bereich.

Wir sehen das am Leben von Abraham veranschaulicht. Wenn Abraham ein Muster für Gottes Volk ist, ist Glaube nicht Sehen. Abraham hat die familiäre Umgebung seines Zuhauses und seiner Freunde, die er so gut kannte, verlassen. Er wusste nicht, wo er hingehen würde (Hebr 11,8). Er hatte das Land noch nie gesehen, in das Gott ihn führen wollte. Er trat in die Art von Leben ein, die nicht auf dem basierte, was er mit seinen Augen sehen konnte. Abraham bekam gesagt, als er 75 war und keine Kinder hatte, dass er der Vater einer großen Nation sein würde. Seine Antwort auf diese scheinbar unmögliche Herausforderung ermöglichte es ihm, »der Vater der Treuen« genannt zu werden (Röm 4,13-25).

Die Welt sagt: »Sehen ist glauben«. Aber im Bereich des Glaubens wird dieser Grundsatz umgedreht, denn in der geistlichen Welt gilt: *glauben ist sehen.*

Glaube ignoriert die Wirklichkeit nicht

Viele Menschen glauben, dass Christsein nach den Worten von Karl Marx einfach »Opium für das Volk« sei. Es sei eine Krücke. Es sei für Menschen, die der harten Realität des Lebens nicht ins Gesicht schauen können; die eine Welt erfinden, in der es einen Gott gibt, in der es ein zukünftiges Leben nach dem Tod gibt, in der es Belohnungen oder Bestrafungen gibt.

Der Bibel nach bedeutet Glaube aber nicht, vor der Realität wegzulaufen. Sie lehnt es nicht ab, den Tatsachen ins Gesicht zu sehen. In Röm 4,19 wird uns gesagt, dass Abraham der Tatsache ins Gesicht schaute, dass sein Körper schon so gut wie tot war – da er schon ungefähr 100 Jahre alt war – und dass Sarahs Körper auch schon so gut wie tot war. Glaube tut nicht so, also ob Dinge gut laufen würden, wenn sie nicht gut laufen.

Was Glaube ist

Einfach gesagt bedeutet *Glaube, Gott bei seinem Wort zu nehmen.* Er ist eine gläubige Antwort auf das, was Gott in der Heiligen Schrift offenbart hat. Nach Hebr 11,1 gibt Glaube unseren Hoffnungen Gestalt und ist ein Beweis für Dinge, die wir mit unseren natürlichen Augen nicht sehen können.

In diesem Kapitel sind wir besonders an der Rolle interessiert, die Glaube bei unserer Errettungserfahrung spielt. Es gibt *drei Elemente im wahren Glauben:*

Erkenntnis

Niemand kann errettet werden, ohne etwas zu wissen. Wie wir gesehen haben, bedeutet Glaube nicht, die Augen vor der Realität zu verschließen. Glaube hat niemals Angst, der Wahrheit direkt ins Gesicht zu sehen. Man wird nicht durch Erkenntnis gerettet, kann aber auch nicht ohne sie errettet werden. Es ist das Wort Gottes, das rechte Erkenntnis bringt (Röm 10,17).

Wenn man nicht der Evangeliumsbotschaft von Christus ausgesetzt ist, kann man nicht gerettet werden. Um gerettet zu werden, muss man wissen, dass Christus, der Sohn Gottes, starb, um die Strafe für die Sünde jedes Menschen zu tragen, dass er begraben und auferweckt wurde, damit der Sünder gerechtfertigt würde (1 Kor 15,1-4; Röm 4,25). Dennoch wird das bloße Wissen der historischen Tatsachen niemanden retten. Zwei Schritte müssen folgen.

Man muss die Tatsachen akzeptieren

Der Erkenntnis muss Annehmen folgen. Man muss den Tatsachen des Evangeliums beistimmen, dass Jesus die Sündenschuld bezahlt hat. Viele Leute sind der Wahrheit des Evangeliums lange ausgesetzt gewesen, haben sie aber nicht akzeptiert. Die Wahrheit zu kennen reicht nicht aus. Annehmen, oder verstandesmäßiges Zustimmen, ist der nächste Schritt.

Persönliche Inbesitznahme

Erkenntnis ist nicht genug, auch verstandesmäßiges Zustimmen nicht. Eine Entscheidung muss getroffen werden. Das impliziert Handeln – eine Bewegung zu einem Gegenüber. Jesus Christus muss das Gegenüber des Glaubens sein, wenn man die Errettung erfahren will. Die Heilige Schrift bestätigt, dass Christus, nicht die Kirche, nicht religiöse Riten, das einzige Gegenüber unseres Glaubens sein kann und muss. *Letztendlich wird unser ewiges Schicksal dadurch bestimmt, ob wir an ihn glauben oder nicht.*

Die Bibel lehrt, dass der Glaube aus folgenden Gründen unerlässlich ist:

- Wir werden durch Glauben gerettet (Röm 3,28; Eph 2,8)
- Wir leben durch Glauben (Gal 2,20)
- Wir werden durch den Glauben bewahrt (1 Petr 1,5)
- Wir widerstehen dem Teufel und überwinden ihn durch Glauben (1 Petr 5,8-9)
- Wir wandeln im Glauben (2 Kor 5,7)

Schlussfolgerungen

Gott hat Umkehr und Glaube in der Handlung der Errettung zusammengefügt; und was Gott zusammengefügt hat, darf der Mensch nicht trennen. Es ist nutzlos, zu argumentieren, welches zuerst kommt, Umkehr oder Glaube. Was wir wissen, ist, dass wir das eine nicht ohne das andere haben können. Wo auch immer wahrer Glaube ist, da ist auch Umkehr; und wo wahre Umkehr ist, da ist auch Glaube.

Um Gott zu gefallen, muss man glauben. Auf keine andere Weise, durch kein anderes Mittel und keine andere Methode ist es möglich, Gott zu gefallen (Hebr 11,6).

D. L. Moody erzählte einmal, dass, als er noch jünger war im Glauben, er oft für mehr Glauben gebetet hätte, aber Glaube wäre nicht gekommen. Eines Tages las er in der Bibel, dass Glaube durch das Hören des Wortes Gottes kommt. Sofort hat er dann verstanden: Glaube wird größer, je mehr unsere Erkenntnis, unser Verständnis und unser Akzeptieren des Wortes Gottes wächst.

Heiligung

Wir glauben, dass Heiligung in dem Moment beginnt, in dem ein Mensch von neuem geboren wird, wenn wir durch den Willen Gottes zu Teilhabern an seiner Heiligkeit gemacht werden; dass sie ein fortschreitendes Werk ist; dass sie in den Herzen der Gläubigen durch die Gegenwart und Macht des Heiligen Geistes, der Versieglers und Trösters, fortgeführt wird durch den beständigen Gebrauch von festgesetzten Mitteln – besonders des Wortes Gottes, der Selbstprüfung, der Selbstverleugnung, Wachsamkeit und Gebet; dass sie nicht vollendet werden wird, bis wir in die Gleichheit Christi in der himmlischen Welt verändert werden.

Kapitel 33

Sind alle Christen geheiligt?

Wenn ein Mensch von neuem geboren wird, wird er unmittelbar ein Kind Gottes, auch wenn sich später in seinem Leben noch viele Dinge ändern werden. Er ist ein »Baby« in Christus. Dennoch sagen wir nicht von Säuglingen, dass sie noch keine Menschen sind, weil sie noch nicht in der Lage sind, Dinge zu tun, die die Erwachsenen tun, wie etwa gehen, sprechen, lesen, denken und arbeiten.

Ein neuer Christ muss wie ein neugeborenes Baby durch einen Reifungsprozess gehen. Am Anfang der Lebenserfahrung als Christ kann ein Gläubiger möglicherweise unfähig sein zu tun, was reifere Christen tun; nichtsdestotrotz sind sie genauso gerettet wie sie es später immer sein werden. Man kann niemals »mehr« gerettet sein als zu dem Zeitpunkt, wenn man sich bekehrt, genauso wenig wie ein Baby jemals mehr Mensch sein oder am Leben sein kann als in den Minuten nach der Geburt.

In gewissem Sinne ist ein neuer Christ schon geheiligt, weil er dies als Gabe bei der Bekehrung mitbekommen hat; aber der Wachstumsprozess, der zu geistlicher Reife führt, wird auch Heiligung genannt, eine Entwicklung, die viele Jahre andauern wird und in diesem Leben nicht vollständig abgeschlossen werden wird.

Das Wort »Heiligung« kommt vom Griechischen *hagiazo*, was »heilig machen«, »weihen«, »absondern« bedeutet. Das hebräische Äquivalent dazu ist *qadasch*, »vom profanen Gebrauch absondern«.

Rechtfertigung ist das, was Gott für uns tut, während Heiligung das ist, was Gott in uns tut. Weder Rechtfertigung noch Heiligung ist das Ergebnis von verdienstvollen Werken. Beide ergibt sich einzig aus Christi Gnade und Gerechtigkeit.

Die drei Phasen der Heiligung

1. Heiligung ist eine vollendete Handlung in der <u>Vergangenheit</u> des Gläubigen

Hinsichtlich der Vergangenheit eines Gläubigen gilt, dass der Gläubige im Moment seiner Bekehrung geheiligt, *abgesondert* ist, und zwar wegen dem, was der Herr Jesus und der Geist Gottes für ihn getan haben (1 Kor 6,11). Er oder sie wird ein »Heilige(r)«. Zu diesem Zeitpunkt gehört ein Neubekehrter schon ganz und gar zu Gott (6,19-20).

Als Ergebnis von Gottes Ruf werden Gläubige als »Heilige« identifiziert (Röm 1,7; 1 Kor 1,2). Sie werden Heilige nicht, weil sie einen Zustand sündloser Perfektion erreicht haben oder weil eine Sammlung von Kardinälen sie auf eine solche Position erhoben hätte, sondern weil sie »in Christus« sind (Phil 1,1; siehe auch Joh 15,1-7). Gemäß Paulus hat uns Gottes Gnade gerettet (Tit 3,5), die uns absondert und zu einer heiligen Absicht und einem Wandel mit Christus weiht.

2. Heiligung ist ein Prozess in der <u>gegenwärtigen</u> Erfahrung des Gläubigen

Heiligung hat zwei Ziele vor Augen: Erstens, den alten Lebensstil loszuwerden, d.h. das destruktive Verhalten, das in Verbindung mit unserer Vergangenheit steht, zu beseitigen; zweitens, den neuen anzulegen, in der Gnade und in der Erkenntnis unseres Herrn und Retters Jesus Christus zu wachsen, bis wir seinem Bild angepasst sind.

»Das Alte abzulegen.« Die Bibel verweist oft darauf, den alten Menschen zu töten, was bedeutet, dass der Gläubige die Sünden entfernen soll, die sein Leben vor seiner Wiedergeburt in Christus Jesus kennzeichneten. Tatsächlich sagt Paulus, dass wir uns selbst als der Sünde gegenüber tot betrachten sollen, als lebendig dagegen gegenüber den Dingen Gottes.

Die Sünde soll unser Leben nicht mehr in der Art kontrollieren, in der sie es einst tat (Röm 6,11-12). Paulus schrieb an die Gemeinde in Kolossä, dass ein Christ die sündigen und irdischen Dinge töten sollte, die uns schaden können, als da wären sexuell unmoralisches Verhalten, Zorn, bösartiges Verhalten, Verleumdungen und schmutziges Reden (Kol 3,1-8; siehe auch Gal 5,19-21). Heiligung verlangt, dass dieses abscheuliche Verhalten der alten Natur ausgelöscht wird, das den Christen davon abhält, geistlich gesehen möglichst gut zu sein für Jesus Christus.

»Das Neue anzulegen.« Manche denken, Christsein sei ein negativer Glaube. Leider scheinen viele zu denken, dass der Test der Heiligung die allgemein zu hörende Aussage wäre: »Ich geh nicht ins Kino, ich tanze nicht, ich rauche nicht« etc. Ja, Christen müssen davor gewarnt werden, gewisse Aktivitäten und Vergnügungen zu tun, die gefährlich für ihre Gesundheit oder schädlich für ihr Zeugnis und geistliches Leben sein könnten.

Andererseits dürfen wir nicht vergessen, die positiven Aspekte des Christseins zu betonen, worum sich Paulus auch sorgend bemüht. Solch schädlichen Dinge, die entfernt werden müssen, müssen durch *positive Tugenden* ersetzt werden (Phil 4,8). Da Gott uns erwählt hat, ein abgesondertes, heiliges Volk zu sein, appellierte Paulus an die Gläubigen, ein Leben zu führen, das den ethischen Werten und moralischer Reinheit gewidmet sei (1 Thess 4,7).

Als neue Geschöpfe haben Gläubige neue Verantwortlichkeiten (Röm 6,19; Gal 5,25). Geisterfüllte Christen werden nicht von ihrer alten, sündigen Natur beherrscht, sondern vom Geiste Gottes (Röm 8,3-9). Das höchste Ziel des geisterfüllten Lebens ist es, »Gott zu gefallen« (1 Thess 4,1). Heiligung ist Gottes Wille für jeden Gläubigen (1 Thess 4,3-7).

3. Heiligung ist das Endergebnis, das der Gläubige in der Zukunft bei der Wiederkunft Christi erfährt.

All unsere allerbesten, entschiedensten Anstrengungen in diesem Leben schaffen es bei weitem nicht, absolute Perfektion in unserem Charakter zu bewirken. Sogar die größten Heiligen geben bereitwillig zu, dass, je inniger ihre Beziehung zum Herrn wird, desto mehr werden ihnen ihre eigenen Fehler und Versagen deutlich. Öfters als wir zugeben wollen, fühlen wir uns genötigt, Paulus' Worte nachzusagen: »Oh, elender Mensch, der ich doch bin« (Röm 7,24).

Als Jesaja einen flüchtigen Blick auf den Herrn werfen konnte, als der auf einem Thron saß, hoch und erhoben, da war es so, als blickte er in einen Spiegel und sah sein eigenes wahres Selbst zum ersten Mal. Das vollkommene Wesen Gottes, seine Heiligkeit, Gerechtigkeit, Reinheit und sein Glanz, schüchterten den Propheten ein, demütigten ihn und machten ihm sein eigenes unvollkommenes Wesen äußerst deutlich. Er dachte nicht mehr: »Ich bin so gut wie andere und besser als die meisten.« Er gab seine äußerst große Schwäche, Schlechtigkeit, Unreinheit und tief eingewurzelte Sündhaftigkeit zu (Jes 6,1-5).

Trotzdem kommt der Tag, wenn all das »Frühere« vergehen wird. Wenn Christus zurückkommt, werden unsere Schwachheiten verschwinden, unsere Mangelhaftigkeiten werden weit entfernte Erinnerungen sein und unsere irdischen und vergänglichen Leiber werden in himmlische Leiber verwandelt werden, die niemals mehr den Tod erfahren werden (1 Kor 15,51-57). An diesem Tag aller Tage werden wir einen dramatischen Wechsel erfahren, den wir unbeholfen und irgendwie unvollkommen versucht haben während unserer Zeit auf Erden zu bewerkstelligen – dann werden wir endlich »wie Christus« sein (1 Jo 3,2; vgl. Röm 8,16-17.29; 2 Kor 3,18). Und wenn wir wie er sind, dann werden wir an seinem vollkommenen Wesen teilhaben. Die Heiligung wird ihren Endzustand erreicht haben.

Die Evidenz der Heiligung

Ein geheiligtes Leben ist das Ergebnis der Macht des Heiligen Geistes, der im Leben des Gläubigen wirkt. Es manifestiert sich äußerlich sichtbar in der »Frucht des Geistes« (Gal 5,22-24). Nirgends in dieser Liste geistlicher Qualitäten wird uns gesagt, dass wir immer glücklich sein würden, dass wir frei von Versuchungen, Schwierigkeiten und Nöten seien.

Die »Frucht des Geistes« bezieht sich auf alle zwischenmenschlichen Beziehungen. »Liebe«, »Freude« und »Friede« beziehen sich alle auf den inneren Menschen. Sie können im Leben und im Tun nicht gezeigt werden, wenn sie nicht zuerst im Innern des Menschen da sind. »Geduld«, »Freundlichkeit« und »Güte« beziehen sich auf den Nächsten. Heiligung bringt einen mit sich selbst und anderen zurecht. Ein ausgeglichenes, geheiligtes Leben bringt daher allumfassend richtige Beziehungen – sich selbst, anderen und Gott gegenüber.

Die Ernte der Frucht, die der Heilige Geist bringt, ist den »Werken des Fleisches«, die in Gal 5,19-21 dargestellt werden, völlig entgegengesetzt. Paulus erinnert uns daran, dass, wenn wir gemäß unserem neuen Leben im Heiligen Geist leben, dass wir dann die Begierden des Fleisches nicht erfüllen werden (5,16).

Hilfen zur Heiligung

Gott hat sein Volk in deren Suche nach geistlicher Reife sich nicht sich selbst überlassen. Er hat Mittel zur Verfügung gestellt, die uns helfen sollen. Diese Mittel stehen uns zur Verfügung, sind aber nutzlos, wenn wir nicht intelligent und beharrlich von ihnen Gebrauch machen.

Der Heilige Geist ist unser Helfer
Der Heilige Geist lebt in uns, um uns auf der Reise zu geistlicher Reife beizustehen. Weil er heilig ist, ist er in der Lage, uns bewusst zu machen, was es bedeutet, ein heiliges Leben zu führen, und auch den Segen zu erleben, der daraus resultiert, wenn man nach solch einem Leben strebt. Um Heiligung erfahren zu können, wird den Gläubigen der Heilige Geist gegeben, eine Gabe, die vom Vater und vom Sohn gegeben wird (Apg 2,32-33; Röm 8,1-39; Eph 3,14-17).

Das Wort Gottes ist unser Führer
Genauso wie der Leib Nahrung für körperliches Wachstum und Stärke braucht, so braucht auch die Seele Nahrung für geistliches Wachstum und Stärke. Jesus betete zum Vater, dass er die Christen »heiligen« würde durch die Wahrheit – *seine* Wahrheit. Jesus fügte das hochwichtige Konzept hinzu, dass die Bibel »Wahrheit« ist (Joh 17,17).
Dazu kommt noch, dass so, wie der Leib oft mit Wasser gereinigt werden muss, dass so auch der innere Mensch die andauernde Reinigung des Wortes braucht (Joh 15,3).

Schlussfolgerungen
Heiligung hat einen Anfang, einen Wachstumsprozess und ein Endergebnis. Sie fängt in dem Moment an, in der Gläubige gerettet wird, sie dauert an, während der Gläubige wächst, um Jesus ähnlicher zu werden, und sie wird vollendet, wenn der Gläubige bei der Rückkehr Christi verwandelt wird.

Die Gemeinde

Wir glauben, dass eine Gemeinde Jesu Christi eine Versammlung von getauften Gläubigen ist, die durch einen Bund des Glaubens und der Gemeinschaft im Evangelium verbunden sind; die die Verordnungen Christi befolgen; durch seine Gesetze regiert werden; und seine Gaben, Rechte und Privilege ausüben, die durch sein Wort in sie hineingelegt sind; dass seine durch Ordination Bevollmächtigten Pastoren oder Älteste und Diakone sind, deren Qualifikationen, Anrechte und Pflichten deutlich in der Heiligen Schrift definiert werden. Wir glauben, dass die wahre Mission einer Gemeinde im Missionsbefehl zu finden ist; erstens, Menschen zu Jüngern zu machen; zweitens, die Gemeinde aufzubauen; drittens, zu lehren und anzuleiten, wie er es befohlen hat. Wir glauben nicht an eine Umkehrung dieser Anordnung; wir halten daran fest, dass die Ortsgemeinde das absolute Recht zur Selbstregierung hat und damit frei sein sollte von der Einmischung jeglicher Hierarchie von Einzelpersonen oder Organisationen; und dass der einzige Vorsteher Christus durch den Heiligen Geist ist; dass es schriftgemäß für wahre Gemeinden ist, im Ringen um den Glauben und zur Förderung des Evangeliums zusammen zu arbeiten; dass jede Gemeinde der alleinige Richter ist, in welchem Maße und mit welcher Methode man zusammenarbeiten sollte; bezüglich Mitgliedschaft, Leitung, Zurechtweisung und Mildtätigkeit ist der Wille der Ortsgemeinde entscheidend.

Kapitel 34

Wer hat die Gemeinde eingesetzt?

D
as hochwichtige Thema der *Errettung* war das Thema der letzten Kapitel. Wesentliche Fragen entstehen daraus: Was sollen die Gläubigen machen, wenn sie eine Bekehrung erlebt haben? Wo gehen sie zur geistlichen Ernährung und Gemeinschaft hin? Wo können sie Menschen wie sich selbst finden?

Das ist es, wo die *Ortsgemeinde* eine lebenswichtige Rolle spielt. Neubekehrte darf man nicht sich selbst und einem im Dunkeln Tasten überlassen; noch sollen sie für sich selbst Inseln sein.

Die Gemeinde muss der Brennpunkt des geistlichen Lebens des Christen werden. Sie muss Gemeinschaft, Anweisung und Gelegenheit für gemeinsame Anbetung geben und ein Träger werden, wo sie ihre geistlichen Gaben nutzen können. Hingebungsvoll an einer Ortsgemeinde teilzunehmen, ist maßgeblich, um das zu werden, was Gott möchte, dass wir es werden (Hebr 10,24-25). Aus diesen Gründen ist es notwendig, dass wir etwas von der Gründung der Gemeinde und seinem wahren Haupt wissen.

Sie wurde von Christus gegründet

In der Heiligen Schrift ist das Wort »Gemeinde« eine Übersetzung des Griechischen *ekklesia*, was »eine herausgerufene Versammlung« bedeutet. Die Septuaginta, die griechische Übersetzung des hebräischen Alten Testaments, die zu Zeiten Jesu populär war, benutzte *ekklesia*, um das Hebräische *qahal* zu übersetzen, was »Zusammenkunft« oder »Versammlung« bedeutete (5 Mo 9,10; 18,16; 1 Sam 17,47; 1 Kö 8,14; 1 Chr 13,2).

Bei den Griechen war eine *ekklesia* eine Ansammlung von freien Bürgern, die aus ihren Häusern und Arbeitsplätzen *herausgerufen* wurde, um Angelegenheiten öffentlichen Interesses zu bedenken (Apg 19,32.39.41).

So wie das Wort im Neuen Testament gebraucht wird, bezeichnet es die Institution, die unser Herr Jesus Christus gegründet hat. Nach der

New Hampshire Confession of Faith ist die Gemeinde

> *»eine Versammlung von getauften Gläubigen, die durch einen Bund in Glauben und Gemeinschaft des Evangeliums verbunden sind; die die Verordnungen Christi befolgen; durch seine Gesetze regiert werden; und die Gaben, Rechte und Privilege ausüben, die durch sein Wort in sie hineingelegt sind.«*

Das Wort *Gemeinde* oder *Gemeinden* findet sich im Neuen Testament über 100 Mal und behält überall seine vorrangige und grundlegende Bedeutung – eine öffentliche Zusammenkunft oder Versammlung. In der Mehrheit der Fälle, in denen das Wort Gemeinde benutzt wird, bezieht es sich unmissverständlich auf eine örtliche Gemeinde oder Versammlung, in Übereinstimmung mit der vorrangigen und grundlegenden Bedeutung des Begriffes.

Die restlichen Stellen beziehen sich auf die Gemeinde schlechthin (Mt 16,18; Eph 1,22; 3,10.21; 5,23-25.27.29.32; Kol 1,18.24; Hebr 12,23). Wenn z.b. ein Pastor angekündigt, dass er eine Reihe von Botschaften über »Das Zuhause« beginnen möchte, dann meint er damit nicht ein bestimmtes Zuhause, sondern alle Zuhause im allgemeinen. Als Paulus ankündigte, dass »Christus die Gemeinde liebte und sich selbst für sie hingab« (Eph 5,25), meinte er damit nicht nur die Gemeinde in Ephesus, sondern alle wahren, auf der Bibel basierenden Gemeinden, die jemals existiert haben oder existieren werden.

Sie ist eine göttliche Institution

Sie entstammte dem Herzen Gottes, nicht der Absicht von Menschen (2 Kor 1,1; 1 Tim 3,15). Die Schreiber der Heiligen Schrift verwiesen auf »die Gemeinden Gottes« oder auf »die Gemeinden Christi« (1 Thess 2,14; Röm 16,16).

Derartige Ausdrücke bezeichnen nicht nur den göttlichen Ursprung der Gemeinde, sondern auch, dass jede auf der Bibel basierende Gemeinde auf Gott als die Quelle jeglicher Autorität sieht.

Die Gemeinde wird zum ersten Mal von unserem Herrn in Mt 16,18 erwähnt. Als Antwort auf das Bekenntnis des Petrus, dass Christus »der Sohn des lebendigen Gottes« sei, erklärte Jesus, dass es auf »diesem Felsen« sei, dass er seine Gemeinde bauen würde. Diese Offenbarung war davor lebenden Generationen verborgen gewesen, jetzt aber dem

Petrus und den anderen Jüngern bekannt gemacht worden. Diese Aussage sollte *nicht* implizieren, dass Petrus der Fels sei, auf dem die Gemeinde gebaut werden würde, wie die Römisch-Katholischen behaupten. Als Jesus den Petrus ansprach, benutzte er das griechische Wort Petros für den Namen des Petrus. Damit meinte er einen spezifischen Stein oder Felsen. Als Jesus dann hinzufügte: »auf diesem *Felsen* werde ich meine Gemeinde bauen«, benutzte er ein anderes griechisches Wort für Felsen – *petra*, womit eine Felswand oder eine Felssohle gemeint ist.

Jesus hat nicht gesagt: »Auf dir, Petrus (Petros), und auf deinen Nachfolgern werde ich meine Gemeinde bauen.« Stattdessen würde sie auf »auf *diesem* Felsen (petra)« gebaut werden – die göttliche Offenbarung, die dem Petrus gegeben worden war, sein Bekenntnis, dass Jesus Christus »der Sohn des lebendigen Gottes« sei (16,16). Mit anderen Worten, jede auf der Bibel basierende Gemeinde würde auf Jesus Christus gebaut werden, nicht auf irgendeinem Menschen.

Der Apostel Paulus erklärte, dass »niemals jemals ein anderes *Fundament* legen könne als dasjenige, das schon gelegt worden war, welches Jesus Christus ist« (1 Kor 3,11).

Sie ist der Leib Christi

Weil sie der Leib Christi ist, ist jede Ortsgemeinde die greifbare Repräsentation von Jesu Leben auf Erden (1 Kor 12,21). Die Analogie vom Körper drückt den Glauben des Paulus aus, dass Christus auf der Erde in berührbarer Form gegenwärtig ist – in seinen Gemeinden.

»In Christus« zu sein bedeutet, dass wir nicht in einer Entfernung von diesem Körper stehen können. Ein Körperteil, der getrennt von anderen Teilen ist, ist offensichtlich nutzlos. Leben in Christus ist eine Gemeinschaftssache; daher die Wichtigkeit, an den Sakramenten und den Diensten einer örtlichen, an die Bibel glaubenden Gemeinde teilzunehmen.

Daraus, dass Christus die Gemeinde gegründet hat, folgt, dass er als das Haupt dieser Institution akzeptiert werden sollte. Paulus bestätigt das, wenn er die Gemeinde als einen menschlichen Leib mit nur einem Kopf darstellt, Jesus Christus (Kol 1,17-18). Als das Haupt des Leibes – die Quelle des Lebens im Leib – leitet und führt Jesus Christus. Jesus ist der »Oberhirte« der Gemeinde (1 Petr 5,4); der menschliche Leiter ist der »Unterhirte«. Eine Anerkennung dessen, dass Christus das Haupt der Gemeinde ist, durch Pastor *und* Herde wird sich in einer gesunden Versammlung erweisen.

Sie ist die Braut Christi

Im Neuen Testament wird Christus als der Bräutigam und die Gemeinde als seine Braut dargestellt. Alle wahren Gemeinden bilden zusammen die Braut Christi.

Die Braut ist von Christus gekauft

Die schöne Vertrautheit Christi mit seiner Gemeinde wird von Paulus in Eph 5,25 offenbart. Paulus hält das Verhalten Christi gegenüber der Gemeinde als ein Modell hoch, das ein Ehemann nachahmen soll. Die Liebe Christi für seine Braut war so selbstlos und stark, dass er bereit war, um ihretwillen sein eigenes Leben aufzugeben. Das war die stärkste Liebe, die je in dieser Welt bewiesen wurde. Die Absicht dieser Beziehung zwischen Christus und seiner Braut ist es, Frucht hervorzubringen (Röm 7,4).

Die Braut ist durch sein Wort gereinigt

Jesus starb nicht nur für seine Braut, er stellte auch die Mittel zur Verfügung, durch die die Braut ihre Tugendhaftigkeit erhalten kann (Eph 5,26).

Ein ähnlicher Gedanke wird von Paulus in 2 Kor 11,2 dargestellt. Dort wird auf die Sitte unter den Griechen angespielt, eine ältere Person von Rang und gutem Ruf zu haben, deren Aufgabe es war, junge Frauen, die sich auf die Ehe vorbereiten, zu erziehen und zu formen (besonders solche von wohlhabenden Häusern) und sie dann denen zu übergeben, die ihre Ehemänner sein würden. Wenn diese Lehrperson ihnen durch Fahrlässigkeit erlaubte, zwischen der Verlobung und der Vollziehung der Ehe verdorben zu werden, würde das zu großer Schande führen. Paulus war besorgt um die Reinheit der Gemeinde, welche »die Braut, die Frau des Lammes« sein sollte (Offb 21,9).

Diese Reinheit wird durch Hingabe an »das Wort« beibehalten. Dadurch wird die Gemeinde »geheiligt« und »gereinigt« (Joh 15,3).

Christus reinigt die Mitglieder der Gemeinde – indem er ihre schmutzige Kleidung wegnimmt und sie in das Gewand seiner vollkommenen Gerechtigkeit kleidet – durch den heiligenden Einfluss der Wahrheit von Gottes Wort (17,17).

Das herrliche Schicksal der Braut

Es ist nicht nur so, dass Christi Liebe seine Braut, die Gemeinde, ernährt, er wird sie sich eines Tages selbst in all ihrem Glanz darstellen, wobei sie keinen Flecken, kein Fältchen oder irgend so etwas Ähnliches hat. Sie wird heilig und ohne Makel sein (Eph 5,27). Das ist eine großartige Beschreibung der Herrlichkeit der Gemeinde. Es wird nichts Unvollkommenes mehr an ihr geben, keine Gemeindekämpfe oder -spaltungen mehr, keine Lauheit mehr, keine falsche Lehre mehr.

Es kann nicht verleugnet werden, dass es sogar in der besten Gemeinde vieles gibt, was unvollkommen und unrein ist. Aber in der zukünftigen Welt, wo die Gemeinde Christus dargereicht wird, gekleidet in Gewändern der Gerechtigkeit, da wird kein einziges unheiliges Mitglied mehr sein, kein Betrüger oder Heuchler, keiner, der begehrt oder voller Stolz ist, keiner, der die Freunde von Reinheit durch ein unmoralisches Leben traurig macht. Das wird wahrhaftig »ein Tag der Freude« sein.

Kapitel 35

Wie soll die Gemeinde Gottes geleitet werden?

Die Ortsgemeinde wurde geschaffen, um die Bedürfnisse derjenigen zu stillen, die Nachfolger Jesu Christi geworden sind. Sie ist für den Gläubigen das, was das Zuhause für eine Familie ist. Ein Zuhause ist kein Haus; d.h. ein Zuhause besteht nicht in den materiellen Bestandteilen, aus denen ein Gebäude konstruiert ist. Vielmehr setzt sich ein Zuhause aus Mann und Frau zusammen und oft auch aus Kindern, die in dem zusammenkommen, was das »Haus« genannt wird, und zwar zwecks Ernährung, Vertrautheit, Schutz, Versorgung, Ruhe und Gemeinschaft.

Genauso wenig ist eine Gemeinde das Gebäude; sie ist die *ekklesia*, die »herausgerufene« Gruppe von Einzelpersonen, die an einem bestimmten Ort für eine vorgegebene Aufgabe zusammenkommen. Unser Herr weiß um das Bedürfnis der Menschen nach gemeinsamer Anbetung und Gemeinschaft. Die Gemeinde ist auch dazu da, uns in erfahrbarer und materieller Hinsicht zu helfen. Aber die Gemeinde existiert aus anderen Gründen als eine angemessene Atmosphäre für Anbetung und Gemeinschaft zu liefern. Sie soll ein Ausbildungszentrum sein, wo Männer und Frauen, Jungen und Mädchen nicht nur gelehrt werden, Gott besser zu kennen, sondern auch, wie man ihn anderen Menschen bekannt macht. Eine reibungslos laufende, effektive Gemeinde mit einer starken Lehre und Evangelisation spiegelt ihre Leiterschaft wider. Wie eine Gemeinde geleitet wird ist von solch strategischer Wichtigkeit, dass es oft den Unterschied zwischen dem Erfolg und dem Scheitern dieser Ortsgemeinde ausmacht.

Die Leitung der Gemeinde

Baptisten glauben, dass die Leitung einer Gemeinde von der Versammlung bestimmt wird, d.h. sie wird von der gesamten Mitgliedschaft regiert. Die Mitglieder jeder Gemeinde sind mit der Pflicht und Verantwortung betraut, das Gesetz und den Willen Christi so auszuführen, wie es im Neuen Testament ausgedrückt wird. Das muss unter der Leitung des Heiligen Geistes geschehen. Eine Ausarbeitung des Le-

bens und der Praxis der Gemeinde in Jerusalem, die Mutter aller neutestamentlichen Gemeinden, und der anderen Gemeinden, die von den
Aposteln erwähnt werden, zeigt dieses Prinzip in reichlichem Maße:
  Die Gleichheit der Gläubigen und ein tiefes Verständnis von Brü-
derlichkeit kennzeichnete die frühem Gemeinden (Mt 23,8-12; Apg
1,14; 2,33-47).
  Die neutestamentlichen Gemeinden konnten ihre Mitglieder genauso zurechtweisen und ausschließen wie sie sie in die Gemeinschaft
aufnehmen konnten (1 Kor 5,4-5.13). Jede Gemeinde empfing die Anordnungen und war verantwortlich für deren Einhaltung und Bewah-
rung (1 Kor 11,2). Es ist offenkundig, dass die Gemeinden, die im Neuen
Testament erwähnt werden, Christus als das Haupt, den Heiligen Geist
als den Verwalter und das Wort Gottes als das einzige Gesetz sahen.
  Jede Baptistengemeinde ist *autonom* (sich selbst regierend). Keine
hierarchische Struktur kann einer Ortsgemeinde diktieren, wie sie ihre
Aufgaben erledigen soll. Jede Gemeinde wählt selbst ihren Pastor und
ihre Angestellten aus. Die Gemeinde besitzt ihr Gebäude selbst – die
Glaubensgemeinschaft kann das Eigentum nicht übernehmen – und
sollte die Gemeinde zumachen, können die Mitglieder das Eigentum
so veräußern, wie sie es für richtig halten. Der Wille der Ortsgemeinde
ist endgültig. Gleichzeitig tut die Gemeinde ihre Einheit dadurch kund,
dass sie mit anderen Gemeinden in Gemeinschaften, Vereinigungen,
Bünden, Netzwerken, etc. zusammenarbeitet, um Gemeinschaft, gegenseitige Hilfeleistung und die Unterstützung von gemeinsamen Zielen in der Ausbildung, der Evangelisation und der Mission zu leisten.

Die Amtsträger der Gemeinde
Das Neue Testament spricht von zwei Gemeindeämter: *Pastoren*
und *Diakonen*. Die Wichtigkeit dieser Ämter wird unterstrichen durch
die hohen moralischen und geistlichen Ansprüche, die an diejenigen,
die sie innehaben, gestellt werden.

Pastoren
Drei Begriffe werden miteinander austauschbar im Neuen Testa-
ment verwendet, um die Person zu bezeichnen, die in der Gemeinde
Leitungsfunktion haben soll: »Pastor«, »Ältester« und »Bischof«. Das

war und ist der wichtigste Amtsträger in der Gemeinde.

Das Wort »Pastor« (griech. *poimen*) bedeutet »Hirte« (Eph 4,11). So wie ein Hirte seine Schafe hütet, für Futter sorgt, beschützt und leitet, so hat auch der Pastor eine ähnliche Funktion für seine Versammlung. »Bischof« (griech. episkopos) bedeutet »Aufseher«, einer, der die Gemeinde beaufsichtigt und auf sie aufpasst, indem er wachsam ist, sie vor Skandalen und falscher Lehre zu schützen.

Der Begriff »Ältester« bedeutet »jemand, der älter ist«, was Würde und Achtung impliziert. Die Position des Pastors ist ähnlich derjenigen eines Synagogenaufsehers. Paulus gebrauchte diese Begriffe austauschbar, wobei er sie gleichsetzte (Apg 20,17.28; Tit 1,5-9). Diejenigen, die dieses Amt einnahmen, verwalteten die jungen Gemeinden.

Die Anforderungen an einen Pastor werden detailliert in 1 Tim 3,1-7 aufgeführt. Es liegt in der Verantwortlichkeit eines Pastors, seine Leute gut zu leiten und ihnen ein gottgefälliges Beispiel vorzuleben (1 Petr 5,1-4). Er muss ein Vorbild christlichen Lebens sein und ein Beispiel an Großzügigkeit (Hebr 13,7; Apg 20,35). Während beide, Männer und Frauen, für den Dienst in der Gemeinde begabt sind, ist das Amt des Pastors auf Männer begrenzt, die den Maßstäben der Heiligen Schrift entsprechen (1 Tim 3,2).

In hohem Maße hängt effektive Gemeindeleitung von der Treue des Pastors und der Loyalität der Mitglieder ab. Paulus ermutigt die Gläubigen, ihre Leiter wegen ihrer Arbeit, die sie tun, zu achten und sie mit großem Respekt zu behandeln (1 Thess 5,12-13). Es ist die Pflicht der Gemeindeleute, mit dem Pastor zusammenzuarbeiten und sich seiner Leiterschaft unterzuordnen (Hebr 13,7.17). Wenn die Mitglieder es dem Leiter schwer machen, seine von Gott anvertrauten Verantwortlichkeiten auszuführen, werden beide Leid erfahren und die Gemeinde leiden.

Dieses Amt ist natürlich dem Haupt der Gemeinde untergeordnet, Jesus Christus. Niemand sollte versuchen, dessen Platz und Vorrechte einzunehmen. Kein Christ sollte den Intrigen eines einzelnen oder einer Gruppe helfen, die versucht, den Herrn seiner führenden Stellung zu berauben, oder sie unterstützen.

Diakone

Das Wort »Diakon« kommt von *diakonos*, was »Diener« oder »Helfer« bedeutet. Das Amt des Diakons wurde eingesetzt, um die Apostel in die Lage zu versetzen, sich ganz dem Gebet und dem Dienst am Wort hinzugeben (Apg 6,3).

Während alle Christen dienen sollen, wurden gewisse Leute im Neuen Testament offiziell als Diener der Gemeinde anerkannt. Die Hauptfunktion der Diakone ist es, sich um die irdischen Angelegenheiten der Gemeinde zu kümmern, nicht nur den Armen und Bedürftigen zu helfen, sondern auch dem Pastor beizustehen, das Eigentum und die Finanzen der Gemeinde zu verwalten und die Verordnungen zu bewahren (Apg 6,1-7). Diakone dürfen sich die Macht des Pastors nicht aneignen, der der rechtmäßige »Aufseher« der Gemeinde ist.

Die Gemeindezucht

Christus gab der Gemeinde die Autorität, ihre Mitglieder unter Disziplinmaßnahmen zu stellen und bestimmte auch, nach welchen Prinzipien das richtig geschehen sollte. Er erwartet von der Gemeinde, diese Prinzipien umzusetzen, wann immer das nötig sein sollte, um ihre hohe Berufung einer »heiligen Priesterschaft« und einer »heiligen Nation« aufrecht zu erhalten (vgl. Mt 18,15-18; 1 Petr 2,5.9).

Zwei Extreme herrschen vor, wenn es zu Gemeindezucht kommt. Entweder ist die Gemeinde zu streng, indem sie strenge Regeln entwickelt, die über die Heilige Schrift hinausgehen und die man unmöglich erreichen kann, außer ein paar Erwählte; oder sie sind zu milde. Diejenigen in der letzten Kategorie haben zu niedrige Erwartungen an ihre Mitglieder. Die Gemeinde muss darauf achten, einen hohen Standard aufrecht zu erhalten, vorausgesetzt, das ist wirklich biblischer Standard, während man zugleich irregehenden Mitgliedern die Notwendigkeit deutlich machen muss, ihren Lebenswandel zu ändern. Christus lobt die Gemeinde von Ephesus, weil sie diejenigen nicht ertragen konnte, die böse waren (Offb 2,2), aber er tadelt die Gemeinden von Pergamon und Thyatira, weil sie Häresien und unmoralisches Verhalten tolerierten (Offb 2,14-15.20).

Damit eine Gemeinde die Welt beeindrucken kann, müssen ihre Mitglieder Leben führen, die jenseits von Tadel sind. Solch ein Verhalten wird das unwissende Gerede derjenigen, die törichterweise die christliche Botschaft ablehnen, zum Schweigen bringen (1 Petr 2,15).

Wie man Gemeindemitglied wird

Das Konzept einer Mitgliedschaft in einer *wiedergeborenen Gemeinde* oder einer *Gemeinde von Gläubigen* ist eines der wichtigsten Kennzeichen der Baptisten und eines, für das sie in der Vergangenheit verfolgt wurden. Niemand wird wissentlich in eine Baptistengemeinde aufgenommen, der nicht bekehrt ist. Eine Baptistengemeinde erhält auf dreierlei Weise Mitglieder:

Durch die Taufe

Im nächsten Kapitel gibt es eine ausführliche Ausarbeitung über die Taufe, wie deren Ritual immer auf wahre Umkehr folgt, eine symbolische Handlung ist, nicht Teil der Entscheidung bei der Bekehrung ist und eine Tür, in die Gemeinde gelassen zu werden.

Durch einen Brief

Das bedeutet, dass das angehende Mitglied ein getaufter Gläubiger ist und von einer Schwestergemeinde kommt, deren Glaubensinhalte mit der Gemeinde, in die er eintreten möchte, übereinstimmen.

Durch Bekenntnis zum Glauben

Das impliziert, dass das angehende Mitglied sich zuvor bekehrt hat und ordnungsgemäß getauft wurde, wobei aber die vorhergehende Gemeinde, wo sie ein Mitglied gewesen war, nicht mehr existiert oder die Adresse unbekannt ist. Andere besondere Faktoren können berücksichtigt werden, je nach Handhabung der Ortsgemeinde.

Die Gemeinde

Taufe und Abendmahl

Wir glauben, dass die christliche Taufe darin besteht, dass ein an Christus gläubiger Menschen im Namen des Vaters, des Sohnes und des Heiligen Geistes ins Wasser eingetaucht wird, unter der Autorität der Ortsgemeinde, um mit einem feierlichen und schönen Symbol unseren Glauben an den gekreuzigten, begrabenen und auferstandenen Retter deutlich zu machen, was sich in unserem Tod der Sünde gegenüber und der Auferstehung zu einem neuen Leben auswirkt; dass sie die Voraussetzung für die Vorrechte der Gemeindemitgliedschaft und für die Teilnahme am Abendmahl ist; bei welchem sich die Gemeindemitglieder durch den sakralen Gebrauch von Brot und der Frucht des Weinstocks zusammen an die Liebe Christi in dessen Tod erinnern sollen; ihr geht immer eine feierliche Selbstprüfung voraus.

Kapitel 36

Warum ist die Taufe ein Erfordernis?

N ur zwei *symbolische Riten* soll die Gemeinde ausführen: *Taufe* und *Abendmahl*, die beide namentlich von Jesus Christus selbst eingesetzt wurden, daher Verordnungen genannt werden.

Eine Verordnung ist eine Anordnung oder ein Befehl. Obwohl das Wort »Verordnung« nirgends in der Bibel mit konkretem Hinweis auf Taufe und Abendmahl gebraucht wird, so drückt es doch am besten die Wahrheit bezüglich dieser beiden Riten aus (das Griechische *paradosis* in 1 Kor 11,2 kann mit »Verordnung«, »Richtlinie« oder »Tradition« übersetzt werden und könnte sich indirekt auf die Taufe und das Abendmahl beziehen). Beides, Taufe und Abendmahl, sind Riten, die Jesus den Gläubigen gebot zu halten (Mt 28,19; Lk 22,19; 1 Kor 11,23-26). Beide veranschaulichen die rettende Tat Christi und die neue geistliche Beziehung zwischen ihm und seinem Volk deutlich.

Im Neuen Testament besteht eine untrennbare Verbindung zwischen Errettung und Taufe; dennoch dürfen sie nicht miteinander vertauscht werden, als wären sie ein und dasselbe. Errettung oder Bekehrung ist eine neue Geburt, die von oben verliehen wird. Taufe ist ein äußerliches *Bild* oder *Symbol* der Errettung; sie rettet nicht und trägt nichts zur Errettungserfahrung bei (1 Petr 3,21; 1 Kor 1,17). Trotzdem, wenn es eine Bekehrung im Neuen Testament gibt, dann folgt die Taufe bald darauf (Apg 8,36-38). Taufe wurde in den frühen Gemeinden als extrem wichtige Sache gesehen. Sie symbolisierte einen klaren Bruch mit der Vergangenheit, der die Gewohnheiten des alten Lebens einbezog und oft auch Familie und Freunde.

Unser Herr gab niemals einen willkürlichen Befehl; daher gilt, dass, während die Taufe nicht erforderlich für die Errettung ist, sie doch vom Herrn Jesus Christus sehr deutlich verlangt wird, weshalb Gläubige verpflichtet sind, sich im Gehorsam ihm gegenüber taufen lassen zu wollen.

Der Ursprung der Taufe

Der Ritus fing nicht mit Jesus an. Von Menschen, die sich aus dem Heidentum zum Judentum bekehrten, wurde verlangt, sich der Taufe als einem Zeichen der Reinigung zu unterziehen. Als Johannes der Täufer auftrat, gab er der Taufe eine neue Bedeutung. Buße und Sündenbekenntnis wurden von denjenigen verlangt, die von ihm getauft werden wollten (Mt 3,6.11). Jesus verkündete, dass die Taufe des Johannes von Gott autorisiert worden war (Mt 21,25). Manche haben abgestritten, dass die Taufe des Johannes eine christliche Taufe war.

Paulus jedoch behauptete, dass Johannes den Leuten gesagt hatte, dass Glauben an Jesus Christus eine Bedingung für die Taufe wäre (Apg 19,4). Die Leute, die sich in Ephesus bekehrt hatten, wurden noch mal getauft, nicht deswegen, weil sie nur die Taufe des Johannes erfahren hatten, sondern deswegen, weil sie nicht die volle Bedeutung der Taufe des Johannes verstanden. Als es nötig wurde, die Stelle des Apostelamtes zu füllen, die Judas hinterlassen hatte, da war eine der Bedingungen, dass derjenige, der gewählt werden würde, so wie die anderen Apostel notwendigerweise von Johannes dem Täufer getauft worden wäre (Apg 1,22).

Wenn die Taufe des Johannes keine christliche Taufe wäre, warum war dann die Wiedertaufe nicht von allen Aposteln verlangt worden?

Die Wichtigkeit der Taufe

Was macht die Taufe so wichtig, wenn man bedenkt, dass sie nicht notwendig für die Errettung eines Menschen ist, der schon zum Glauben an den Jesus Christus gekommen ist?

Sie inspiriert Gemeinden

Sie gibt der Ortsgemeinde und der Welt drum herum eine deutliche Erklärung, dass der Neubekehrte dazu bereit ist, seinem Herrn und Meister zu gehorchen und ihm zu dienen. Wenn die Taufe unterlassen wird, wird der Befehl des Herrn missachtet und verhindert, und zwar genau von den Leuten, die seine loyalen Nachfolger sein sollten.

Sie hilft Gläubigen, ihr eigenes Zeugnis zu festigen und auszudrücken

Sie prägt ihren ihr Bekehrungserlebnis so ein, dass ihre Dankbarkeit sich vermehrt und ihre Gewissheit gestärkt wird. Darüber hinaus stellen sie fest, dass, während ihre Bekehrung eine innerliche, unsichtbare Abwicklung zwischen ihnen persönlich und dem Herrn war, sie nun auch ausgedrückt und ausgelebt werden muss vor den Augen der Welt und der Mitgläubigen.

Sie erinnert die Gläubigen an die Wichtigkeit der Bekehrung
Genauso wie das Abendmahl die Kreuzigung im Blick behält, erinnert uns die Handlung der Taufe an die große Wichtigkeit der Bekehrung, dass wir ein »königliches Priestertum« sind, dessen wichtigstes Ziel es ist, der Welt die Lobpreise dessen zu verkünden, der uns aus der Finsternis in sein wunderbares Licht berufen hat (1 Petr 2,9). Jede Tauferfahrung bewegt das Volk Gottes zutiefst, hebt seine Stimmung und ermutigt sie, an der großen Aufgabe beteiligt zu werden, andere mit dem Evangelium zu erreichen. Die Taufe bringt die Notwendigkeit und die Herrlichkeit des Evangeliums in den Vordergrund des Gemeindelebens.

Sie bringt den Ungläubigen eine eindringliche Botschaft
Wenn Ungläubige mit dem sichtbaren Zeugnis derjenigen konfrontiert werden, die getauft werden, dann wird ihre Selbstgefälligkeit oft auf eine neue und dramatische Art und Weise erschüttert. Sie stellen fest, dass sie auf das Evangelium antworten müssen und dass nichts weniger als eine neue Geburt authentisches Christsein ausmacht. Das Zeugnis der Taufe spricht die Ungläubigen oft eindringlich an. Die Taufe vermittelt, dass man, um ein Mitglied in der Familie Gottes zu werden, ein Mitglied der Gemeinde, notwendigerweise ein Bekehrungserlebnis haben muss.

Was die Taufe kundtut
Sie ist ein Bild des Todes, des Begräbnisses und der Auferstehung Christi (Röm 6,3-5)
Sie ist die Art und Weise, wie ein Gläubiger sein Vertrauen auf den Eckstein unseres Glaubens bestätigen kann: das *Evangelium*, das den *Tod* (unter Wasser), das *Begräbnis* (begraben im Wasser) und die *Auf-*

erstehung Christi (lebendig aus dem Wasser gebracht werden durch die Stärke eines anderen, Apg 2,22-24) beinhaltet. Die Bibel setzt fest, dass wir durch Glauben an das Evangelium gerettet werden (1 Kor 15,1-4). Der Sünder verdient wegen seiner Sünde den Tod, aber Jesus starb anstelle des Sünders.

Sie ist ein Bild von neuem Leben (2 Kor 5,17)
Taufe durch Untertauchen illustriert dieses neue Leben anschaulich, weil sie den Prozess von Begräbnis und Auferstehung darstellt. Paulus gibt den gleichen Gedanken noch mal in Kol 2,12 wieder. Die Taufe stellt den Tod eines Gläubigen in Bezug auf seine sündige Vergangenheit und seinen früheren Lebensstil dar. Zugleich spricht sie auch davon, wie er auferweckt wurde (durch die neue Geburt), um ein neues Leben zu leben.

Sie ist ein Bild des Gehorsams
Die Botschaft der Heiligen Schrift ist deutlich: »Tut Busse und lasst euch taufen!« (Apg 2,38). Dem Aufruf zur Umkehr wird im Alleinsein des Herzens Gehorsam geleistet, aber dem Befehl, sich taufen zu lassen, wird Gehorsam geleistet in einer äußerlichen, sichtbaren Art und Weise, als eine öffentliche Darstellung des Gehorsams Gott gegenüber. Gehorsam ist ein wahrer Test des Bekehrungserlebnisses. Obwohl die Taufe eine demütigende und manchmal sogar Furcht erregende Erfahrung sein kann, so ist doch Gehorsam dieser Handlung gegenüber ein Beweis dessen, dass die Bekehrung authentisch ist. Jesus erklärte, dass, wenn wir ihn wahrhaftig lieben, wir seine Gebote halten *werden* (Joh 14,15).

Sie ist ein Bild der Vergebung
Sie spricht zu Gläubigen und zu Ungläubigen, indem sie verkündet, dass das Abwaschen von Sünde das lebensnotwendige Herz der Errettung ist. Wenn Gläubige getauft werden, dann sagen sie im bildlichen Sinne: »Ich bin ganz rein gewaschen worden im Blut des Lammes Gottes, Jesus Christus.« Die Taufe ist eine eloquente Erklärung, dass das Abwaschen von allen Sünden notwendig für eine echte Bekehrung zu Gott ist. Natürlicherweise präsentiert nur ein totales Untertauchen des

Körpers unter Wasser ein angemessenes Bild totaler Vergebung.

Sie ist ein Bild der Identifizierung mit Christus
Wahre Gläubige gehören dann zu Christus. Sie identifizieren sich mit ihm, halten sich zu ihm, vertreten ihn, lieben ihn, leben für ihn und werden ihm treu sein. Wenn sie getauft werden, dann folgen Gläubige dem Beispiel des Herrn, indem sie genau das tun, was er auch tat (Mt 3,13-15). Jesus hat niemals gesündigt und es nicht nötig, als ein Zeichen seiner eigenen Umkehr getauft zu werden. Er ließ sich taufen, um »alle Gerechtigkeit zu erfüllen«.

Was auch immer diese Aussage alles beinhalten mag, so ist der wichtige Punkt dabei, dass Jesus, indem er sich der Taufe unterzog, doch zusah, sich mit dem bußfertigen Volk Gottes zu identifizieren, um seine Aufgabe zu erfüllen. Taufe ist damit ein wunderbarer Ausdruck unserer Einheit mit Jesus Christus und mit all seinen Belangen. Zugleich ist sie auch unsere Art zu zeigen, dass wir uns mit dem Rest des Volkes Gottes identifizieren, das den gleichen Weg gegangen ist. Jesu Taufe gab dieser Anordnung auf ewig göttliche Sanktion.

Schlussfolgerungen
Oftmals wird die Symbolik der Taufe mit einem Ehering verglichen. Ein Ring am rechten Ringfinger deutet normalerweise darauf hin, dass der Träger des Ringes verheiratet ist. Der Ring verleiht nicht den Status, verheiratet zu sein; er ist nur ein Symbol, das anzeigt, dass die betreffende Person verheiratet ist. Der Ring verrät auch nicht, wie gut oder schlecht die Person als Ehepartner ist.

Genauso wenig macht die Taufe jemanden zu einem Christen; dennoch kennzeichnet sie die betreffende Person als einen Christen, obwohl sie damit nicht verrät, ob die betreffende Person ein guter Christ ist oder nicht oder es sein wird.

Kann irgendein wiedergeborener Christ die Taufe verweigern oder ihre Wichtigkeit in Frage stellen, wenn unser Herr ein Beispiel gab, indem er fast 100 km weit wanderte, um von Johannes dem Täufer im Jordan getauft zu werden? Wenn wir getauft werden, dann drücken wir der Gemeinde gegenüber, der wir damit beitreten, und auch den Ungläubigen gegenüber aus: »Ich folge jetzt dem Sohn Gottes nach, dem Herrn Jesus Christus. Von jetzt an werde ich ihm gehorsam sein, der mich liebte und sich selbst für mich hingab.«

Lasst uns nie vergessen, dass Christus die Taufe für sein ganzes Volk *befohlen* hat. Er hat nicht nur vorgeschlagen, dass wir getauft würden. Genauso wenig hat er dazu geraten oder sie empfohlen. Der gleiche Herr, der uns ein Beispiel gab, indem er sich dem Ritus der Taufe unterzog, der litt, blutete und starb, damit wir mit ihm an den Segnungen der himmlischen Welt teilhaben könnten, befiehlt, dass wir ihm nachfolgen und uns gehorsam dieser Handlung unterziehen.

Taufe und Abendmahl

Kapitel 37

Warum muss die Taufe durch Untertauchen vollzogen werden?

Einige behaupten, dass die Art und Weise, wie die Taufe vollzogen wird, nebensächlich sei. Sie sagen, dass es töricht sei, sich darüber zu streiten, wie viel Wasser benützt wird. Wenn jedoch die Taufe ein Symbol ist, das unser Herr konzipiert hat, dann ist die Art und Weise, wie sie ausgeführt wird, offensichtlich von großer Bedeutung. Er konzipierte die Taufe als ein Bild seines eigenen Todes, seines Begräbnisses und seiner Auferstehung. Als Christi Leib begraben wurde, war er außer Sicht, vollkommen unter die Erde getaucht.

Weil die Taufe dafür gedacht ist, Christi Tod, Begräbnis und Auferstehung zu verbildlichen, sowie auch unseren eigenen Tod der Sünde gegenüber und die Auferstehung zu einem neuen Leben, ist viel Wasser von Nöten, um den angemessenen Symbolismus zu liefern. Der ganze Körper muss unter Wasser begraben werden und durch die Kraft eines anderen aus dem Wasser aufgetaucht werden.

Die biblische Art und Weise der Taufe

Sie geschieht durch Untertauchen

Im Griechischen heißt taufen *baptizo*, was ins oder auch unter Wasser tauchen bedeutet, untertauchen. Eine große Menge Wasser schien für Johannes wichtig gewesen zu sein, denn es wird berichtet, dass er in Änon bei Salim taufte, weil es da viel Wasser gab (Joh 3,23). Nur Untertauchen würde eine große Menge Wasser benötigen. Als Philippus den äthiopischen Regierungsbeamten taufte, sind sie beide zum Wasser runter gegangen und beide wieder aus dem Wasser hoch gekommen (Apg 8,38-39). Zum Taufen runter ins Wasser zu gehen ist völlig überflüssig, wenn Besprengung oder Übergießen das Wort »taufen« befriedigend übersetzen würde.

Johannes Calvin, der berühmte Reformator, war kein Vertreter des Untertauchens; dennoch gab er zu, dass die Worte in den letzten zwei erwähnten Bibelstellen sich auf Untertauchen beziehen. Er schrieb:

»Aus diesen Worten könnte man schlussfolgern, dass die Taufe von Johannes angewandt wurde ... indem er den ganzen Körper unter Wasser

tauchte ... Hier erkennen wir, wie die Taufe [zu neutestamentlichen Zeiten]
angewandt wurde ... denn sie tauchten den ganzen Körper ins Wasser.«

Warum Baptisten Kleinkinder nicht taufen

Der Grund dafür, dass Baptisten Kleinkinder nicht taufen, ist, dass die einzige Taufe, die im Neuen Testament beschrieben wird, die Taufe von Gläubigen ist. Die Taufe von Gläubigen setzt voraus, dass die Person, die getauft wird, persönlich und bewusst den Glauben an Jesus Christus zur Errettung gefunden hat.

Das wird durch die Formulierung des Missionsbefehls in Mt 28,18-20 deutlich. Jesus befahl seinen Jüngern, zu »gehen« und alle Nationen zu »lehren«, dann sie zu taufen. Das griechische Wort, das mit »lehren« übersetzt wird, bedeutet wörtlich »Jünger machen«. Zuerst wird man ein Jünger, d.h. man glaubt an Jesus Christus (das macht Tauf-Wiedergeburt zunichte) und dann folgt die Taufe. Man kann nicht jemanden zu einem Jünger machen (z.B. ein Kleinkind), der nicht in der Lage ist, zu verstehen, was ein Jünger ist.

Die Predigt des Petrus am Pfingsttag endete mit folgendem Aufruf: »Tut Buße und ein jeder von euch lasse sich taufen« (Apg 2,38). Hier folgt die Taufe auf Umkehr (was sich offensichtlich auf jemanden bezieht, der alt genug ist, umzukehren).

Es gibt keine Aufzeichnung in der Bibel, dass Kleinkinder getauft wurden

Als Paulus an die Gemeinden von Galatien schrieb, erklärte er, dass sie Kinder Gottes wären als Ergebnis ihres Glaubens an Jesus Christus (Gal 3,26). Zu dieser Zeit konnte Paulus davon ausgehen, dass jeder, der bekehrt war, getauft worden war und dass jeder Getaufte sich bekehrt hatte. Es gibt keine Aufzeichnung von einer Situation in der Bibel, in der Kinder getauft wurden.

Alle Personen, die im Neuen Testament in Verbindung mit der Taufe genannt werden, waren erwachsene Gläubige. Woher kommt dann die Idee von der Kindertaufe? Sie ist einfach eine Unterstellung. Sie muss in den Text hineingelesen werden.

Es wird oft von denjenigen, die an die Kindertaufe glauben (Kindertäufer), angenommen, dass, als der Gefängniswärter in Philippi getauft wurde, seine Kleinkinder und Säuglinge mitgetauft wurden

Taufe und Abendmahl

(Apg 16,33). Hatte er jedoch Kleinkinder und Säuglinge? Die Diskussion wird für uns im davor liegenden Vers gelöst, wo steht, dass Paulus und Silas das Wort des Herrn allen verkündigten, die in seinem Haus waren (16,32). Mit anderen Worten, die waren alt genug, um die Botschaft zu verstehen und persönlich darauf zu reagieren. Zudem wird uns in V.34 gesagt, dass der Wärter sich mit all seinen Familienmitgliedern jubelte. Es braucht nicht erwähnt zu werden, dass Kleinkinder und Säuglinge nicht alt genug dafür sind, über die Heilserfahrung zu jubeln.

Das Argument, dass Taufe nur für Gläubige ist, wird weiter durch Apg 2,41 gestärkt, wo gesagt wird, dass diejenigen, die »das Wort Gottes mit Freude aufnahmen« (d.h. das Evangelium oder das Wort Gottes, das Petrus gepredigt hatte), getauft wurden. Kleinkinder und Säuglinge haben nicht die Aufnahmefähigkeit, das Wort Gottes aufzunehmen, noch viel weniger, es »mit Freude« aufzunehmen.

Es gibt keinen Beweis, dass Kleinkinder bei den »Haushalts-Taufen« dabei waren

Viermal wird im Neuen Testament auf »Haushalts-Taufen« verwiesen (1 Kor 1,16; Apg 10,48; 16,15; 16,33). Im Falle des Haushalts des Kornelius (Apg 10,48), waren die Leute, die sich versammelten, um Petrus zu hören, die Verwandten und nahen Freunde des Kornelius (10,24). Kleinkinder und Säuglinge werden nicht erwähnt. Nichts wird davon gesagt, dass Lydia in Apg 16 eine Familie hatte. Genau genommen wird nichts davon erwähnt, dass sie überhaupt verheiratet war. Aller Wahrscheinlichkeit nach bestand ihr Haushalt aus erwachsenen Sklaven, die alt genug waren, die Aufnahmefähigkeit zu besitzen, zu glauben.

Was den Haushalt des Stephanas betrifft (1 Kor 1,16), so schrieb Paulus im selben Brief, dass die Mitglieder dieser Familie sich zum Dienst an den Heiligen verpflichtet hatten (16,15). Diese Familie war treu der Aufgabe ergeben, den Armen und Bedürftigen in der Gemeinde beizustehen, was beweist, dass es eine Familie von Erwachsenen und älteren Kindern war. Nur vier Abschnitte erwähnen »Haushalts-Taufen« und kein Beweis kann erbracht werden, dass irgendeine von ihnen Kleinkinder und Säuglinge mit einbezog.

Schlussfolgerungen

Wir sind gewiss, dass die Apostel und Pastoren der frühen Gemeinden nur Gläubige getauft haben und das immer durch Untertauchen. Das Neue Testament bietet keinen Anhaltspunkt, dass Besprengen jemals eine apostolische Vorgehensweise war; tatsächlich deutet die gesamte Beweislage darauf, dass das erst später eingeführt wurde.

Die Kindertaufe wird zum ersten Mal in einer Abhandlung über Taufe erwähnt, die Tertullian zwischen 200 und 206 n.Chr. geschrieben hat, lange nachdem das Neue Testament abgeschlossen war. Die Kindertaufe wird in der Abhandlung nur kurz erwähnt und Tertullian weist deutlich darauf hin, dass er sie nachhaltig ablehnte. Dennoch wurde die Kindertaufe in den darauf folgenden zwei Jahrhunderten ein weit verbreiteter Brauch.

Wie zu erwarten, starb die ursprüngliche Form der Taufe (die Taufe von Gläubigen) nicht vollständig aus. Die Geschichte berichtet von Menschen, die die Taufe von Gläubigen vom ersten Jahrhundert an praktizierten. Während dieser frühen Jahrhunderte und Jahrhunderte lang danach, wurden viele von denen schwer verfolgt, die darauf bestanden, dass nur die Taufe von Gläubigen die biblischen Anforderungen erfüllte. Während der Regierung von Mary Tudor (1553-1558) waren einige von den fast 300, die auf dem Scheiterhaufen verbrannt wurden, solche, die die Erlaubnis verweigerten, Kinder zu taufen, wobei sie stattdessen glaubten, dass die Taufe nur für diejenigen war, die alt genug waren, persönlich auf Christus zu vertrauen.

Viele Baptistengemeinden haben häufig besondere Gelegenheiten, Kleinkinder und Säuglinge und deren Eltern zu weihen, aber eine Taufe ist bei dieser Zeremonie nicht dabei. Das hat nichts mit der Errettung des Kindes zu tun. Diese Zeremonie ist nur eine Anerkennung von Seiten der Eltern, dass *Kinder eine Gabe Gottes an sie sind* (Ps 127,3). Sie versprechen, ihre Kinder unter Beachtung dieses ernsten Gedankens aufzuziehen, wobei sie hoffen und beten, dass das Kind eines Tages, wenn das Alter der Zurechnungsfähigkeit erreicht ist, Jesus Christus als Herrn und Retter empfangen wird.

Kapitel 38

Welche Absicht hat das Abendmahl?

Die Taufe ist eine Verordnung der Gemeinde, betätigt und befohlen vom Herrn Jesus Christus, die Voraussetzung dafür, an den Vorrechten der Gemeindemitgliedschaft teilzuhaben, einschließlich der Teilnahme am Abendmahl.

Das Abendmahl ist die einzige andere Verordnung, die von Christus den Gemeinden anvertraut wurde. Als Jesus sein letztes Passah mit seinen Jüngern feierte, hat er diese Verordnung anstelle des Passahs eingesetzt, um ein Gedenken an sein großes Opfer zu schaffen.

Er nahm das ungesäuerte Brot, segnete es, brach es und gab es seinen Jüngern, wobei er ihnen offenbarte, dass es sein Leib war, der für sie gebrochen werden würde. Dann ermahnte er sie, dieses Ritual im Gedächtnis an ihn zu befolgen. Danach nahm er den Kelch und, nachdem er dafür gedankt hatte, gab er ihn ihnen, wobei er sie daran erinnerte, dass sie alle trinken sollten, denn es war das Blut seines Neuen Bundes, das für viele zur Vergebung der Sünden vergossen werden würde (Mt 26,26-28; Mk 14,22-24; Lk 22,9-20). Der Apostel Paulus sagt uns, dass, wenn wir das Abendmahl feiern, wir den Tod des Herrn verkündigen, bis er wieder kommt (1 Kor 11,23-26).

Unter Nicht-Katholiken ist der häufigste Name für diesen Ritus das »Mahl des Herrn« (1 Kor 11,20). Andere Namen dafür sind »Kommunion« (1 Kor 10,16), »der Tisch des Herrn« (1 Kor 10,21) und »das Brotbrechen« (Lk 24,35). Die Katholiken nennen es gewöhnlich »Eucharistie« (vom Griechischen eucharisteo, »ich gebe Dank«), ein Hinweis auf den Danksagungs- und Segensaspekt des Gottesdienstes (Mt 26,26-27; 1 Kor 10,16; 11,24).

Das Abendmahl soll eine Zeit der Freude sein, nicht eine Zeit der Traurigkeit. Natürlich sollte die Zeit vor dem Abendmahl eine Zeit des Nachdenkens und der Selbstprüfung sein. Nachdem die Gläubigen die Zuversicht erlangt haben, dass sie durch das Blut Christi gereinigt sind und Vergebung empfangen haben, sind sie bereit, mit Zuversicht in die besondere Gemeinschaft mit ihrem Gott zu treten. Sie wenden sich an seinen Tisch mit Freude und Danksagung, bereit, den Erlösungssieg Christi zu feiern.

Die Bedeutung des Abendmahls

Das Abendmahl ersetzt das Passahfest der alttestamentlichen Zeit. Das Passah war erfüllt, als Christus, das »Lamm Gottes«, sein Leben gab. Wie wir gesehen haben, hat Jesus diese Austauschsymbolik in der Nacht der Passahfeier eingesetzt. Daher gehen die Wurzeln von vielen Aspekten des Symbolismus des Abendmahls zurück in den Passah-Gottesdienst.

Es ist eine Erinnerung an die Befreiung von Sünde

So wie das Passahfest an Israels Befreiung aus der Sklaverei Ägyptens erinnerte, so erinnert das Abendmahl an die Befreiung von der Sklaverei der Sünde. Das Blut des Passahlamms, an die Oberschwelle und Türpfosten der Häuser gestrichen, schützte die Bewohner vor dem Tod. Die Ernährung, die sein Fleisch lieferte, gab ihnen die Stärke, aus Ägypten zu entkommen (2 Mo 12,3-8). Genau so bringt Christi Opfer Befreiung vom geistlichen Tod und der Trennung von Gott. Das Abendmahl verkündigt, dass Christi Tod am Kreuz allen die Errettung verfügbar machte, Vergebung bereitstellte und ewiges Leben garantierte.

Es betont die stellvertretende Dimension von Christi Sühne

»Das ist mein Leib«, sagte Christus, »der für euch gebrochen wird« (1 Kor 11,24; vgl. Jes 53,4-12). Der Ausdruck »für euch« ist bedeutsam. Am Kreuz wurde der Unschuldige an die Stelle des Schuldigen gesetzt, der Gerechte an die des Ungerechten. Das Kreuz beseitigte die Verurteilung des bußfertigen Sünders, wobei es ihm das Gewand von Christi Gerechtigkeit besorgte und ihm Vergebung, Friede und ewiges Leben zusicherte.

Jesus gebrauchte viele Bilder, um verschiedene wahre Aspekte über sich selbst zu lehren. Er sagte: »Ich bin die Tür« (Joh 10,7), »ich bin der Weg« (Joh 14,6), »ich bin der wahre Weinstock« (Joh 15,1) und »ich bin das Brot des Lebens« (Joh 6,35). Diese Ausdrücke dürfen nicht wörtlich genommen werden, denn er war nicht wirklich eine Tür, ein Weinstock oder Brot. Stattdessen illustrieren diese Bilder tiefere Wahrheiten.

Die römisch-katholische Kirche lehrt, dass, als Jesus seinen Nachfolgern befahl, sein Fleisch zu essen und sein Blut zu trinken, er buchstäblich sprach (siehe Joh 6,53-54). Um diesen unhaltbaren Irrtum vertreten zu können, behaupten die Katholiken, dass, wenn der Priester bei der Feier der Messe die Oblate und den Wein weiht, dass dann diese Elemente der »Transsubstantiation« unterzogen werden (»von einer Substanz in eine andere verwandelt werden«), und zwar in Jesu tatsächlichen Leib und sein tatsächliches Blut. Das ist eines der sieben Sakramente der katholischen Kirche, wobei die Teilnahme daran für das Heil eines Menschen notwendig ist.

Christi Fleisch zu essen und sein Blut zu trinken ist jedoch Symbolsprache. Durch den Glauben ziehen Gläubige den Nutzen aus Christi Sühneopfer, wenn sie an dem ungesäuerten Brot und der Frucht des Weinstocks teilhaben. Wir ernähren uns von Christus, dem »Brot des Lebens«, dadurch, dass wir am Wort des Lebens teilhaben – der Bibel. Mit diesem Wort kommt die Leben spendende Macht Jesu Christi. Kurz gesagt, zeigt der Symbolismus, dass wir für unser geistliches Leben genauso von Christus abhängig sind wie wir für körperliches Leben von Essen und Trinken abhängig sind.

Es ist eine Verordnung, nicht ein Sakrament
Unter Verordnung verstehen wir, dass das Abendmahl von Christus selbst während seines Dienstes auf Erden eingesetzt wurde. Wie wir festgestellt haben, gibt es nur zwei symbolische Verordnungen, die nach Christi Willen von jeder Gemeinde ausgeführt werden sollen: die Taufe und das Abendmahl. Wir nennen diese Riten nicht Sakramente, wie das liturgische Kirchen tun (wie die katholische Kirche). Ein Sakrament verleiht dem Empfänger Gnade. Die Katholiken lehren, sowohl Abendmahl als auch Taufe als wesentliche Elemente in der Heilsreise eines Menschen anzusehen.

Baptisten lehnen ab, dass durch die Taufe oder das Abendmahl Gnade vermittelt wird. Diese Verordnungen sind rein symbolisch, dazu bestimmt, das Volk Gottes an grundlegende Wahrheiten zu erinnern. Es entsteht kein Segen durch die materiellen Bestandteile, sondern durch das persönliche Verstehen und Schätzen der Bedeutung.

Es bewahrt gesunde Lehre in der Gemeinde

Gemeinden haben das Gebot herhalten, an den Tod des Herrn zu erinnern. Das Abendmahl und seine Symbolik dürfen niemals geändert werden. Paulus erinnert uns daran, dass jedes Mal, wenn wir diese Verordnung wahrnehmen, wir den Tod des Herrn verkündigen, bis er kommt (1 Kor 11,26).

Das Abendmahl erinnert daher die Gemeinden daran, dass die Lehre von der Sühnung niemals verworfen werden darf. Die Christen müssen durch Wahrnehmung dieser Verordnung fortwährend daran erinnert werden, dass Christus als ihr Stellvertreter starb. Wenn erst einmal diese zentrale Lehre verworfen wird, hört die Gemeinde auf, eine wahre, auf der Bibel basierende Gemeinde zu sein.

Es betont die Pflicht, heilig zu sein

Das Abendmahl ist eine Zeit ehrlicher Einschätzung vor Gott (1 Kor 11,27). Kurz davor wies Paulus die Korinther für ihr sorgloses Leben und ihre sorglose Einstellung gegenüber dem Abendmahl zurecht (11,17-22). Sie hatten ihre Berufung vergessen, als Mitglieder von Gottes heiliger Familie ihrer Berufung entsprechend zu leben und einander Liebe und Erbarmen zu erweisen. Sie hatten sich in exklusive Cliquen gespalten und jedes Bewusstsein für gegenseitige Verpflichtung verloren. Am schlimmsten war jedoch, dass ihnen der Preis, den Christus bezahlt hatte, um sie zu erlösen und sie zu einem heiligen Volk zu machen, gleichgültig geworden war, eine Einstellung, die ihr hässliches Gesicht bei der Feier des Abendmahls zeigte.

Paulus warnt sie davor, das Abendmahl mit einer unwürdigen Haltung zu essen und zu trinken (1 Kor 11,29). Das bezog sich auf die ungezwungene Art und Weise, mit der sie das Abendmahl feierten. Sie machten daraus eher eine »Party« als eine Zeit der Erinnerung daran, was Jesus für ihre Errettung getan hatte.

Manche Christen halten sich vom Abendmahl fern, weil sie sich als unwürdig betrachten. Diese Haltung stammt von einer Fehlinterpretation der Verse 27 und 29. In gewissem Sinne ist kein Christ würdig, an dieser Verordnung teilzunehmen. Wir sind fehlerhafte, sündige Geschöpfe. Aber Paulus hat nicht impliziert, dass wir würdig sein müssten, um am Abendmahl teilzunehmen, sondern nur, dass wir in einer würdigen Art und Weise daran teilnehmen sollten. Es ist keine geringfügige Angelegenheit, am Abendmahl mit einer sorglosen Haltung teilzunehmen. Bevor wir an diese wichtige Feier herangehen, sollen wir unsere Herzen prüfen und von unseren Sünden umkehren. Wenn man das versäumt, könnte das zu einer Züchtigung von Seiten des Herrn führen (11,30).

Es erinnert an das Zweite Kommen Christi (1 Kor 11,26b)
Das Abendmahl überbrückt die Zeit zwischen Golgatha und dem Zweiten Kommen. Jedes Mal, wenn wir an diesem Mahl teilnehmen, erinnert es daran, dass Christus wiederkommen wird. Der Satz »bis er kommt« ist ein Bestandteil des Abendmahls. Unser Gedächtnis muss beständig aufgefrischt werden, damit wir uns daran erinnern, dass der Tag kommt, an dem Christus erscheinen wird und wir zusammen entrückt werden, um auf ewig bei ihm zu sein. Das Abendmahl dient als notwendige Gedächtnisstütze.

Wie oft das Abendmahl gefeiert werden soll

Jeder Ortsgemeinde steht es frei, selbst ihren Zeitplan bezüglich des Abendmahls zu bestimmen. Es gibt keinen ausdrücklichen Befehl in der Heiligen Schrift, der darlegt, wie oft es abzuhalten ist. Manche Gemeinden halten es einmal im Jahr zur Passahzeit ab, denn Jesus hatte es zu diesem Fest eingeführt. Andere entscheiden, es einmal im Monat oder im Vierteljahr abzuhalten, andere jeden Sonntag.

Einige legen die Worte vom Brotbrechen in den Häusern in Apg 2,46 als einen Hinweis darauf aus, dass das Abendmahl bei den frühen Christen täglich gefeiert wurde. Eine plausiblere Erklärung ist jedoch, dass es sich hier einfach um normale Mahlzeiten handelte, die die Gläubigen miteinander einnahmen.

Einer Zeitangabe am nächsten kommt die Heilige Schrift noch in den Worten Jesu: »So oft ihr dieses Brot esst und diesen Kelch trinkt ...« (1 Kor 11,25-26), ein Ausdruck, der jeder Ortsgemeinde selbst die Entscheidung überlässt, wann sie das Abendmahl feiern wollen.

Teilnahmebedingungen

Taufe ist der Eingang in die Gemeinde und das Abendmahl tut denen, die Mitglieder sind, gut. Jesus gab es nur denen, die sich als seine Nachfolger bekannten. Daher ist der Abendmahlsgottesdienst nur für gläubige Getaufte.

Wie wir schon festgestellt haben, muss der Teilnahme an dieser Verordnung die Selbstprüfung voraus gehen. Diese Prüfung ist persönlich und nicht von anderen Mitgliedern der Gemeinde durchzuführen, denn welcher Mensch kann das Herz lesen oder den Weizen vom Unkraut unterscheiden? Christus, unser Vorbild, lehnte Exklusivität beim Abendmahl ab. Obwohl offene, nicht bekannte Sünde Menschen von der Teilnahme ausschließt (1 Kor 5,11), hat doch Jesus selbst das Mahl mit Judas geteilt – der nach außen hin ein bekennender Nachfolger war, innerlich aber ein Dieb und Verräter. Judas wurde für seine Teilnahme in einer unwürdigen Art und Weise von Gott in seinem Gewissen geschlagen.

Was diejenigen dann kennzeichnet, die zur Teilnahme am Tisch des Herrn berechtigt sind, ist der Zustand ihres Herzens – volle Hingabe an Christus, Glaubenstaufe und ein Wunsch, das eigene Verhalten in Übereinstimmung mit dem Wort Gottes zu bringen.

Mission

Der Befehl, der Welt das Evangelium zu bringen,
ist deutlich und unmissverständlich
und der Missionsbefehl wurde den Gemeinden gegeben.

Kapitel 39

Was ist der Auftrag der Gemeinde?

J esus Christus gab seinen Jüngern nach seiner Auferstehung und unmittelbar vor seiner Himmelfahrt den »Missionsbefehl«. Es war eine Zusammenfassung des Auftrags der Gemeinde. Die ersten, die an den Herrn Jesus glaubten, deren Taten im Neuen Testament aufgezeichnet sind, haben sich nicht nur zu Lobpreis und Anbetung zusammengetan, sie haben sich auch freiwillig vereinigt, diesen ernsten Auftrag auszuführen.

Genau wie alle großen Unternehmen eine Charta haben, die ihre Absicht und Aufgabenstellung festhält, so haben auch die Gemeinden Jesu Christi eine Charta, die deutlich ihre Mission oder Funktion festhält.

Der Missionsbefehl ist an fünf verschiedenen Stellen im NT aufgezeichnet, wovon jede eine etwas andere Betonung hat (Mt 28,18-20; Mk 16,15-16; Lk 24,45-48; Joh 20,21; Apg 1,8). An allen fünf Stellen drängt Jesus seine Nachfolger, die Botschaft des Evangeliums an alle Ecken des Erdkreises zu bringen und gibt die Formel für eine erfolgreiche Durchführung seines Missionsunternehmens.

Ordnen Sie sich der richtigen Autorität unter

Jesus verkündigte seinen Jüngern, dass er die vollständige Autorität im Himmel und auf Erden empfangen habe (Mt 28,18). Den Missionsbefehl gab er auf der Grundlage dieser *Autorität* (Joh 20,21). Wenn jemand etwas von uns fordert, dann gründet sich unser Gehorsam oder unser Ungehorsam auf die Autorität desjenigen, der den Befehl gibt.

Wenn Eltern einem kleinen Kind sagen, was es tun solle, wird das Kind meistens gehorchen, denn die Eltern sind mit der notwendigen Autorität ausgestattet, Forderungen an ihre Kinder zu stellen. Lehrer stellen ihren Schülern gewisse Anforderungen und diejenigen, die denen nachkommen, tun das, weil der Lehrer Autorität hat. Wenn jemand für eine Firma arbeitet, die ihm nicht gehört, dann hat der Chef die Autorität, ihm zu sagen, was er tun soll. Polizisten sind mit der Autorität ausgestattet, jemanden festzunehmen, der das Gesetz bricht. Schiedsrichter haben das Recht, einen Spieler, der die Spielregeln bricht, zu bestrafen. Gehorsam ist ein wichtiger Bestandteil unseres Lebens.

Der entscheidende Punkt, den Jesus hier betont, ist der, dass er die Kontrolle über alles hat. Er hat jetzt die Autorität über die ganze Schöpfungsordnung im Himmel und auf Erden und übt sie auch aus. Alle Geschöpfe, die Natur, die Engel und die Menschen stehen ihm zur Verfügung und sind unter seiner Autorität. Er ist derjenige, der uns Leben gab und uns durch das Vergießen seines Blutes von der Verderben erlöst hat (Ps 103,4). Was ist sonst noch nötig, um ihn mit der Autorität auszustatten, die notwendig ist, um uns Forderungen jeglicher Art zu stellen, so wie er es möchte?

Wir würden nicht dem Befehl von jemandem gehorchen, und das wir sollten auch nicht, der nicht mit der rechtmäßigen Autorität ausgestattet ist. Jesus hat nicht nur das Recht, uns zu sagen, was wir tun sollen, er hat auch die Macht, uns zu befähigen, alle Aspekte des Befehls erfolgreich auszuführen.

Gehen Sie mit der richtigen Botschaft

In dem Missionsbefehl in Mt (Mt 28,19) befiehlt Jesus seinen Jüngern, *hinzugehen* und *alle Völker zu lehren* (wörtlich *alle Nationen zu Jüngern zu machen*). Der Missionsbefehl in Mk stellt das aus einem etwas anderen Winkel dar. Jesus legt fest, dass seine Jünger gehen sollten und die Gute Nachricht von Christi Tod, Begräbnis und Auferstehung allen Menschen überall predigen sollten (Mk 16,15). Das Wort *predigen* bedeutet »eine Botschaft zu verkünden«. Es ist dasselbe Wort, das auch in 2 Tim 4,2 steht, wo Paulus seinen jungen Schützling Timotheus drängt, »das Wort zu predigen«.

In der Antike hat ein Herold bedeutsame Ereignisse verkündet. Er war der persönliche Bote des Königs, der die Botschaft des Königs ausrief, während die Menschen in der Stadt sich eifrig versammelten, um die neuesten Nachrichten zu hören. Der Herold verkündete nicht seine eigene Botschaft und er fügte auch nicht seine eigene Auslegung der Botschaft des Königs hinzu. Er verkündete einfach nur die Botschaft, Wort für Wort. Es machte keinen Unterschied, ob der Herold die Botschaft mochte oder nicht. Er war verpflichtet, sie getreu zu überbringen.

Paulus erklärte, dass er das Evangelium predigen musste; wenn er aber darin versagte oder es durch eine andere Botschaft ersetzte, dann würde ein »wehe« über ihn kommen (1 Kor 9,16). Es ist eine ernste Sache, wenn man des Königs Botschaft von der Guten Nachricht nicht genau verkündet.

Wir dürfen nicht Christi Missionsbefehl durch unsere Programme ersetzen. Unser vorrangiger Ruf ist *nicht*, die Hungrigen zu speisen, die Armen zu kleiden oder Krankheiten zu heilen. Diese humanitären Handlungen können nützlich sein, um Türen zu öffnen, damit wir das Evangelium da predigen können, wo es sonst nicht möglich wäre, aber die sollten nicht an sich als Ziel angesehen werden. Unser vorrangigster Ruf besteht darin, »das Evangelium zu predigen«.

William Booth, der erste General der Heilsarmee, sagte, dass das wirkliche Ziel seiner Organisation »nicht war, die Verbesserung sozialer Zuszände zu bewirken, sondern zuallererst Männer und Frauen zur Umkehr zu führen, damit ihre Seelen gerettet werden können«. J. W. Hyde erklärte: »Wenn jeder Mensch auf der Welt genug Essen, eine Wohnung und Einkommen hätte, wenn alle Menschen gleich wären, wenn jedes soziale Übel und Ungerechtigkeit entfernt sein würde, dann würden die Menschen immer noch eine Sache brauchen – Jesus Christus.«

Der Missionsbefehl, der uns anvertraut ist, beinhaltet ein Element, das von überkonfessionellen Organisationen oft übersehen wird: *die Wichtigkeit der Taufe.* Die Taufe ist eine der beiden Verordnungen der Ortsgemeinde, wobei die andere das Abendmahl ist. Bekehrte sollen auf den Namen des Vaters, des Sohnes und des Heiligen Geistes getauft werden (Mt 28,19). Taufe folgt auf die Bekehrung, ist aber nicht Teil der Entscheidung, sich retten zu lassen. Sie besteht darin, jemanden im Wasser unterzutauchen, der schon zum Glauben an Christus gekommen ist. Zugleich symbolisiert sie auch, dass der Gläubige dem alten Leben gestorben ist und zu einem neuen Leben auferweckt wurde (Röm 6,1-11). Sie ist eine Gehorsamstat, die der Gemeinde und der Welt zeigt, dass die betreffende Person sich jetzt mit Jesus Christus und seinem Volk identifiziert.

Die Verkündigung der Botschaft darf niemanden *ausschließen.* Sie muss *jedem* Menschen auf der Welt gepredigt werden. Als Jude fühlte Paulus sich gedrängt, das Evangelium zuerst den Juden zu bringen (Röm 1,16). Dennoch wies er darauf hin, dass die Verkündigung der Botschaft nicht nur für die Juden war. Niemand darf davon ausgeschlossen werden und kein Teil der Welt darf dabei vernachlässigt werden (Lk 24,47).

Verkündigen Sie mit der richtigen Glaubenslehre

Getaufte Bekehrte sollen die Lehre bekommen, die Jesus befohlen hat (Mt 28,20a). Jede Gemeinde ist ein Zentrum für Lehre, nicht bloß eines für Evangelisation. Evangelisation sollte hauptsächlich außerhalb der Gemeindemauern stattfinden; das ist offensichtlich, wo die meisten Verlorenen zu finden sind. In der Welt sollten wir die Unbekehrten *erreichen*; in der Gemeinde sollten wir vorrangig die Bekehrten *lehren*. Die Heiligen haben es nötig, in der Ortsgemeinde in der Lehre unterwiesen zu werden; die unterwiesenen Heiligen haben es nötig, die Welt zu evangelisieren.

Jesus befahl seinen Nachfolgern, in die Welt zu *gehen*. Er befahl nicht den Sündern, in die Gemeinde *zu kommen*. Er drängte seine Jünger, zu den Wegen und Zäunen der Welt zu gehen und Menschen »zu nötigen«, rein zu kommen (d.h. sie zu evangelisieren), damit sein Haus voll werde (Lk 14,23). Wenn sie dann einmal in der Gemeinde waren, dann sollten sie in all den Dingen unterrichtet werden, die Christus befahl.

Wenn man das so darstellt, dann soll das in keiner Weise Gottes Kinder entmutigen, verlorene Menschen zu Gottesdiensten in die Gemeinde einzuladen. Das ist eine Art, wie man den Missionsbefehl erfüllen kann. Wir freuen uns über jeden Sünder, der die Evangeliumsbotschaft in der Gemeinde hört und Christus als persönlichen Heiland empfängt. Wenn das Evangelium treu gelehrt und gepredigt wird, dann *werden* Menschen darauf antworten und gerettet werden. Zugleich dürfen wir auch nicht die Worte des Herrn Jesus missachten. Ein unerlässlicher Teil des Missionsbefehls besteht darin, die Gemeindemitglieder zu unterweisen, damit sie im Glauben auferbaut werden und darauf vorbereitet werden, Ungläubigen, die ihnen Fragen über ihren christlichen Glauben stellen, eine Antwort zu geben (Jud 20a; 1 Petr 3,15).

Verlassen Sie sich auf die richtige Verheißung

Jesus versprach, bei uns zu sein, nicht manchmal, sondern immer – »bis zum Ende des Zeitalters« – während wir seinen Missionsbefehl ausführen (Mt 28,20b). Paulus erinnerte die Korinther daran, dass ihm eine große Tür für effektive Arbeit für Christus geöffnet worden war, aber er fügte hinzu: »es gibt viele Gegner« (1 Kor 16,9).

Niemand hat je versucht, den Missionsbefehl Jesu auszuführen, ohne dabei auf Widerstand zu stoßen; es wird aber auch nicht von uns verlangt, diese Mission aus unserer eigenen Kraft heraus anzugehen, mit unseren eigenen Waffen (2 Kor 10,3-5; Apg 1,8). Der große Kapitän unserer Errettung hat zudem seine andauernde Gegenwart versprochen. Dann erinnert uns Paulus noch, dass wir alle Dinge durch Christus tun können, der uns stärkt (Phil 4,13).

David Livingstone, der große Missionspionier in Afrika, wurde einmal gefragt, wie er weiterarbeiten könnte, wenn man bedenkt, dass er in seinem Versuch, dem Menschen in Afrika das Evangelium zu bringen, so vielen Hindernissen begegnet war. Er antwortete: »Die Antwort ist einfach. Es ist die Verheißung des Herrn Jesus: ‚Ich werde immer bei euch sein, sogar bis ans Ende der Welt.'«

Schlussfolgerungen

Der Missionsbefehl impliziert die Notwendigkeit, dass die Gemeinde involviert ist. Weil die Taufe, ein wichtiger Bestandteil des Missionsbefehls, Voraussetzung für die Teilnahme an den Vorzügen der Gemeindemitgliedschaft ist und die Gemeinde der »Pfeiler und Grund der Wahrheit« ist (beachte: Paulus hat in 1 Tim 3,15 nicht die Absicht, den Gedanken zu vermitteln, dass die Gemeinde die *Quelle* der Wahrheit sei, wie die Katholiken das lehren; er bestätigt einfach die entscheidende Rolle der Gemeinde als Unterstützung und Bollwerk von Gottes Wahrheit), können wir richtigerweise schlussfolgern, dass Gemeinden, um Christi Missionsbefehl zu erfüllen, andere Gemeinden gründen müssen, wenn wir eine wachsende Weltbevölkerung erreichen sollen.

Paulus erinnert uns daran, dass niemand an jemanden glauben kann, von dem er noch nie gehört hat, und dass sie niemals hören können, wenn niemand zu ihm kommt, der ihnen die Botschaft predigt; aber wie kann einer die Botschaft predigen, wenn er nicht ausgesandt wird (Röm 10,14-15)?

Das Modell des Neuen Testaments ist, dass Gemeinden Botschafter an diejenigen auf dem Missionsfeld aussenden, die das Evangelium noch nie gehört haben. Die ernsthafte Folgerung ist, dass, wenn es keine Gemeinden gibt, dann wird niemand ausgesandt werden. Wenn es nur wenige Gemeinden gibt, bedeutet das, dass nur wenige ausgesandt werden. Wenn es viele Gemeinden gibt, werden viele ausgesandt – ein unwiderstehlicher Grund dafür, warum Gemeinden sich vermehren müssen.

Gemeinden sollen Lehrzentren sein, so dass Gläubige in der Wahrheit gegründet werden können, so dass sie gut ausgerüstet sind, den Ungläubigen die Wahrheit deutlich erklären zu können. Jünger zu machen, sie zu taufen und zu lehren wiederholt den ganzen Prozess. Ein wichtiges Nebenprodukt ist, dass Gemeinden Geburtszentren werden; neue Gemeinden werden unter ihrem Einfluss emporschießen. Dann und nur dann kann der Missionsbefehl erfüllt werden.

Die Gnade
des Gebens

Geben im Sinne der Heiligen Schrift ist eine der Grundlagen des Glaubens. Wir haben den Befehl erhalten, unsere Gaben am ersten Tag der Woche ins Vorratshaus zu bringen, die Gemeinschaftskasse der Gemeinde.

Kapitel 40

Wie soll die Gemeinde finanziert werden?

Mehr als alles andere bedeutet das christliche Leben Übergabe – sich selbst Christus vollständig hinzugeben. Wenn wir alles, was wir sind und haben, Gott übergeben – dem es sowieso alles gehört (1 Kor 3,21; 4,2) – nimmt er es an, gibt uns aber dann die Verantwortung darüber zurück, wobei er uns zu *Aufsehern* und *Verwaltern* über all das macht, was er uns anvertraut hat.

Ein sehr wichtiger Teil des christlichen Lebens hat mit unserem Umgang mit Geld zu tun; wie wir dazu kommen, wie wir es ausgeben und wie wir es investieren. Wenn wir deutlich erkennen, dass wir Verwalter der Besitztümer sind, die Gott uns anvertraut hat, dann befähigt uns das, die richtige Einstellung zum Geld zu haben.

Dazu kommt noch, dass Gott versprochen hat, dass er die Fenster des Himmels öffnen und reichlichen Segen auf diejenigen ausgießen würde, die ihren Zehnten und ihre Gaben zu ihm bringen würden, so wie das von treuen Verwaltern erwartet wird (Mal 3,10).

Die Bedeutung des Verwalterseins

Die Bibel lehrt uns, dass wir zu einem hohen Preis erkauft und erlöst wurden (1 Kor 6,19-20). Wir gehören jetzt Gott. In einem gewissen Sinne gehören wir ihm seit unserem Anfang, denn er hat uns geschaffen und auf diese Erde gesetzt, die ihm rechtmäßig gehört (1 Mo 1,1; Ps 24,1).

In einem besonderen Sinne hat er jedoch sein Volk bestimmt, diejenigen, die durch seinen Sohn die Gabe des ewigen Lebens empfangen haben, als Verwalter seiner Besitztümer zu dienen. Ein Verwalter ist jemand, dem die Verwaltung eines Haushalts oder Besitzes eines anderen anvertraut worden ist.

Für den Christen bedeutet Verwalter zu sein, Verantwortung für alles zu übernehmen, was ihm von Gott anvertraut wurde, und es zu gebrauchen – Leben, Zeit, Talente und Fähigkeiten, materielle Besitztümer, Gelegenheiten, anderen zu Diensten zu sein, und seine Erkenntnis von Wahrheit.

Geben

231

Möglichkeiten, das Eigentumsrecht Gottes anzuerkennen

Das Leben kann in drei grundlegende Bereiche eingeteilt werden, die alle von Gott gegeben worden sind: Fähigkeiten, Zeit und Besitz. Wir werden auf jeden dieser drei Bereiche eingehen, aber uns vorwiegend auf die Verwaltung von Besitz konzentrieren.

Die Verwaltung von Fähigkeiten

Jeder Mensch hat besondere Gaben oder Fähigkeiten. Der eine mag im musikalischen Bereich begabt sein, der andere in praktischen Tätigkeiten, so wie Nähen oder als Kfz-Schlosser. Einigen fällt es leicht, zu anderen Kontakt zu bekommen und Freunde zu finden, während andere von Haus aus mehr Einzelgänger sind. Jede Begabung kann benutzt werden, um entweder den zu verherrlichen, der sie besitzt oder den ursprünglichen Geber. Man kann sein Talent fleißig perfektionieren zu Gottes Ehre oder aus persönlicher Selbstsucht. Wenn wir die Gaben entwickeln, die der Heilige Geist einem jeden von uns gibt, sind wir in der Lage, diese Gaben zu vervielfältigen (Mt 25,14-30). Gute Verwalter benutzen ihre Gaben weise und großzügig, um anderen Segen und ihrem Herrn Ehre zu bringen.

Die Verwaltung von Zeit

Als treue Verwalter verherrlichen wir Gott, indem wir unsere Zeit weise nützen (Kol 3,23-24). Die Bibel ermahnt uns, uns nicht wie Narren zu verhalten, die immerzu Zeit verschwenden, sondern die Zeit bestmöglich auszukaufen, weil wir in bösen Tagen leben (Eph 5,15-16). So wie Jesus muss es uns um die Sache des Vaters gehen (Lk 2,49). Weil Zeit eine Gabe Gottes ist, ist jeder Moment wertvoll. Eine treue Verwaltung der Zeit bedeutet, unseren Herrn besser kennen zu lernen, unseren Mitmenschen zu dienen und anderen das Evangelium weiterzugeben. Der Psalmist betete, wie wir es auch tun sollen, dass der Herr ihn lehren möge, seine Zeit bestmöglich zu nutzen, so dass er ein weises Herz erlangen möge (Ps 90,12).

Die Verwaltung von materiellen Besitztümern

Weil die Menschen eine dauerhafte Erinnerung brauchten, dass

Gott die Quelle jeder Segnung im Leben ist (Jak 1,17) und dass er es ist, der uns die Berechtigung gab, Wohlstand zu erlangen (5 Mo 8,18), hat er das *System vom Zahlen des Zehnten* und von Spenden eingerichtet. Dieses System stellte letztendlich die finanziellen Mittel bereit, um die Priesterschaft des israelitischen Tempels zu versorgen.

Gott hat bestimmt, dass die Verbreitung der guten Nachricht vom Geben des Zehnten und den Spenden seiner Leute abhängig sei. Er beruft sie dazu, seine selbstlosen Mitarbeiter zu sein, indem sie ihm den Zehnten und weitere Spenden geben.

Die Heilige Schrift sagt uns, dass der Zehnte »dem Herrn heilig« ist, weil er Gottes Eigentum über alles symbolisiert (3 Mo 27,30.32). Es muss ihm treu zurückgegeben werden. Das System des Zehnten ist in seiner Einfachheit schön. Dass es gerecht ist, zeigt sich darin, dass der Anspruch an Reiche und Arme je nach deren Möglichkeiten gestellt wird. In dem Verhältnis, in dem Gott uns dazu befähigt, Geld zu verdienen, so müssen wir ihm den Zehnten zurückgeben.

Wenn Gott dazu auffordert, den Zehnten zu geben (Mal 3,10), dann macht er keinen Appell an Dankbarkeit oder Großzügigkeit. Obwohl Dankbarkeit bei all unseren Ausdrucksarten Gott gegenüber da sein sollte, so geben wir doch den Zehnten deshalb, weil *Gott es geboten hat*. Der Zehnte gehört dem Herrn und er verlangt, dass wir ihn ihm zurückgeben.

Den Zehnten zu geben ist eine Praxis, die in der ganzen Heiligen Schrift anerkannt ist. Abraham gab Melchisedek, dem Priester Gottes, des Höchsten, den Zehnten von allem (1 Mo 14,20). Indem er das tat, zeigte er, dass er mit dieser heiligen Einrichtung vertraut war. Anscheinend war das schon zu dieser frühen Zeit ein bewährter Brauch. Jakob verstand ebenfalls die Notwendigkeit, den Zehnten zu geben (1 Mo 28,22).

Weit davon entfernt, diese Einrichtung aufzuheben, setzt das Neue Testament dessen Richtigkeit voraus. Jesus bestätigte, den Zehnten zu geben, und verurteilte jene, die sich weigerten, diesen Brauch einzuhalten (Mt 23,23). Die Opfergesetze, die die Opfer regelten, die Christi Erlösungsopfer symbolisierten, endeten mit seinem Tod, was aber nicht für die Forderung, den Zehnten zu geben, gilt.

Nach der Kreuzigung, als die von Gott eingesetzte Rolle des

levitischen Priestertums endete, sollte der Zehnte immer noch dazu verwendet werden, den Dienst der Gemeinde zu unterstützen. Paulus illustrierte das Prinzip, das dem zugrunde lag, indem er eine Parallele zwischen dem levitischen Dienst und dem gerade eingeführten Evangeliumsdienst zog (1 Kor 9,11-14).

Gemeindemitglieder sollen also willig ihren Zehnten der Gemeinde bringen, damit alle Bedürfnisse der Gemeinde erfüllt werden können (Mal 3,10) – mit anderen Worten, damit genug Gelder in der Kasse der Gemeinde ist, damit der Pastor mit einem angemessenen Lohn bezahlt werden kann und die Verbreitung des Evangeliums vorantragen kann.

Neben dem Zehnten sollen auch noch *Spenden* gegeben werden. Dankbare Christen können ihren Beitrag an die Gemeinde nicht auf ihren Zehnten begrenzen. In Israel wurde das Heiligtum und später der Tempel mit »freiwilligen Spenden« gebaut (2 Mo 36,2-7; 1 Chr 29,14). Besondere Spenden finanzierten auch die Ausgaben für die Wartung dieser Gottesdienstorte (2 Mo 30,12-16; 2 Kö 12,5-6; 2 Chr 24,4-14; Neh 10,32-33).

Heute fordert der Herr zu großzügigem Geben heraus. Spenden sind notwendig, Gemeinden zu bauen, zu erhalten und zu betreiben, und um Missionare und Missionsprojekte auf der ganzen Welt zu unterstützen.

Im Neuen Testament hat Christus die Prinzipien für treue Verwaltung festgelegt – *dass unsere Gaben an Gott im Verhältnis zu dem Licht und den Privilegien stehen sollten, in deren Genuss wir gekommen sind* (Lk 12,48). Das Neue Testament hebt dieses System nirgends auf und lockert es auch nicht. Als Jesus seine Jünger aussandte, sagte er: »Umsonst habt ihr empfangen, umsonst gebt« (Mt 10,8).

Die Segnungen großzügigen Gebens

Es führt zu persönlichem Segen

Ein Grund dafür, dass Gott uns bittet, den Zehnten zu geben und zu spenden, ist, besteht darin, unser eigenes geistliches Wachstum und unsere Persönlichkeitsentwicklung zu fördern. Es hilft uns auch, Habsucht und Egoismus zu überwinden. Habsucht, einer unserer größten Feinde, wird oft in der Heiligen Schrift verurteilt (2 Mo 20,17; Mk 7,22; Lk 12,15; Röm 13,9). Regelmäßiges Spenden hilft Habsucht und Egoismus aus unserem Leben herauszureißen. Es führt dazu, sich Gewohnheiten von Sparsamkeit und Effizienz anzueignen. Eine tiefe Zufriedenheit und Freude kommt aus der Zuversicht, dass unsere Investition zur Errettung Verlorener führt.

Es führt zu Segen für die Gemeinde und die Welt
Der Zehnte und weitere Spenden sind unerlässlich, damit der laufende Dienst in der Gemeinde getan werden kann. Nur so wird die Gemeinde angemessene Geldmittel besitzen, um den Pastor zu finanzieren, Gottes Reich in der unmittelbaren Umgebung und weiter in die abgelegenen Orte der Erde auszubreiten. Man denke nur an die Millionen von Menschen auf der ganzen Welt, die Nachfolger Jesu sind, weil effektive Missionsarbeit getan worden war. Nichts davon wäre möglich gewesen, wenn nicht der Zehnte und großzügige Spenden von Gottes Volk gegeben worden wären.

Die Obrigkeit

Wir glauben, dass die Obrigkeit von Gott eingesetzt wurde, und das für die Belange und eine gute Ordnung in der menschlichen Gesellschaft; dass man für Amtsträger beten soll, sie bewusst ehren und ihnen gehorchen soll; Ausnahmen gelten nur, wenn sie dem Willen unseres Herrn Jesus Christus entgegengesetzt sind; der der einzige Herr über unser Gewissen ist und der kommende Prinz der Könige der Erde.

Kapitel 41

Wie sollte die christliche Einstellung der Regierung gegenüber aussehen?

Gott hat drei Institutionen auf der Welt zum Wohle der Menschheit eingesetzt. Die Erste ist das Zuhause (1 Mo 2,18-25); die Zweite ist die menschliche Regierung und die Dritte die Ortsgemeinde. Gott hat das Prinzip eingeführt, dass Gesetz und Ordnung in der Gesellschaft durch das Wirken des Staates eingehalten werden sollen.

Regierungen sind von Gott eingesetzt. Die erste Aufzeichnung dieser Einrichtung findet sich in 1 Mo. 9,6, als Gott der Gesellschaft das Recht gab, Gesetze durchzusetzen und sogar die Todesstrafe zu gebrauchen, wenn es notwendig ist.

Gott hat die Regierung eingesetzt

Der Apostel Paulus informierte seine Leser darüber, dass es keine Regierungsautorität gibt, die Gott nicht eingesetzt hätte (Röm 13,1). Zwei Mal in diesem Kapitel bezeichnet er die Regierenden als Diener Gottes (13,4.6). Sich diesem Prinzip zu widersetzen, heißt, sich dem Gott zu widersetzen, der ursprünglich die Regierung eingesetzt hat, und es bedeutet, sich seine Missbilligung zuzuziehen. Die Ausnahme zu dieser Allgemeinregel wird später in diesem Kapitel detailliert beschrieben.

Das Buch Daniel offenbart, dass Gott Könige einsetzt und sie auch wieder absetzt (Dan 2,21). Der Schreiber der Spr erklärt, dass durch Gottes Erlaubnis Könige regieren, Herrscher gerechte Gesetze machen und Fürsten regieren. Alle Vornehmen, die auf der ganzen Erde regieren, tun das mit Gottes Zustimmung (Spr 8,15-16).

Die ungerechtesten und bösesten Herrscher auf der Welt haben keine Macht außer der, die ihnen von oben gegeben ist. Als Jesus sich weigerte, die Frage des Pilatus zu beantworten, wer er sei, hielt Pilatus ihm vor, dass er Macht hätte, ihn entweder freizulassen oder zu kreuzigen (Joh 19,8-10). Was Jesus dem Pilatus antwortete, zeigt, dass Herrscher ihre Macht von Gott haben (19,11). Das bedeutet nicht, dass Gott die Greueltaten der Tyrannen stillschweigend billigt oder gar dafür verantwortlich ist. Und es besagt auch nicht, dass jede Entscheidung, die Regierungsbehörden treffen, Gottes Zustimmung hat. Es dient nur dazu festzustellen, dass Gott die Macht hat, wenn er es will, die Entscheidung der Herrscher zu beeinflussen, und dass die Autorität zu herrschen ursprünglich von ihm stammt.

Herrscher sollen geehrt werden

Die Heilige Schrift gebietet, dass Christen »den König ehren« sollen (1 Petr 2,17). »Den König zu ehren« bedeutet im Wesentlichen dasselbe wie den Präsidenten, den Gouverneur, den Senator und den Bürgermeister zu ehren. Alle Obrigkeit ist zu respektieren. Es überrascht, dass Petrus das zu einer Zeit schrieb, als das korrupte Römische Reich Kontrolle über das hatte, was einst die Nation Israel gewesen war; und das war ein Reich, das wild entschlossen war, die wachsende christliche Bewegung auszurotten.

Während Christen nicht mit allem übereinstimmen können, was die Regierung tut, sollen sie doch in den meisten Situationen nicht schuldig werden, sich den Regierungsbehörden nicht unterzuordnen. Sie sollen sich denjenigen, die Autorität über sie haben, und den Gesetzen, die sie eingeführt haben, unterordnen und sie ehren.

Judas spricht von Menschen, die Autorität verwerfen und über Würdenträger schlecht reden (Jud 8). Gott verlangt von uns, dass wir über niemanden schlecht reden (Tit 3,2), aber es ist noch schlimmer, wenn wir abfällig von der Obrigkeit reden, diejenigen, die Gott als Autorität über uns eingesetzt hat.

Sich der Obrigkeit unterzuordnen ist eine sichtbare Weise für Christen, ihre Unterordnung Gott gegenüber zu zeigen. Diejenigen, die sich weigern, die über sie Regierenden zu ehren oder sich den Gesetzen des Landes unterzuordnen, weigern sich, Gott zu gehorchen (Röm 13,2). Unter Beachtung dessen sollte man darauf achten, alle Regierungsangestellten mit Respekt zu behandeln – ob sie nun Ihre Steuern einziehen oder Ihnen einen Strafzettel für zu schnelles Fahren geben. Es ist besonders wichtig, Polizisten zu ehren, Autobahnpolizei und militärisches Personal. Diese Leute dienen einer wichtigen Funktion, indem sie helfen, eine friedfertige Gesellschaft aufrecht zu erhalten.

Regierenden soll man gehorchen

Bei einer Gelegenheit versuchten die Pharisäer, Jesus eine Falle zu stellen, indem sie ihn fragten, ob es recht sei, Cäsar Steuern zu zahlen oder nicht. Das Römische Reich herrschte damals über die Juden, und für viele war es ein Problem, an heidnische Nichtjuden Steuern zu zahlen. Wenn Jesus gesagt hätte, dass es für das jüdische Volk falsch gewesen wäre, Rom Steuern zu zahlen – und das war genau das, was die Pharisäer hofften, dass er tun würde – dann würden sie ihn den römischen Behörden als einen Aufrührer ausliefern.

Die Antwort Jesu überraschte sie; sie lehrt aber auch heute noch den Christen eine wichtige Lektion über die Achtung der Obrigkeit gegenüber. Jesus bat sie um eine Münze. Es war eine römische Münze. Als er fragte, wessen Abbildung auf der Münze war, antworteten sie: »Cäsars«. Jesus beantwortete ihre Frage dann mit einer Anweisung, Cäsar zu geben, was Cäsar gehört, und Gott, was Gott gehört (Mt 22,15-22; siehe auch Röm 13,2; Tit 3,1; 1 Petr 2,13-14). Diese Schriftstellen lehren deutlich, dass Christen denjenigen gehorchen müssen, die über sie regieren, und das sogar, wenn die Obrigkeit fragwürdige ethische oder moralische Maßstäbe hat.

Dennoch gibt es *Ausnahmen zu den Regeln* oben. Wenn ein Regierungsbeauftragter Gott und seinem Volk extrem ablehnend gegenübersteht, ist es keine Sünde, auszudrücken, dass man anderer Meinung ist, oder sich seinen Anordnungen zu widersetzen. Es gibt verschiedene Beispiele in der Bibel, die das bestätigen.

Als einige Pharisäer Jesus darüber informierten, dass Herodes vorhatte, ihn zu töten, nannte Jesus den Herodes einen »Fuchs« – was bedeutet, dass er die Verkörperung von Hinterlist und Durchtriebenheit war (Lk 13,32). Das war der verächtlichste Name, den Jesus jemals irgendjemandem gab. Johannes der Täufer sagte König Herodes, dass er gegen das Gesetz gehandelt habe, mit der Frau seines Bruders zusammen zu leben. Das brachte den König gegen Johannes auf und kostete Johannes letztendlich das Leben. Dennoch wird Johannes nicht dafür zur Rechenschaft gezogen, dass er Herodes für seine eklatante Unsittlichkeit tadelte (Mk 6,18). Schadrach, Meschach und Abednego, drei junge Gefangene in Babylon, weigerten sich, dem Befehl des Königs Nebukadnezar zu gehorchen, sich vor dem goldenen Bild in der Ebene von Dura zu verbeugen (Dan 3). Daniel widersetzte sich dem Erlass des Königs Darius, der ihm verbot, zu seinem Gott zu beten (Dan 6).

Als die Jünger einen strengen Befehl von den Regierungsbeauftragten erhielten, nicht mehr im Namen Jesu zu lehren, antworteten sie, dass sie einer höheren Loyalität verpflichtet wären: Sie sollten Gott mehr gehorchen als Menschen (Apg 5,27-32). Ein Befehl Gottes hat Vorrang vor menschlichen Befehlen. Es ist der Preis, ein Christ zu sein, dass man beizeiten bereit sein muss, Gott mehr als den Regierungsbehörden zu gehorchen, und den Preis dafür zu zahlen.

Ein echter Christ ist nicht »Gesetz-los«; er weiß jedoch, dass, falls die Regierung Forderungen an ihn stellt, die dem Wort Gottes widersprechen, dass es dann erlaubt ist, solcher Amtsbefugnis zu widerstehen.

Man soll für die Regierenden beten

In 1 Tim 2,1-2 ermahnt Paulus die Christen, für Menschen zu beten. Wir sollten aber nicht nur für jeden beten; wir sollten besonders für diejenigen beten, die Regierungsmacht haben, so wie das Staatsoberhaupt und andere nationale und kommunale Regierungsvertreter. Das schließt diejenigen ordentlich gewählten Amtsträger ein, die wir in der letzten Wahl nicht wählen wollten.

Als Paulus diese Worte schrieb, herrschte der heidnische Kaiser Nero. Der war dem Christentum gegenüber feindlich eingestellt und gebrauchte so jegliche Art von Ausrede, Christen zu verfolgen. Dennoch mahnte Paulus den Timotheus, dass er die Gemeinde drängen sollte, für Nero zu beten. Wir müssen auch für unsere Regierenden beten. Wir müssen beten, dass

1. sie gerecht regieren (2 Sam 23,3a);
2. sie in der Furcht Gottes regieren (2 Sam 23,3b);
3. sie Verbrecher bestrafen (Röm 13,3a);
4. sie von ihrem Vorrecht Gebrauch machen, ernsthafte Verbrechen mit der Todesstrafe zu ahnden (Röm 13,4).

Es dient uns zum Guten, dass wir für diejenigen beten, die über uns herrschen. Das Ziel solchen Betens ist, dass wir ein ruhiges und friedliches Leben führen können. Paulus wusste, dass das Gebet die Macht hat, Dinge zu verändern. Gottgefällige Menschen beten nicht umsonst für den Frieden im Lande und auf der ganzen Welt. Gott hat die Kontrolle über nationale und internationale Angelegenheiten und es geschieht in Zeiten des Friedens, dass Nachfolger Jesu Christi in Ruhe nach einem Leben in Heiligkeit trachten können.

Christen sollen Bürger sein, die die Gesetze befolgen

Wir sollen nach dem Besten unseres Landes trachten und nichts tun oder an nichts teilnehmen, das dazu tendiert, den Frieden zu stören oder zu zerstören.

Wir sollen alles tun, was wir können, um das Wohl unseres Landes zu fördern. Wir sollen unsere Kinder dazu erziehen, Bürger zu werden, die die Gesetze befolgen, was am besten dadurch erreicht wird, dass wir ein gutes Vorbild sind statt das nur vorzuschreiben.

Eine der besten Art und Weisen, wie man fördern kann, dass eine Gesellschaft gut und friedlich ist, ist die, dass man am Gemeindeleben teilnimmt, weil Gemeinden die Basis sind für eine intakte und gesunde Gesellschaft vor Ort. In den meisten Fällen spiegelt die Gesellschaft vor Ort die Gemeinden wider. Wenn die Gemeinden schwach sind, ist auch die Gesellschaft vor Ort schwach.

Schlussfolgerungen

Wenn du in einem Land lebst, in dem Religionsfreiheit herrscht, solltest du besonders dankbar sein. Dennoch ist es immer noch wahr, dass »dauerhafte Wachsamkeit der Preis der Freiheit ist«. Wenn du nicht für dein Land betest, wenn du nicht versuchst, daraus einen besseren Ort zu machen, wenn du nicht seinen Gesetzen gehorchst, Politiker wählst, die am meisten christliche Werte vertreten, dann verbündest du dich mit denen, die nach dem Umsturz der Gesellschaft trachten.

Die Rückkehr Christi
und damit zusammenhängende Ereignisse

In Bezug auf diese Themen glauben wir an die Heilige Schrift und nehmen sie wörtlich. Wir glauben, dass, nachdem Christus körperlich auferstanden war »am dritten Tag nach den Schriften«, »er auffuhr zu der Rechten des Thrones Gottes«; dass er allein unser »gnädiger und treuer Hohepriester in Bezug auf die Dinge ist, die Gott betreffen«; dass genau dieser Jesus in derselben Art und Weise wiederkehren wird, in der er in den Himmel aufgenommen worden war – körperlich, er persönlich und sichtbar; dass »die Toten in Christus zuerst auferstehen werden«; dass die Heiligen, die zu diesem Zeitpunkt noch am Leben sind, »in einem Moment verändert werden, in einem Augenblick, beim Klang der letzten Trompete«; dass »der Herr, Gott, ihm den Thron seines Vaters David geben wird« und dass »Christus 1000 Jahre lang in Gerechtigkeit regieren wird, bis Gott seine Feinde unter seine Füße gelegt hat«.

Kapitel 42

Können wir noch an das zweite Kommen Christi glauben?

In den nächsten Kapiteln werden wir die Rückkehr Christi und Ereignisse, die damit zusammenhängen, ins Auge fassen. Eine der herausragendsten und grundlegendsten Lehren, die im Wort Gottes gelehrt werden, ist das zweite Kommen Christi auf die Erde. Die Apostel stellten die Möglichkeit seiner Wiederkunft zu ihrer Lebzeit in Aussicht und die nächste Generation hielt die »gesegnete Hoffnung« als ein Ereignis lebendig, das unmittelbar bevorstand.

Mit der Zeit wurde diese wahre Glaubenslehre jedoch vernachlässigt und von vielen sogar verworfen. Jahrhunderte vergingen, bevor diese großartige Wahrheit wieder belebt wurde. In den letzten 150 Jahren wurde sie von Neuem betont, obwohl es immer noch viel Gleichgültigkeit und Widerstand dagegen gibt. Der Apostel Petrus sagte vorher, dass in »den letzten Tagen« Spötter auftreten würden, die fragen, warum Christus noch nicht wieder gekommen sei, wie er das versprochen hatte (2 Petr 3,3-4).

Dennoch sollen Christen gerne an die »Erscheinung« ihres Herrn denken (2 Tim 4,8). Sie haben über ihn geredet, in seinem Namen zum Vater gebetet und sich danach gesehnt, ihn zu sehen. Und eines Tages, vielleicht schneller, als manche denken, wird er erscheinen. Wir werden »ihn sehen, wie er ist« (1 Jo 3,2).

Warum das zweite Kommen wichtig ist

Dessen Wichtigkeit in der Heiligen Schrift

Während im Alten Testament einige Male auf diese Wahrheit angespielt wird, wird sie im Neuen Testament mehr als 300 mal spezifisch erwähnt oder im Durchschnitt alle 25 Verse einmal. Jesu Rede auf dem Ölberg behandelt ausschließlich dieses Thema und nimmt im Matthäusevangelium zwei ganze Kapitel ein (Mt 24-25). Andere Bücher behandeln dieses Thema vorrangig, so wie 1 und 2 Thess und Offb.

Es ist die Hoffnung der Gläubigen (Tit 2,13)

Zu allen Zeiten der Kirchengeschichte haben wahre Gläubige in der großartigen Wahrheit von der Wiederkunft Christi Trost gefunden. Paulus nannte die Erwartung der Rückkehr des Herrn »die gesegnete Hoffnung«. Während einige Aspekte des Kommens des Herrn eine ernsthafte Einstellung zu den Dingen des Lebens heute hervorrufen sollte, kann doch diese Hoffnung die Christen aus den Betrübnissen, Enttäuschungen und Unsicherheiten dieses Lebens herausheben. Sie schafft in uns das Bewusstsein, dass der Tag des Sieges kommt, wenn alle schlechten Dinge und Ungerechtigkeiten zurechtgerückt werden und Jesus Christus als derjenige erkannt werden wird, der er wirklich ist.

Es ist ein Ansporn zu biblischem Christsein
Diejenigen, die ernsthaft an diese Lehre glauben, streiten selten die Unfehlbarkeit der Bibel ab oder fallen vom Glauben ab. Das Annehmen dieser Wahrheit führt zu Heiligkeit im Leben (1 Jo 3,3; 2 Petr 3,10-11). Sie regt Wachsamkeit und Ausdauer an (1 Thess 5,2-11; 1 Jo 2,28). Sie fördert Geduld und Trost in Zeiten der Not (Jak 5,7; Hebr 10,35-37; 1 Thess 4,16-18).

Es führt zu treuerem Dienst für Christus
Diejenigen, die an dieser Wahrheit festhalten, sind diejenigen, bei denen es am wahrscheinlichsten ist, dass sie für ihre persönliche Treue, ihr großzügiges Spenden, ihren missionarischen Eifer und ihre evangelistischen Bemühungen bekannt sind. Es gibt keinen größeren Anreiz zu dienen als zu glauben, dass Christus jeden Moment wiederkommen kann.

Die zwei Phasen von Christi Kommen

Das zweite Kommen Christi ist ein Ereignis, das aber in *zwei Stufen* abläuft. Die erste Stufe: Er kommt *für* die Gläubigen; die zweite Stufe: er kommt *mit* den Gläubigen.

Sein Kommen für die Gläubigen
Christus wird zurückkommen, um die Heiligen in der Luft zu treffen (1 Thess 4,16-17). Das wird manchmal als »die Entrückung« bezeichnet, was »wegreißen« oder »transportieren« bedeutet. Christen

werden emporgezogen, um sich mit dem Herrn zu treffen. Diese Phase von Christi Kommen kann jeden Moment stattfinden. Wenn der Herr zurückkommt, werden nur die Gläubigen emporgezogen, um sich mit ihm zu treffen. Diejenigen, die am Leben sind und ihn verworfen haben, werden auf der Erde gelassen werden, um die Betrübnisse »der großen Drangsal« zu erleben.

Sein Kommen mit den Gläubigen
Nach der Drangsalszeit wird unser Herr triumphierend auf die Erde zurückkehren, um den Antichrist zu besiegen und sein Königreich aufzurichten. Wenn er zurückkommt, werden seine Heiligen bei ihm sein (Jud 14-15; Kol 3,4).

Der Zeitpunkt von Christi Kommen

Niemand kennt den genauen Zeitpunkt von Jesu Rückkehr (Mt 24,36.42). Manchmal haben Menschen die Warnung unseres Herrn missachtet und Zeitpunkte für seine Wiederkunft festgelegt. Christen, die informiert sind, erhalten sich immer eine Haltung von Erwartung, wobei sie seiner Wiederkunft mit Eifer entgegensehen. Dabei passen sie aber auf, keine Zeitpunkte festzusetzen.

Während wir aber keine Zeitpunkte festsetzen dürfen, stehen hingegebene Christen doch nicht im Dunkeln über so ein wichtiges Ereignis und werden auch überrumpelt, wenn Jesus wiederkommt (1 Thess 5,4). Zweifellos wird Gott seinem Volk, wenn die erste Phase seines Kommens naht, ein Bewusstsein schenken, dass das große Ereignis unmittelbar bevorsteht.

Wenn wir die Prophetien erforschen und sie auf gegenwärtige Ereignisse anwenden, können wir nur zu der Schlussfolgerung kommen, dass die Rückkehr des Herrn nahe sein könnte. Wir sehen, dass sich die Länder Europas vereinen, um sich wirtschaftlich und militärisch zu schützen, Israel ist wieder in seinem Land und dieses kleine Stück Geographie ist der Brennpunkt vieler Schlagzeilen heute. Der militante Islam ist auf dem Vormarsch. Sie würden nichts lieber tun als Israel ins Meer zu jagen und vieles, was mit dem islamischen Terrorismus heute zu tun hat, hängt damit zusammen. Zugleich geschieht es zu dem genauen Zeitpunkt in der Geschichte, an dem die wohlhabenden Nationen und sogar die Entwicklungsländer Öl brauchen für die boomenden Auto-, Flugzeug- und Produktionsmärkte, dass die arabischen (oder islamischen) Nationen einen guten Teil des Welt-Ölhaushalts kontrollieren. All diese vorankündigenden Themen sind »Zeichen der Zeit«.

Die Art und Weise von Christi Kommen bei der Entrückung

Er persönlich wird zurückkommen
Es ist nicht nötig, nach einem anderen Messias oder Propheten Ausschau zu halten. »Dieser selbe Jesus« wird höchstpersönlich zurückkommen, wie von den Engeln und unserem Herrn Jesus Christus selbst prophezeit (Joh 14,3; Apg 1,11).

Er wird mit einem gewaltigen Ruf wiederkommen (1 Thess 4,16)
Das griechische Wort für »Ruf« (griech. *keleuma),* bezeichnet einen »Kriegsruf«. Jesus wird als siegreicher König dargestellt, der sein Volk befreien und seine Feinde besiegen wird.

Er wird von der Stimme des Erzengels begleitet (1 Thess 4,16)
So wie Engel nach der Zeit seiner Versuchung kamen und ihm dienten (Mt 4,11), so werden sie ihn bei seinem zukünftigen Triumph begleiten.

Er wird beim Schall der Trompete zurückkehren (1 Thess 4,16b)
Die Trompete wurde benutzt, Gottes Volk zu ihren feierlichen Versammlungen zusammenzurufen (4 Mo 10,2.10); hier wird sie verwendet, Gottes Volk zusammen zu bestellen, um sie für ihre Verherrlichung mit Christus vorzubereiten (1 Kor 15,52).

Die Ereignisse, die bis hierher beschrieben wurden, bezeichnen die erste Phase seines Kommens, wenn tote und lebendige Gläubige zusammen »emporgezogen« oder »entrückt« werden, um den Herrn in der Luft zu treffen (1 Thess 4,16-17) und in den Himmel aufgenommen zu werden.

Die zweite Phase seines Kommens geschieht, wenn er mit seinen Engeln und Heiligen vom Himmel auf die Erde zurückkehrt, um in seinem tausendjährigen Reich über die Erde zu regieren. Diese völlig unterschiedlichen Ereignisse sollten nicht durcheinander gebracht werden.

Schlussfolgerungen

Weil das Kommen des Herrn jeden Moment eintreten kann, ist es äußerst wichtig, dass die richtigen Vorkehrungen getroffen werden. Erstens sollten diejenigen, die verloren sind, schnell ihre Berufung und Erwählung sicher machen. Heute ist der Tag der Errettung (2 Kor 6,2). Zweitens sollten diejenigen, die gerettet sind, im Lichte dieser großen Erwartung leben. Niemand wird wahrscheinlicher ein vorbildliches Leben führen als diejenigen, die auf diese Hoffnung bauen (1 Jo 3,2-3).

Derweil, sagte Jesus, sollten wir in seinem Dienst beschäftigt sein, seinen Willen tun, bis er wiederkommt (Lk 19,13). Die Lektion, die Jesus in diesem Gleichnis lehrt, ist diese: »Gebraucht eure Talente (Minen) gut, während ich weg bin (die *Minen* oder *Talente* stellen die verschiedenen Gaben dar, die Gott jedem Einzelnen gibt).

Lehnen Sie sich nicht zurück und beschweren Sie sich nicht, dass die Welt schlimmer und schlimmer wird, ohne etwas dagegen zu tun. Legen Sie los und investieren Sie, was Sie haben – Ihre Zeit, Ihre Talente und Ihren Besitz – *denn die Nacht kommt, in der keiner mehr arbeiten kann. Zu einem Zeitpunkt, wenn die meisten Menschen es am wenigsten erwarten, werde ich zurückkommen; und danach wird ein Tag der Abrechnung kommen* (Lk 19,11-26).

Kapitel 43

Wann wird die große Trübsal sein?

Nichts kann sicherer sein als die Verheißung, dass Christus wieder auf die Erde zurückkommt. Es mag verschiedene Meinungen geben, wann genau gewisse endzeitliche Schlüsselereignisse stattfinden werden, aber die Verheißung seines Kommen ist so herausragend im Neuen Testament, dass es nicht nur Sünde wäre, sie zu vernachlässigen, es würde denjenigen, der sich entschließt, sie nicht zu beachten, eines reichen Vorratshauses von Segen berauben.

Die Absicht von Christi Kommen wird im Neuen Testament deutlich gemacht, genauso wie Information über eines der am meisten besprochenen Themen in der Prophetie – die große Trübsal. Diese zwei wichtigen Themen werden in diesem Kapitel behandelt.

Die Absicht der Entrückung

Christus kommt, um die Gläubigen mit sich zu nehmen (Joh 14,3).
Von da an werden wir für immer beim Herrn sein (1 Thess 4,17). Weil aber »Fleisch und Blut das Königreich Gottes nicht erben können«, ist es offensichtlich, dass gewisse Dinge geschehen müssen, bevor er uns bei sich aufnehmen kann.

Erstens *müssen die Toten in Christus auferweckt worden sein* (1Thess 4,16). Das wird zweifelsohne die Körper aller Heiligen einschließen, die je gelebt haben.

Zweitens *müssen die Gläubigen, die am Leben sind, wenn er kommt, verändert werden* (1 Kor 15,50-58; 1 Thess 4,17). Wie genau die Veränderung aussieht, von der hier die Rede ist, wird nirgends gesagt; dass es aber möglich ist, emporgezogen zu werden ohne gestorben zu sein, wird in der Entrückung Henochs gezeigt (1 Mo 5,24; Hebr 11,5) und in der Elias (2 Kö 2,11-18). Es genügt zu sagen, dass wir wie Christus sein werden (1 Jo 3,2). Das bedeutet nicht, dass wir gleich wie er aussehen werden; wir werden in dem Sinne sein wie er, dass wir frei von der Möglichkeit der Befleckung, Sünde, Krankheit, Kummer und Tod sein werden.

Christus kommt, um zu richten und belohnen
Christus wird kommen, um die Werke der Gläubigen am *Richterstuhl Christi* zu richten und belohnen. Der Gläubige wird in Bezug auf seine Sünden nicht mehr gerichtet werden (Joh 5,24). Für die wurde er schon in der Person Christi gerichtet (Joh 3,18). Wenn Christus zurückkommt, wird der Gläubige dahingehend gerichtet, was er aus seinen Talenten und Gelegenheiten gemacht hat, die ihm anvertraut waren (Mt 25,14-30; 20,1-16). In Bezug auf diese »Werke« wird der Gläubige gerichtet werden (2 Kor 5,10).

Die große Trübsal

Die Zeit zwischen der Entrückung der Heiligen und der triumphalen Rückkehr Christi auf die Erde, um sein Königreich aufzurichten, wird für die Bewohner der Erde voll von Gefahr sein (Dan 12,1). In Mt 24,21 wird sie als eine Zeit der »Bedrängnis« oder »Not« beschrieben, schlimmer als alles, was die Welt je gesehen hat. im Alten Testament wird sie als »die Zeit von Jakobs Not« bezeichnet (Jer 30,7). Im Besonderen wird es eine Zeit intensiven Leidens für Israel sein, aber, wie andere Vorsehungen der Heiligen Schrift deutlich machen, wird die ganze Welt Qual erleiden wie nie zuvor.

Die Länge dieses Zeitabschnitts
Nirgends wird uns gesagt, wie lange das andauern wird. Für viele Ausleger ist die siebzigste Woche in Dan immer noch in der Zukunft und sie ist die Trübsalszeit. Wenn die siebzig »Wochen« in Dan jeweils sieben Jahre repräsentieren und die siebzigste Woche noch nicht erfüllt ist, kann man erwarten, dass die Drangsal sieben Jahre dauern wird (siehe Dan 9,24-27).

In Übereinstimmung damit wird die spätere Hälfte dieses Zeitabschnitts anderswo als »eine Zeit, Zeiten und eine halbe Zeit« bezeichnet (Offb 12,14), als »42 Monate« (Offb 13,5) und als 1260 Tage (Offb 12,6) oder dreieinhalb Jahre.

Die Eigenart dieses Zeitabschnitts
Die ersten dreieinhalb Jahre der Trübsal werden eine Zeit relativer Ruhe sein, da der Antichrist seine wahren Absichten verbirgt, während

er seine Bündnisse stärkt und die Grundlage für seinen Angriff auf Israel legt. Er wird mit den Juden ein Bündnis schließen, ihre Tempelopfer wieder herzustellen, aber nach dreieinhalb Jahren wird er das Bündnis brechen, womit er Dan 12,11 und 2 Thess 2,3-4 erfüllt.

Während der letzten Hälfte dieses Zeitabschnitts wird es eine Föderation von Nationen geben, die von dem »Tier« (einem anderen Namen für den Antichrist) and dem »falschen Propheten« angeleitet werden, wobei das Hauptziel die Zerstörung Israels sein wird. In unserer Zeit heute breitet sich der Hass Israel gegenüber (Antisemitismus) alarmierend weit auf der Welt aus.

Die Religion dieser Zeitperiode wird sich auf den Antichristen zentrieren. Sein bereitwilliger Komplize, »der falsche Prophet«, wird Betrug und Aufsehen erregende Wunder gebrauchen, um die Nationen dahingehend zu betrügen, ihre Loyalität dem Antichristen zu geben. Diejenigen, die das Tier nicht anbeten, werden verfolgt werden und ein Verbot erhalten, zu kaufen oder zu verkaufen (Offb 13,11-17). Dass die Regierung die Möglichkeit hat, den Handel zu regulieren und einzuschränken, wurde schon deutlich in Kriegszeiten gezeigt.

Offb 6-18 beschreiben die abscheulichen Ereignisse (nicht notwendigerweise in chronologischer Anordnung) der letzten dreieinhalb Jahre der Trübsalszeit. Wir sehen dann, dass die Trübsal tatsächlich *die Stunde und Macht der Finsternis* sein wird.

Der Hauptdarsteller des Zeitabschnitts
Es überrascht nicht, dass hinter dieser Rebellion kein anderer als Satan selbst steckt. Die Bibel offenbart, dass er seine Macht, seinen Thron und seine große Autorität dem Antichristen geben wird (Offb 13,2-4). Daher wird dieser Monarch zusammen mit dem falschen Propheten von Satan angetrieben und bevollmächtigt sein und kein irdischer Herrscher wird in der Lage sein, erfolgreich gegen ihn Krieg zu führen. Dieses Triumvirat – Satan, das Tier und der falsche Prophet – werden als »die satanische Trinität« bezeichnet.

Die Absicht von Christi zweitem Kommen
Das Tier, den falschen Propheten und ihre Armeen zu richten (Offb 19,19-21; 2 Thess 2,8)

Wenn sich die Jahre beispielloser Trübsal dem Ende zu neigen, kommen der Drachen, das Tier und der falsche Prophet hin und versammeln alle Regierungsoberhäupter der Welt zusammen mitsamt ihren Armeen (Offb 16,12-16). Sie sammeln ihre Truppen unter dem Vorwand, Jerusalem zu erobern und die Juden zu vernichten, aber genau in dem Moment, in dem ihr Sieg sicher zu sein scheint, kommt Christus mit seinen Armeen vom Himmel herab (Offb 19,11-16). Die Auseinandersetzung ist kurz und das Ergebnis sicher. Die Leiter der Rebellion werden gefangen genommen und in den Feuersee geworfen (2 Thess 2,8; Offb 19,19-20).

Satan zu binden (Offb 20,1-2; Röm 16,20)
Dieses Binden Satans bezeichnet, dass er von dem Bereich früheren Wirkens entfernt wird und seine Gelegenheit und Fähigkeit verliert, sein Werk fortzusetzen.

Das Binden Satans wird jedoch nicht mit sich bringen, dass die fleischliche Natur von denen entfernt wird, die immer noch in ihrem sterblichen Leib sind. Sünde wird im tausendjährigen Reich immer noch da sein. Beachte, dass dieses Binden für den bestimmten Zeitraum von 1.000 Jahren sein wird.

Sein Königreich aufzurichten
Dieses Thema wird später ausführlicher aufgegriffen, aber ein paar Worte müssen diesbezüglich in diesem Zusammenhang gesagt werden. Gott verhieß David, dass er sein Königtum auf ewig einsetzen würde (2 Sam 7,8-17).

Viele Bibelstellen weisen auf ein zukünftiges, buchstäbliches Königtum hin, dessen Regent kein anderer als der Sohn Gottes selbst sein wird. Die Stadt Jerusalem wird die Hauptstadt werden und alle Nationen werden verpflichtet sein, zu kommen, um in Jerusalem anzubeten (Sach 14,16-19). Es wird eine Zeit beispiellosen Friedens für die Welt sein.

Kapitel 44

Wie wird das Millenium sein?

Das Wort *Millenium* kommt vom Lateinischen *mille* (tausend) und *annus* (Jahr) und bedeutet eintausend Jahre. Die Lehre vom Millenium beinhaltet, dass Christus 1.000 Jahre lang über ein irdisches Königreich regieren wird.

Impliziert ist in dieser Lehre, dass Christus *vor dem Millenium* zurückkommen wird. Das ist als Lehre des *Prämillenialismus* bekannt. Diejenigen, die glauben, dass Christus *nach* einem tausendjährigen Zeitraum von weltweiten Frieden und Gerechtigkeit zurückkehren wird, werden *Postmillenialismus* genannt. Diejenigen, die eine buchstäbliche Millenium-Regierung *leugnen*, werden *Amillenialisten* genannt. Das Wort Millenium kommt in der Bibel nicht vor, aber die »tausend Jahre« werden sechsmal in Offb 20,2-7 genannt.

Die Tatsache eines Milleniums

Die Lehre der Heiligen Schrift

Die Hoffnung und Erwartung eines zukünftigen »goldenen Zeitalters« hat nur insofern Wert, als sie auf der Heiligen Schrift basiert. In diesem Fall haben wir umfangreiche Berechtigung für solch einen Glauben.

»Der Tag des Herrn« ist ein Ausdruck, den man oft sowohl im Alten als auch im Neuen Testament findet (Joel 2,11; 2 Thess 2,2). Der »Morgenstern« wird den Anbruch eines neuen Tages ankündigen (2 Petr 1,19) und die »Sonne der Gerechtigkeit« wird sie kurz danach einleiten (Mal 4,2). Das ist der Zeitraum, von dem Propheten, Dichter und Weise gesprochen haben; es ist das zukünftige Jubeljahr oder der zukünftige Sabbat.

Darüber hinaus wird der Gott des Himmels noch ein Königreich errichten, das nie mehr zerstört werden wird (Dan 2,44; Offb 11,15). Um seinen Bund mit David zu halten, muss Gott das irdische Königreich wieder herstellen (2 Sam 7,11-16).

Die Absicht Christi, die bezüglich seines Kommens auf die Erde offenbart worden ist, ist die, ein Königreich zu errichten (Lk 19,12.15; Mt 25,31ff). Die Jünger freuten sich auf die Errichtung eines solchen

Königreichs. Jesus weigerte sich, ihnen die Zeit von dessen Einführung zu offenbaren, aber er hat sie niemals dafür zurechtgewiesen oder sie dafür korrigiert, dass sie daran glaubten (Apg 1,6-7).

Der Glaube der frühen Gemeinden
Die frühe Gemeinde glaubte weithin, dass ein tausendjähriges Reich auf Erden dem zweiten Kommen Christi folgen würde. Das findet sich in den Schriften von solch biblischen Gelehrten wie Justin, Irenäus und Tertullian. A.A. Hodge gibt zu, dass diese Sicht »in der Gemeinde von 150-250 n.Chr. allgemein vorherrschte«.

Die Beschaffenheit des Milleniums

In Bezug auf Christus
Christus wird persönlich auf der Erde gegenwärtig sein und auf dem Thron seines Vaters David sitzen. Er wird über die ganze Erde regieren (Jer 23,5-6). Zwei Dinge werden für sein Königtum charakteristisch sein: weltweiter Friede (Jes 2,4) und weltweite Gerechtigkeit (Jes 11,4-5). Gerechtigkeit wird durch den »eisernen Stab« aufrechterhalten, mit dem der König der Könige regieren wird (Offb 2,27; 19,15).

In Bezug auf die Gläubigen
Die Gläubigen werden mit Christus über die Welt der Ungläubigen herrschen (Offb 20,4.6; 5,9-10). Es scheint, dass die Gläubigen eher individuelle als kollektive Verantwortung in dem Reich haben werden (Lk 19,16-19).

Mit Bezug auf Israel
Israel wird wieder in sein Heimatland versammelt werden (Jes 11,10-13). Die Gründung des Staates Israel 1948 ist sicherlich ein Vorläufer der endgültigen Wiederversammlung. Wir lernen aus der Heiligen Schrift, dass Israel umkehren und sich bekehren soll (Jes 66,8; Röm 11,25-27). Sie werden ihn annehmen, der lange vorher gekommen war, ihr Retter zu sein, und sie werden beim Herrn mit »Leben aus den Toten« aufgenommen werden.

In Bezug auf die Nationen

Sie werden den Kern des Königreichs bilden, zusammen mit dem wiederhergestellten und bekehrten Israel. Es ist aber offensichtlich, dass Mengen während dieses Zeitalters geboren werden und Evangelisation nötig haben werden (Sach 8,4-5; Jes 65,20). Schließlich werden die Heiden nach Jerusalem hinaufziehen, um dort anzubeten, besonders am jährlichen Laubhüttenfest (Sach 14,16-19).

Eine der Hauptbesonderheiten des Milleniums wird der Tempel sein, der das Zentrum der Anbetung in Jerusalem sein wird. Gott gab Hesekiel die detaillierten architektonischen Angaben dieses zukünftigen Tempels (Hes 40-46). Jesus Christus, der als König der Könige und Herr der Herren auf dem Thron seines Vaters David sitzen wird, wird der Brennpunkt der Anbetung sein. Wie die Wasser die See füllen, so wird die Erde voll der Erkenntnis des Herrn sein (Jes 11,9).

In Bezug auf Satan

Am Anfang dieses Zeitraums wird Satan für tausend Jahre gebunden und in den bodenlosen Abgrund verbannt werden (Offb 20,1-3). Damit wird sein Einfluss auf der Erde vorbei sein. Er kann mit den Betrügereien und Verfolgungen nicht fortfahren, die zuvor seine Zeit in Anspruch nahmen. Er ist gezwungen, sich die Ergebnisse seiner Rebellion gegen Gott und dessen Volk anzusehen, und muss nun über die Rolle nachdenken, die er in der Auseinandersetzung zwischen Gut und Böse gespielt hat.

In Bezug auf die Natur

Das ist die Zeit, die Jesus »die Wiedergeburt« nannte (Mt 19,28). Es ist die Wiedergeburt der Schöpfung. Das Wesen wilder Tiere wird verändert werden (Jes 11,5-9). Die Natur wird überreich Frucht bringen (Joel 2,22-27). Das menschliche Leben wird verlängert werden; es wird aber Tode geben während dieser Zeit (Jes 65,20).

In Bezug auf die Verhältnisse im Allgemeinen

Die Heilige Schrift stellt diesen Zeitraum als einen von großer Freude und Zufriedenheit dar. Es wird eine Zeit von enormen materiellen Wohlstand und Sicherheit sein (Mi 4,2-5). Zwischen allen Nationen werden freundschaftliche Beziehungen herrschen und man wird nicht mehrdas Kriegshandwerk erlernen (Jes 2,4). Die Gegenwart Jesu Christi als absolutem Herrscher und seine Taten, gerecht zu regieren, zeigen ein geistliches Klima, das anders ist als alles, was es je zuvor gab.

Die Ereignisse am Ende des Milleniums

Satan wird aus seinem Gefängnis losgelassen werden (Offb 20,7)
Der Grund dafür wird nicht angegeben. Irgendeine Absicht im göttlichen Plan erfordert das. Wir können uns darüber freuen, dass es nur eine kurze Weile andauern wird (Offb 20,3).

Gog und Magog
Während dieser Zwischenzeit wird Satan, nach langer Zeit der Haft entlassen, losziehen, um die Nationen nochmals zu betrügen. Nach den »vielen Tagen« des Milleniums geschieht es, dass die Invasion von Gog und Magog stattfindet (Hes 38,8-23). Satan versammelt die Nationen, Gog und Magog, die zahlreich wie der Sand am Meer sind (Offb 20,8).

Es könnte sein, dass diese Begriffe sich symbolisch auf alle Nationen beziehen, die Satan in seiner letzten Rebellion gegen Gott beistehen. Diese Nationen werden zweifelsfrei in erster Linie die arabischen und muslimischen Nationen sein, die um Israel herumliegen, die sich allesamt, sogar heute schon, die Zerstörung des jüdischen Staates wünschen.

Unter Satans Leitung werden diese Armeen gegen das Lager von Gottes Volk und die Stadt Jerusalem vorrücken. Die Auseinandersetzung ist jedoch kurz und das Ergebnis endgültig. Feuer kommt vom Himmel herab und verzehrt diese Armeen (20,9). So kommt die Laufbahn Satans und seiner Anhänger zu einem dramatischen und raschen Ende. Dennoch müssen sie aber noch mit dem Rest der Verlorenen zum Gericht vor dem großen, weißen Thron erscheinen.

Kapitel 45

Wird jeder gerichtet werden?

Die Bibel lehrt, dass jeder, der jemals gelebt hat, für sich selbst Gott gegenüber Rechenschaft ablegen wird (Röm 14,12; Apg 17,31). Der Einsatz der Geretteten wird an Christi Richterstuhl beurteilt und die Sünden der Ungläubigen am Gericht des großen, weißen Throns.

Der Grund für göttliches Gericht

Unser himmlischer Vater ist liebevoll, barmherzig und gütig (Eph 2,4.7). Er ist »Liebe« (1 Jo 4,8). Wenn es diese Einstellung Gottes nicht gäbe, wäre die ganze Menschheit verloren. Diejenigen jedoch, die denken, dass Gott *nur* Liebe ist, sind betrüblicherweise im Irrtum. Seine anderen Charaktereigenschaften zu ignorieren oder abzulehnen, bedeutet, viele Teile der Bibel zu verleugnen. Weil er der ist, der er ist, ist es Gott unmöglich, Sünde zu ignorieren oder zu bagatellisieren. Die Gründe dafür sind folgende:

Die Gerechtigkeit Gottes

Er ist »der Richter der ganzen Erde« (1 Mo 18,25). Er ist vollkommen gerecht und wird Sünde nicht tolerieren. Im Gegensatz zu dem, wie manche sich ihn vorstellen, ist er nicht ein gütiger, großväterlicher Typ, der niemals straft und Sünde immer übersieht.

Die Universalität der Sünde

Alle Menschen sind von Natur aus und freiwillig Sünder (Röm 3,9-10.23). Zu diesem Grundsatz gibt es keine Ausnahmen. Wir leben zu einer Zeit, in der Sünde verharmlost wird.

Tatsächlich leugnen viele, dass es so etwas wie Sünde gibt, wofür die Menschen in einem zukünftigen Gericht Rechenschaft ablegen müssen Diejenigen, die die eindeutige Lehre der Heiligen Schrift zum Thema Sünde ablehnen, tun das auf eigene Gefahr. Weil wir Sünder sind, müssen wir alle Gericht erwarten.

Die Rückkehr Christi

Die Art und Weise des Gerichts

Es wird absolut fair und gerecht sein

Es basiert auf Wahrheit (Röm 2,2). Wir alle haben Fälle in modernen Gerichten mitbekommen, in denen die schuldige Seite freigesprochen wurde. Andererseits haben wir von Unschuldigen gehört, die verurteilt und hingerichtet wurden. Der Richter der ganzen Erde jedoch wird tun, was gerecht ist. Noch niemals in der Vergangenheit war er parteiisch. Er wird es auch nicht sein, wenn wir am Tag des Gerichts vor ihm stehen. Paulus erinnert uns daran, dass wir uns nicht bezüglich des Handelns des Allmächtigen in die Irre führen lassen sollten. Gott lässt sich nicht spotten. Was einer sät, das wird er auch ernten (Gal 6,7). Niemand wird mehr ernten in diesem Leben, als er sät, noch wird er mehr ernten, oder falsch bezüglich Sünden angeklagt werden, die er nicht begangen hat, im nächsten Leben.

Es wird universal sein

Niemand kann dem Gericht entkommen. Gott wird einem jeden vergelten nach dem, was er getan hat (Röm 2,6). Verbrecher entkommen in diesem Leben oft der Verurteilung, aber niemand wird entkommen oder vom Gericht ausgenommen werden im nächsten.

Es wird angemessen sein

Das Maß von Schuld und Bestrafung wird auf den Taten eines Menschen beruhen (Röm 2,6). Paulus lehrt hier nicht Errettung aus guten Werken heraus. Er macht deutlich, dass Gott gemäß den Taten richtet, genauso wie er der Wahrheit entsprechend richtet. Gott wird jedem angemessen nach dem vergelten, was auch immer seine Taten verdienen.

Es wird unparteiisch sein

Gott bevorzugt niemanden (Röm 2,11). Es überrascht nicht, dass viele Schuldige heute einfach deswegen freigesprochen werden, weil sie sind, wer sie sind. Wie das alte Sprichwort sagt: »Das Geld macht's« und manchmal heißt es »nicht schuldig«, wenn die gesamte Beweislage dagegen spricht. Es ist gut, sich daran zu erinnern, dass Gott nicht bestochen oder von jemandes Titel oder Geld beeinflusst werden kann.

Es wird scharfsichtig sein (Röm 2,16)
Sogar die Geheimnisse von Menschen, ihre innersten Gedanken und die Taten, die sie heimlich oder im Dunkeln getan haben, müssen offenbart und gerichtet werden.

Das Gericht auf Golgatha

Am Kreuz hat der Herr Jesus unsere Sünden an seinem eigenen Leibe getragen (1 Petr 2,24). Der Prophet Jesaja erklärte, dass der Messias unseretwegen leiden würde – er würde verwundet oder durchbohrt werden für unsere Übertretungen, zerschlagen für unsere Sünden, bestraft zu unserem Frieden und gepeitscht zu unserer Heilung (Jes 53,5).

Die Sünden der Gläubigen wurden auf Golgatha für ewig gerichtet. Daher können sie in dem Sinne nicht mehr ins Gericht kommen, dass sie eines Tages verdammt und für irgendwelche Übertretungen in die Hölle gesandt würden (Joh 5,24).

Der Geltungsbereich des Gerichts
Alle Sünden aller Gläubigen – in der Vergangenheit, der Gegenwart und der Zukunft – wurden von Christus getragen (Apg 13,39). Ihre Sünden, Vergangenheit, Gegenwart und Zukunft, wurden auf den Sohn Gottes gelegt, als er am Kreuz starb.

Das Gericht war endgültig
Es war ein für allemal (Hebr 10,10.12.14). Menschen dürfen nicht danach trachten, etwas hinzuzufügen oder davon wegzunehmen. Als der Erlöser am Kreuz ausrief, »es ist vollbracht« (Joh 19,30), meinte er damit, dass sein Tod alle Forderung Gottes aufs Vollste erfüllte. Die Sündenschuld wurde ein für allemal gezahlt. Sein Tod muss nie mehr wiederholt werden.

Seine Auswirkungen
Er ist die Grundlage unserer Vergebung, Rechtfertigung, des ewigen Lebens und des Eintritts in den Himmel (Eph 1,7; Röm 5,9; Joh 5,24; Röm 8,1).

Wie man von seinen Vorzügen profitieren kann
Der Glaube an Jesus Christus als Herrn und Heiland ist der goldene Schlüssel dazu (Röm 3,26.28). In dem Moment, in dem einer wirklich den Sohn Gottes als Retter und Herrn empfängt, ist er nicht länger unter der Verdammung (Gericht). Er ist gerettet und für immer sicher (Röm 5,9; Eph 2,8-9; Hebr 1,3; 9,26).

Der Richterstuhl Christi

Dieses Gericht wird auch als »Bema«-Gericht bezeichnet. An die Gläubigen in Korinth schrieb Paulus: »Wir müssen alle vor dem Richterstuhl Christi erscheinen« (2 Kor 5,10). Bema ist das griechische Wort, das in diesem Vers mit »Richterstuhl« übersetzt wird.

Der Zeitpunkt
Viele Gelehrte glauben, dass dieses Gericht unmittelbar nach der Entrückung stattfinden wird, wenn der Herr für seine Heiligen kommt (Lk 14,14 ; 2 Tim 4,8). Der genaue Zeitpunkt des Gerichts wird jedoch in der Heiligen Schrift nicht offenbart und ist auch nicht der wichtigste Aspekt dieses Ereignisses. Wer gerichtet werden wird und die Vorgaben, nach denen Gericht zuteil wird, sind wichtigere Punkte.

Die Teilnehmer
Alle wahren Gläubigen werden vor diesem Richterstuhl erscheinen. Es ist bloß angemessen, dass es eine Vielfalt von Belohnungen geben würde, wenn man die verschiedenen Arten und Länge des Dienstes, den Gläubige auf Erden geleistet haben, bedenkt. Für jedes Kind Gottes wird es »Belohnung« oder »Verlust« geben (1 Kor 3,14-15), wenn auch der Betreffende, weil gläubig, gerettet werden wird (1 Kor 3,15).

Die Grundlage des Gerichts
Gläubige werden nicht mit Bezug auf ihre Sünden gerichtet, wie wir gesehen haben. Gläubige werden auf der Grundlage der Werke, die sie zu Gottes Ehre getan haben, gerichtet (Röm 14,10; 2 Kor 5,10). Niemand wird durch die Werke gerettet, die er vollbracht hat, sondern durch den Glauben an Christus. Dennoch sind sie gerettet, um gute Werke zu vollbringen (Eph 2,10).

Die Belohnungen

Es existiert nur eine Grundlage, Jesus Christus (1 Kor 3,10-15). Diejenigen, die auf ihn bauen – sein Beispiel, seine Lehren, sein Tod, seine Auferstehung, seine Fürsprache und seine Rückkehr – bauen mit Gold, Silber und Edelsteinen und werden größere Belohnungen erhalten. Diejenigen, die auf Selbstsucht, Stolz, Habsucht, etc., bauen, mit anderen Worten, auf Holz, Heu und Stroh, sollten erwarten, dass ihre Werke von geringem Wert sind. Die Erwartung von Belohnung sollte uns zu größerem Eifer im christlichen Dienst bewegen (Mt 5,12; 6,1; 10,41; Kol 2,18; 3,24; Hebr 11,26).

Das Gericht vom Großen Weißen Thron

Der Zeitpunkt

Es wird nach der tausendjährigen Regierung Christi auf Erden und nach der Rebellion am Ende davon passieren. Es folgt dann auch auf das Verderben Satans (Offb 20,1-11).

Der Richter

Die Bibel offenbart, dass Jesus Christus derjenige ist, der der Richter der Lebenden und der Toten sein wird (Mt 25,31-33; Joh 5,22; Apg 10,42; 2 Tim 4,1). Das Anrecht darauf, das ganze Universum zu richten, ist ein Recht, das der Vater dem Sohn gewährt hat (Joh 5,26-27). Die Bibel offenbart, dass Christen beim Prozess des Gerichts mithelfen werden (1 Kor 6,2-3).

Die Beteiligten (Offb 20,11-13)

Die Toten in V.13 bezieht sich auf die Ungläubigen. Es ist von diesen Versen her deutlich, dass alle Ungläubigen vor dem Richterstuhl stehen werden. Wie wir schon gesehen haben, wurden die Sünden der Gläubigen auf Golgatha gerichtet und werden die Werke der Gläubigen am Richterstuhl Christi gerichtet werden. Wenn ein Gläubiger stirbt, geht sein Geist sofort in den Himmel, um bei Christus zu sein (2 Kor 5,8; Phil 1,23). Der Leib wird auferweckt und bei der Rückkehr Christi mit dem Geist wieder vereint werden.

Die Heilige Schrift macht klar, dass die bösen Toten, die vor diesem Gericht sterben, zum Hades, der Hölle, gehen, ein Ort der Toten und ein Ort der Qual. Das wird durch der Erfahrung des reichen Mannes illustriert, der starb (Lk 16,19-31). Die Geister der verstorbenen Ungläubigen bleiben im Hades, bis der große, weiße Thron aufgestellt wird.

Das Urteil
Ohne Ausnahme werden alle, die vor diesem Gericht erscheinen, als schuldig befunden werden. Alle werden auf ewig von Gott getrennt im Feuersee sein (Offb 20,14-15; 21,8). Dennoch wird dieses Gericht über die Ungläubigen Grade von Bestrafung beinhalten, denn wir lesen, dass die Toten auf der Grundlage dessen gerichtet werden, was sie getan haben (Offb 12,13; 20,12; Lk 12,47-48).

Schlussfolgerungen

Die Tatsache, dass es ein endgültiges Gericht für jeden Menschen geben wird, vergewissert uns, dass Gottes Universum letztendlich gerecht ist, dass es am Ende doch Gerechtigkeit gibt.

Die Pessimisten – die stur darauf bestanden haben, dass es keinen Gott gibt, oder dass, falls es einen Gott gibt, er nicht an menschlichem Leiden und Ungleichheit interessiert ist – werden nicht das letzte Wort haben. Gott hat die Kontrolle. Er führt präzise Aufzeichnungen und vergilt einem jeden unparteiisch nach dem, was er verdient hat (1 Petr 1,17; Röm 2,11). Niemand wird in der Lage sein, Ungerechtigkeit zu reklamieren. Wenn alles gesagt und getan ist, werden alle Konten beglichen sein und alles wird recht gemacht sein.

Der Endzustand

Wir glauben, dass es einen radikalen und wesentlichen Unterschied zwischen den Gerechten und den Bösen gibt; dass nur diejenigen, die durch den Glauben im Namen des Herrn Jesus gerechtfertigt werden und durch den Geist Gottes geheiligt werden, wahrhaftig in seiner Einschätzung gerecht sind; während alle, die in Unbußfertigkeit und Unglaube fortfahren, in seiner Sicht böse und unter dem Fluch sind, und diese Unterscheidung gilt für Menschen sowohl im als auch nach dem Tod, in der ewigen Seligkeit der Geretteten im Himmel und dem ewigen Leiden der Verlorenen bei Bewusstsein in der Hölle.

Kapitel 46

Wie kann ein liebender Gott Menschen in die Hölle schicken?

W ie wir schon bemerkt haben, wird den Bösen der Zutritt zum Himmel verschlossen sein. Die Bibel offenbart, dass die Bösen in die Hölle geworfen werden (Ps 9,18). Wenn es ein biblisches Konzept gibt, das abscheulicher als jedes andere für die Menschen ist, ist es die Lehre der Heiligen Schrift zum Thema Hölle. Der Agnostiker Bertrand Russell sagte, dass wer auch immer Menschen mit einer ewigen Bestrafung droht, wie Jesus es tat, unmenschlich sei. Das Wort »Hölle« ist eigentlich ein sehr populäres Wort in unserer Kultur – häufig als Kraftausdruck verwandt – und Leuten wird oft spöttisch gesagt, sie sollten dorthin gehen.

Es gibt vier moderne Ansichten bezüglich der Hölle:
- Sie ist ein *buchstäblicher* Ort. Hölle bedeutet wirkliches Feuer und Bestrafung für immer. Christen, die sich auf der Bibel gründen, halten an dieser Position fest.
- Sie ist *bildlich*. Die einzige Hölle ist die Hölle, die Menschen in diesem Leben erleben. Sie ist nur ein Geisteszustand. Das stellt tendenziell die liberale Sicht der Hölle dar.
- Sie ist *mythologisch*. Hölle ist nichts als ein Mythos, so wie Äsops Fabeln. Sie ist ein Trick, die Leichtgläubigen so einzuschüchtern, dass sie umsichtig handeln. Agnostiker und Atheisten glauben an diese Sicht.
- Sie ist das *Grab*. Sie ist Vernichtung. Der Mensch verbrennt direkt und leidet keine ewige Qual. Jehovas Zeugen und andere glauben das.

Eines der Kennzeichen der meisten falschen Religionen ist die Leugnung der Realität, dass Ungläubige auf ewig bestraft werden. Sogar unter Leuten in den großen christlichen Gruppen ist die Hölle ein strittiges Thema geworden. Umfragen wurden in großen Denominationen durchgeführt und gewöhnlich sind es weniger als zwanzig Prozent, die an einen Ort ewiger Bestrafung glauben.

Das griechische Wort *hades*, meist mit Hölle übersetzt im Neuen Testament, bedeutet dasselbe wie das hebräische Wort *Scheol* im Alten Testament. Es bezeichnet das Grab, die Grube oder den Ort der Toten. Machen Sie aber keinen Fehler: Oft bezieht es sich auf einen Ort der Vergeltung für diejenigen, die in Bosheit und Unglaube verharren.

Ein anderes Wort, das mit Hölle übersetzt wird, ist *gehenna*. Das hängt mit einem Ort zusammen, der »das Tal Hinnom« genannt wird, ein Tal direkt südwestlich von Jerusalem, wo Abfall verbrannt wurde und die Leichen der Verbrecher hingeworfen wurden. Die Juden verbanden diesen Platz mit der ewigen Bestrafung der Bösen.

Gottes Gerechtigkeit verlangt eine Ort der Bestrafung

Weil Gott gerecht ist, ist es nötig, dass ein Ort der Bestrafung für die Bösen nach deren Tod existiert, um seine Gerechtigkeit aufrecht zu erhalten (Röm 2,1-3). Tatsächlich gäbe es keine wirkliche Gerechtigkeit, wenn es keinen Ort der Bestrafung für böse Menschen wie Hitler, Stalin, Mao Tse-Tung, Saddam Hussein und andere solch herzlose und grausame Diktatoren gäbe.

Überraschenderweise sprach Jesus mehr über die Hölle als irgendjemand anders im Neuen Testament. Tatsächlich sprach er viel mehr über die Hölle als über den Himmel. Immer wenn Jesus über der Hölle redete, tat er das mit Mitleid, um Menschen vor dieser endgültigen Tragödie zu warnen. Er wollte Menschen in die Bekehrung rufen und davor warnen, dass diejenigen, die absichtlich auf Unglauben bestehen, in vollständiges Verderben geraten würden.

In Lk 16,19-31 offenbarte Jesus *sechs Tatsachen über die Hölle:*

Sie ist ein buchstäblicher Ort

Wenn man sich auf die Bibel in ihrer Beschreibung der Hölle nicht verlassen kann, dann kann man auch andere Konzepte, die in der Heiligen Schrift gelehrt werden, in Frage stellen. Wenn es keine Hölle gibt, wie kann man dann sicher sein, dass es einen Himmel gibt?

In Lk 16 erzählte Jesus von dem reichen Mann in der Hölle. Es gibt keinen Hinweis darauf, dass es sich hier um ein Gleichnis handelt, wie manche meinten; und weil tatsächliche Namen benutzt wurden, ist die vernünftige Schlussfolgerung, dass Jesus die Hölle als einen tatsächlichen Ort verstanden haben wollte und nicht als einen bildlichen Ort oder einen Geisteszustand.

Sie ist ein Ort des Leidens

Viermal wird in Lk 16 die Hölle als ein Ort der Qual geoffenbart. Jesus sagte, dass es ein Ort der Qual ist (V.23). Zweimal sagte der Reiche, dass es ein Ort der Qual sei (V.24.28). Abraham sagte das Gleiche (V.25).

Andere Verse der Bibel zeigen einen ähnlichen Glauben. Im Gleichnis von der Hochzeit des Königssohnes erzählte Jesus von einem Gast, der nicht eingeladen war und auf der Hochzeit vom König bemerkt wurde. Als er gefragt wurde, warum er da wäre, ohne für den Anlass passend gekleidet zu sein, war der Mann sprachlos. Dann befahl der König seinen Dienern, die Hände und Füße des Mannes zu binden und ihn in die Finsternis hinaus zu werfen, wo er »weinen und mit den Zähnen knirschen« würde (Mt 22,1-14).

Das Leiden des unpassend gekleideten Mannes ist ein Bild für diejenigen, die Gottes Einladung ausschlagen, in die Gerechtigkeit Christi gekleidet zu werden, und für die endgültigen Bestrafung derselben für solchen Unglauben (2 Kor 5,21).

Das endgültige Ende des Teufels wird in Offb 20,10 beschrieben. Tatsächlich wurde die Hölle für den Teufel und seine Engel bereitet (Mt 25,41). Der Teufel wird in »den See von Feuer und Schwefel« geworfen, wo der Antichrist und der falsche Prophet schon eingesperrt sind (Offb 19,20) und wo er auf ewig Tag und Nacht »gequält« werden wird. Offb 20,15 zeigt, dass alle, deren Namen nicht im Buch des Lebens geschrieben sind, in »den Feuersee« geworfen werden.

Ihre Bewohner werden verschiedene Grade der Bestrafung erfahren

Genauso wie es Grade von Belohnung im Himmel gibt, wird es Grade der Bestrafung in der Hölle geben. Weil der Reiche oft dem gläubigen Bettler, Lazarus, ausgesetzt war, wird seine Bestrafung schlimmer als die derjenigen, die nicht in gleichem Maße einem guten Handeln ausgesetzt waren. Die Grundlage dafür, den Grad der Bestrafung zu bestimmen, ist die Gelegenheit, die jemand in diesem Leben hatte, Christus anzunehmen. Jesus verurteilte die Bürger von Chorazin und Betsaida, indem er ihnen sagte, dass, wenn die Wunder, die dort vollbracht worden waren, in Tyrus und Sidon vollbracht worden wären, dann hätten die schon längst Buße getan. Dann fügt er hinzu, dass es für Tyrus und Sidon am Gerichtstag erträglicher sein würde als für sie. Über die Bewohner von Kapernaum sagte Jesus, es würde für Sodom am Tag des Gerichts erträglicher sein als für sie (Mt 11,20-24).

Das Prinzip hier scheint zu sein, dass, je größer das Wissen, desto größer die Verantwortung und desto größer die Bestrafung, wenn jemand in dieser Verantwortung versagt. Es könnte gut sein, dass die verschiedenen Grade von Bestrafung in der Hölle nicht nur eine Sache körperlichen Leidens sind, sondern auch das Bewusstsein ewiger Trennung von Gott.

Sie ist ein Ort, an dem die Erinnerungen die Bewohner heimsuchen

Dieser Bericht von dem reichen Mann zeigt, dass die Verlorenen in der Hölle bei Bewusstsein sind und ihre geistigen Fähigkeiten und ihre Erinnerung voll gebrauchen können. Der Reiche schrie zu Abraham und bat, dass er Mitleid mit ihm habe und Lazarus sende; der solle seine Fingerspitze in Wasser tauche und seine Zunge kühle, weil er von den Flammen gequält wurde.

Abraham ermahnte ihn, dass er sich erinnern solle, wie es zu seinen Lebzeiten ausgesehen hätte, dass er im Luxus lebte, während Lazarus voller Wunden an seinem Tor lag und hoffte, von den Krümeln seines Tisches zu essen zu bekommen. Jetzt sind die Umstände umgedreht: Lazarus wird getröstet und er reiche Mann gequält (Lk 16,23-25). Die Erinnerung an die verpassten Gelegenheiten, sich zu Christus zu bekehren und anderen Gutes zu tun wird jemanden in der Hölle heimsuchen.

Sie ist ein Ort, der Besorgnis erregt

Der reiche Mann drängte Abraham leidenschaftlich, Lazarus zu seinen fünf Brüdern zu senden; der solle sie warnen, nicht an »diesen Ort der Qual« zu kommen (V.27-28). Diejenigen, die jetzt in der Hölle sind, sorgen sich um ihre Lieben. Sie möchten nicht, dass sie auch dorthin kommen. Manchmal sagen Leute im Spaß: »Ich möchte in die Hölle gehen, weil alle meine Freunde dort sind.« Der reiche Mann jedoch wollte nicht, dass diejenigen, die ihm nahe standen, an diesen Ort kommen.

So wie der reiche Mann sich Sorgen machte, dass seine Brüder nicht zu ihm in die Hölle kämen, so sollten Christen, die leben, daran Interesse haben, die Verlorenen zu erreichen, damit sie nicht auch in der Hölle enden.

Sie ist ein Ort, der auf ewig besteht

Abraham sagte dem Reichen, dass eine unüberbrückbare Kluft zwischen ihm und dem Reichen bestehen würde, so dass niemand von dessen Seite zu seiner eigenen Seite rüber konnte (Lk 16,26). Noch konnte jemand von seiner Seite zur Seite des Reichen rüber. In beide Richtungen kein Überschreiten. Mit anderen Worten, kein Entkommen.

Dreimal in Mk 9 sprach Jesus von der Hölle als einem Ort, an dem ihr Wurm nicht sterben würde und das Feuer nicht gelöscht werden würde (V.43.44.46.48). Stellen Sie sich vor, zu sterben und dabei niemals zu sterben – ewiger Tod!

In Mt 18,8 ist das griechische Wort, das mit »ewig« oder »ewig andauernd« übersetzt wird *(aioninios)*, dasselbe griechische Wort, das in Joh 3,16 verwendet wird. Dasselbe Wort erscheint auch in Mt 25,46; Mk 3,29; 2 Thess 1,9; Hebr 6,2 und Jud 7. *Aionios* ist das stärkste Wort im Griechischen für eine nicht-endende Zeitdauer.

Diese Verse schließen eine zweite Chance nach dem Tode aus. Es wird keine Reinkarnation geben, die Menschen zusätzliche Chancen gibt, auf der Erde sooft geboren zu werden, wie es dauert, bis sie von allen Unreinheiten gereinigt wären. Es wird keine Gelegenheit für Wiederherstellung geben, kein Fegefeuer, in dem man von begangenen Sünden gereinigt und letztendlich für den Himmel tauglich gemacht wird. Jeder besiegelt sein ewiges Schicksal schon in diesem Leben.

Schlussfolgerungen

Offb 20,14 spricht davon, wie der Tod und die Hölle in den Feuersee geworfen werden, der der »zweite Tod« ist. Der »zweite Tod« und der »Feuersee« sind identisch und werden verwendet, um den ewigen Zustand der Bösen zu bezeichnen.

Es ist eine Selbst-Täuschung, etwas einfach deswegen abzulehnen, weil wir nicht daran glauben wollen. Wir haben nicht die Freiheit, eine Lehre anzunehmen und die andere einfach deswegen abzulehnen, weil sie unserer Denkart entgegengesetzt oder schwer zu verstehen ist. Sich zu weigern, an die Hölle zu glauben, heißt sich zu weigern, Gott ernst zu nehmen.

Die Bibel erklärt nicht im Detail, wie solch eine Bestrafung durchführbar sein wird; z.b. wie es Feuer geben kann, dass nicht verzehrt, wie Menschen unter solch harten Bedingungen am Leben und bei Bewusstsein bleiben können. Wir wissen, dass Gott bei all seinem Handeln gerecht ist und alles gut geplant hat. Wir müssen das, was für uns unabwägbar ist, ihm überlassen. Es steht uns nicht an zu spekulieren.

Es sollte klargemacht werden, dass Lazarus nicht in den Himmel kam, weil er arm war; genauso wenig wurde der reiche Mann wegen seines Reichtums zur Hölle verurteilt. Obwohl nicht gesagt wird, dass Lazarus wirklich gläubig war, können wir doch mit Recht annehmen, dass er es war, weil die Heilige Schrift nirgends sagt, dass Gott jemanden nur aufgrund seiner armen wirtschaftlichen Verhältnisse annimmt.

Andererseits wurde der reiche Mann nicht wegen seines Wohlstandes oder seines mangelnden Mitgefühls für den Armen bestraft. Er wurde verdammt, weil er sich geweigert hatte, Gottes Angebot der Sündenvergebung anzunehmen. Es gibt nur einen Weg in die Hölle und das ist der Weg des Unglaubens (Joh 3,18). Gott »schickt« niemanden in die Hölle. Menschen kommen letztlich in die Hölle, weil sie sich weigern, Gott beim Wort zu nehmen. Die einzige Art und Weise, die Hölle zu vermeiden, ist, an den Herrn Jesus Christus zu glauben und die Entscheidung dafür in diesem Leben zu treffen (Apg 16,31).

Kapitel 47

Wie ist der Himmel und wer wird reinkommen?

Es gibt nicht nur einen bemerkenswerten Unterschied zwischen dem Gerechten und dem Bösen in diesem Leben, es wird auch einen enormen Unterschied im nächsten geben. Nach der Bibel sind die Gerechten diejenigen, die durch den Glauben im Namen des Herrn Jesus und durch den Geist Gottes gerechtfertigt worden sind; die Bösen sind diejenigen, die sich willentlich entschieden haben, Christus als Herrn und Retter abzulehnen (1 Kor 6,9-11).

Nach dem Wort Gottes wird in der Bibel nur von zwei Schicksalen gesprochen: die Hölle für diejenigen, die Christus verworfen haben, und der Himmel für diejenigen, die an den Herrn Jesus glauben. Jesus sprach nur von diesen zwei Schicksalen im Leben nach dem Tod (Mt 7,13-14; Joh 14,1-3). Im Neuen Testament wird nichts von Fegfeuer oder Reinkarnation gesagt.

Der Himmel ist ein wirklich existierender Ort

Die Sehnsucht nach einem Ort der Ruhe und Freude nach diesem Leben ist fast durchgängig vorhanden im menschlichen Herzen. Die Tatsache, dass Menschen sich sogar solch einen Ort ausdenken und sich danach sehnen können, ist nicht ohne Bedeutung. Jesus formulierte unsere tiefsten Sehnsüchte in Joh 14,2-3, als er seinen Jüngern sagte, dass er sie bald verlassen würde, ihnen aber einen *Platz* im Hause seines Vaters bereiten würde. Er beruhigte ihre Ängste, indem er ihnen versicherte, dass er eines Tages wiederkäme und sie holen würde, um bei ihm an diesem Ort zu leben. Viele leugnen, dass der Himmel ein tatsächlich existierender Ort ist, wobei sie eher darauf bestehen, dass er nichts als ein Geisteszustand ist. Zu leugnen, dass der Himmel ein tatsächlich existierender Ort ist, bedeutet, den Worten, die Jesus in Joh 14,2 betonte, zu widersprechen, genauso wie anderen Abschnitten im Neuen Testament.

Christus kam vom Himmel (Joh 6,38)
Fast alle Zeitgenossen Jesu glaubten, dass er der Sohn Josefs war,

der in der kleinen Stadt Bethlehem geboren wurde. Aber bei einem bestimmten Ereignis in Galiläa erhob Jesus einen Anspruch, der seine Zuhörer zutiefst verwunderte. Er erklärte, dass er das lebendige Brot wäre, *das vom Himmel herabkam* (Joh 6,51). Er stellte sich selbst in einen Gegensatz zum Manna, das durch ein Wunder vom Himmel fiel, um den Israeliten in der Wüste Nahrung zu sein. Zum Erstaunen seiner Zuhörer offenbarte Jesus öffentlich, dass der Himmel seine ursprüngliche Heimat ist, der Ort, an dem er vor seiner Geburt in Bethlehem lebte. Dieser Anspruch beweist nicht nur, dass er mehr ist als bloß ein Mensch; er bestätigt auch, dass er den Himmel für einen wirklich existierenden Ort hielt.

Christus kehrte in den Himmel zurück

Vierzig Tage nach seiner Auferstehung versammelte Jesus seine Jünger, um ihnen letzte Instruktionen zu geben. Er befahl ihnen, Jerusalem nicht zu verlassen, bis sie erlebt hatten, was der Vater versprochen hatte, d.h. das Kommen des Heiligen Geistes (Apg 1,1-5). Bald nachdem er mit seinen Instruktionen fertig war, begann er, sich in den Himmel hoch zu bewegen und verschwand in einer Wolke (1,9).

Während sie noch bestürzt nach oben in die Wolke starrten, erschienen zwei Engel und tadelten sie, weil sie die Bedeutung des Ereignisses nicht verstanden. Die Engel versicherten ihnen, dass Jesus von ihnen weg in den Himmel aufgenommen worden war (Apg 1,10-11; siehe Hebr 4,14). Er kam vom Himmel; er kehrte zurück in den Himmel. Eines Tages wird er vom Himmel auf diese Erde zurückkommen.

Eines Tages – entweder wenn wir sterben oder wenn Jesus zurückkommt – werden Christen in den Himmel aufgenommen, um auf ewig beim Herrn zu sein. Er versicherte dem glaubenden Dieb am Kreuz, dass sie sich noch am selben Tag im Paradies treffen würden (Lk 23,43). Die Worte des Paulus, »zu sterben ist Gewinn«, implizieren, dass ein Christ, der stirbt, sofort an einen besseren Ort geht (Phil 1,21). Paulus bestätigt, dass fort sein vom Leib bedeutet, zu Hause beim Herrn zu sein (2 Kor 5,8). Jesus versprach seinen Jüngern, dass er wieder zu ihnen kommen würde, damit sie auch sein konnten, wo er war, um sich an den Segnungen und Wohltaten dieses schönen und dauerhaften Ortes zu erfreuen (Joh 1,14; 14,2-3).

Er wird der »dritte Himmel« genannt

Nach der biblischen Lehre ist der erste Himmel die Luftschicht, in der die Vögel fliegen; Himmel Nummer zwei ist die Stratosphäre und der dritte Himmel ist Gottes Wohnstätte, wo sein Thron steht (2 Kor 12,2-4). In diesen Versen erzählt Paulus in der dritten Person von einer Erfahrung. Er wurde in den dritten Himmel emporgehoben, in das *Paradies*, wo er außergewöhnliche und geheimnisvolle Dinge hörte, die einem Menschen nicht zu erzählen gestattet sind. Wir können annehmen, dass er auch Dinge *sah*, die er mit normalen menschlichen Worten nicht beschreiben konnte.

Der Himmel ist ein Ort unbeschreiblicher Schönheit

Die ersten zwei Kapitel der Bibel berichten von Gottes Schöpfung einer vollkommenen Welt als ein Zuhause für die Menschen, die er schuf. Das ursprüngliche Zuhause der ersten beiden Menschen wurde »der Garten Eden« oder »Paradies« genannt. Wie wir gesehen haben, wird der dritte Himmel auch als »Paradies« dargestellt. Wenn Menschen den Begriff »Paradies« verwenden, dann deutet das normalerweise auf einen Ort außergewöhnlicher Schönheit hin.

Die letzten zwei Kapitel der Bibel sprechen davon, dass Gott eine perfekte Welt für eine erlöste Menschheit schafft (Offb 21-22). Der Apostel Johannes gibt in diesen Kapiteln einen kurzen, doch klaren Einblick in die heilige Stadt, das neue Jerusalem. Er beobachtete, wie sie von Gott aus dem Himmel herabkommt, als Braut bereitet, die für ihren Mann geschmückt ist (Offb 21,2). Seine Darstellung dieser Stadt spottet jeder Beschreibung und regt die Phantasie an. Im Unterschied zu allen anderen Städten auf Erden ist sie von »der Herrlichkeit Gottes« erfüllt. Wenn Christen an den Himmel denken, denken sie oft an *Herrlichkeit* und nennen ihn manchmal »Land der Herrlichkeit« (so wie in »Ich hab' ein Zuhause im Land der Herrlichkeit, das heller scheint als die Sonne«).

Das Leuchten der Stadt ist wie das eines wertvollen Juwels, klar wie Kristall. Die Mauer ist aus Jaspis; die Stadt aus reinem Gold, klar wie Glas, die Fundamente der Mauern sind mit aller Art von Edelsteinen dekoriert. Die zwölf Tore sind zwölf Perlen, jedes aus einer einzigen

Perle gemacht. Die Straße ist reines Gold, wie durchsichtiges Glas. Es ist eine Stadt immenser Größe. Ihre Länge, Breite und Höhe sind gleich, jeweils ungefähr 2250 km lang. Der Strom des Wassers des Lebens, klar wie Kristall, fließt vom Thron Gottes und des Lammes. Auf beiden Seiten des Flusses steht der Baum des Lebens, dessen Blätter für die Heilung der Nationen ist. Die Stadt braucht weder Sonne noch Mond, denn die Herrlichkeit Gottes beleuchtet sie. Es wird keine Nacht dort geben. Es wird eine Welt unübertreffbaren Glanzes sein. Seine Bewohner werden auf ewig leben und sich eines Glücklichseins erfreuen, wie man es sich größer nicht vorstellen kann.

Die Heilige Schrift lokalisiert den Thron des Vaters und sein himmlisches Hauptquartier im neuen Jerusalem, das auf die renovierte Erde herabkommen wird (21,2-3). Das neue Jerusalem ist die Hauptstadt dieser neuen Erde. Im Hebräischen bedeutet Jerusalem »Stadt des Friedens«. Wie anders wird doch das neue Jerusalem im Vergleich zum irdischen Jerusalem sein, das selten seinem Namen entsprechend existiert hat. Das neue Jerusalem ist die Stadt, nach der Abraham suchte (Hebr 11,10). In dieser riesigen Stadt bereitet Christus einen Wohnort für jeden Gläubigen (Joh 14,2).

Der Himmel ist ein Ort des Glücks

Die Erlösten aller Zeitalter werden dort sein (Offb 21,24). Im Himmel werden wir mit wahrhaft wichtigen Leuten Gemeinschaft haben, deren Anwesenheit unseren Planeten beehrt hat. Stellen Sie sich vor, Henoch, Noah, Abraham, Sarah, Mose, David, Petrus, Maria, Lydia und Paulus dort von Angesicht zu Angesicht zu sehen. Wie lange wird es dauern, ihre Geschichte zu hören? Spielt keine Rolle, wir haben die Ewigkeit dafür.

Unsere Lieben werden dort sein und als solche erkannt werden. Auf dem Berg der Verklärung wurden Mose und Elia identifiziert und hatten sogar noch jeder seinen eigenen Namen.

Nach Christi Auferstehung hatten seine Jünger kein Problem, ihn zu erkennen. Maria erkannte seine Stimme (Joh 20,11-16). Thomas erkannte ihn am Aussehen (Joh 20,27-28). Wir können sicherlich davon ausgehen, dass wir in der himmlischen Welt weiterhin Kontakt zu denen haben, die wir kennen und lieben.

Wird es im Himmel Ehe geben? Jesus erklärte deutlich, dass Menschen in der Auferstehung weder heiraten noch verheiratet werden. Wir werden wie die Engel im Himmel sein (Mt 22,29-30).

Damit stellt sich die Frage: Werden die Erlösten der Vorzüge beraubt sein, die man jetzt mit der Ehe verbindet? Im Himmel werden die Erlösten von nichts Gutem beraubt sein. Die Quintessenz von Ehe ist Liebe. Der Inbegriff der Freude ist der Ausdruck der Liebe. Wir können uns sicher sein, dass es in der himmlischen Welt weder Mangel an Liebe, noch an Freude, noch an Genuss geben wird. Niemand dort wird sich einsam, leer oder ungeliebt fühlen. Wir können darauf vertrauen, dass der liebende Schöpfer, der die Ehe schuf, um Freude in diese gegenwärtige Welt zu bringen, etwas viel Besseres in der nächsten Welt haben wird.

Der Himmel ist ein Ort von Bestätigung

Wenn der Himmel auch ein Ort der Ruhe sein wird, wird es Ruhe von mühevoller Arbeit und seelischen Stress sein, nicht jedoch Ruhe von Betätigung und Arbeit. Wir singen:

O Land der Ruhe, nach dir seufze ich!
Wann wird der Augenblick da sein
Wenn ich meine Rüstung weglege
Und im Frieden zu Hause wohnen werde?

Gern denkt man daran, nicht die Kontrolluhr drücken zu müssen und acht oder zehn Stunden am Tag hart arbeiten zu müssen. Der Himmel wird ein Ruheort von dieser Art von Arbeit sein. Zugleich wird unsere Existenz auf der neuen Erde viele Betätigungen anzubieten haben, an denen wir teilnehmen können. Wie diese Betätigungen aussehen, darüber kann man nur spekulieren.

Adam und Eva bekamen vor dem Sündenfall viel Arbeit zugewiesen, die nach dem Sündenfall verflucht wurde und sich in Mühe und Stress verwandelte (1 Mo 3,17-19). Unser neues Leben wird endlose Herausforderungen bieten, nicht nur in der Erkenntnis Gottes zu wachsen, sondern auch in Bezug auf das ganze Universum. Wie spannend sich vorzustellen, dieses riesige Universum zu erforschen, das von unserem Schöpfer in die Existenz gesprochen wurde!

Der Himmel ist ein Ort gesegneter Befreiung

Einige der auffallendsten Seiten der himmlischen Stadt haben damit zu tun, was nicht dort sein wird. In der Offb finden sich eine Anzahl »nicht mehr«: »nicht mehr Schmerz« (21,4); »nicht mehr Leid« (21,4); »nicht mehr Tränen« (17,17); »nicht mehr Tod« (21,4).

Der Tod, der letzte und am meisten gefürchtete Feind des Menschen, wird nicht länger Schrecken in den Herzen verbreiten können, wie er das Tausende von Jahren in der menschlichen Geschichte getan hat. Er wird in den Feuersee geworfen und wir befinden uns dann in einer Welt, die für ihn nicht mehr erreichbar ist (Offb 20,14).

Schlussfolgerungen

Nur die Gerechten, deren Namen in das Buch des Lebens des Lammes geschrieben sind, werden Zugang zur heiligen Stadt haben (Offb 21,27). Nur die Namen derer, die im Blut des Lammes rein gewaschen wurden, werden in das Buch des Lebens des Lammes geschrieben werden. Die Tür wird für alle Ungerechten geschlossen sein, die sich weigern, durch die einzig legitime Tür einzutreten – Jesus Christus.

Wichtiger noch als die äußere Schönheit der himmlischen Stadt, wichtiger noch als die Gemeinschaft, die wir mit den Heiligen aller Zeiten genießen dürfen, wichtiger noch als die Freiheit von Schmerz, Leid und Tod, die wir erfahren werden, wird die Tatsache sein, dass wir in der Gegenwart Gottes sein werden und uns an der segensreichen Sicht erfreuen können (Gott von Angesicht zu Angesicht zu sehen). Die selige Dreieinigkeit – Vater, Sohn und Heiliger Geist – wird da sein und uns willkommen heißen. Jeder wird Gegenstand unserer Anbetung sein und wir werden uns in alle Ewigkeit über ununterbrochene Gemeinschaft mit ihnen freuen (21,3-4; 22,3-4).

Anhang

Das Priestertum aller Gläubigen

Aus dem Priestertum aller Gläubigen folgt, dass jeder Christ direkten Zugang zu Gott, dem Vater, hat durch Jesus Christus, unseren großen Hohepriester, dem einzigen Mittler zwischen Gott und Menschen (1 Petr 2,9; Offb 1,6; 1 Tim 2,5). Das ist einer der großen neutestamentlichen Grundsätze, die John Wycliff im 14. Jh. wieder entdeckt hat und dem im 16. Jh. Martin Luther und andere reformatorische Leiter besondere Bedeutung beimaßen, einschließlich der Wiedertäufer. Als es mit der Rechtfertigung durch Glauben allein und der Autorität der Heiligen Schrift verbunden wurde, entwirrte es das komplexe Netz des mittelalterlichen Katholizismus, der undurchdringliche Hindernisse zwischen dem einzelnen Christen und Gott setzte.

Erstes bedeutete es, dass Laien durch Jesus Christus direkt zu Gott beten konnten ohne dazu menschliche Mittler zu brauchen (Priester, Heilige, etc.). Das Ergebnis war, dass die Laien sich mehr in privatem Gebet und im Gottesdienst engagierten.

Zweitens bedeutete es, dass Gott durch sein Wort direkt mit dem einzelnen Christen kommunizierte, was daher zu heimatsprachlichen Übersetzungen der Heiligen Schrift und persönlichem Bibelstudium ermutigte.

Drittens bedeutete es ein neues Gespür von Freiheit für ganz normale Christen, die sich nicht länger von Traditionen und kirchlichen Hierarchien eingeschränkt fühlten.

Andererseits und negativerweise haben viele diese geschätzte Glaubensmeinung an sich gerissen und ihr eine Bedeutung aufgezwängt, die niemals beabsichtigt war. Diese Lehre wurde dazu gebraucht, die Haltung zu rechtfertigen, dass ein Christ die Bibel interpretieren kann »wie auch immer ich will« und trotzdem noch als Christ betrachtet werden kann. Eine Hauptlehre des Priestertums des Gläubigen ist die Freiheit der Seele.

Dennoch sind wir nur unter der Autorität der Heiligen Schrift frei; außerhalb dieser Autorität sind wir nicht frei. Diese Lehre gibt in keiner Weise einen Freibrief, die großen, grundlegenden Wahrheiten der

Bibel falsch auszulegen oder weg zu erklären. Solch triumphaler Subjektivismus führt oft dazu, die Bibel ganz und gar zu vernachlässigen. Andere haben dieses Prinzip benutzt, die pastorale Autorität in der Ortsgemeinde zu untergraben. Diese verehrte Wahrheit gibt denjenigen keine Erlaubnis, die, wie Diotrephes, sich die Rolle des Pastors aneignen und Zwietracht in der Gemeinde schüren wollen (3 Jo 9-10; vgl. Hebr 13,17). Die Entmannung dieser Lehre drückt sich oft in fehlender Ehrfurcht und fehlendem Respekt für die Ortsgemeinde aus.

Während es nur wenige gibt, die die Wichtigkeit der Lehre vom Priestertum aller Gläubigen leugnen würden, sollten wir doch vorsichtig sein, deren Bedeutung nicht zu bagatellisieren, indem man sie mit theologischem Liberalismus gleichsetzt oder mit der Freiheit, zu glauben, was man will, ohne Rücksichtnahme darauf, ob das der Heiligen Schrift widerspricht. Weit entfernt davon, einen Vorwand für individuelle Lehrirrtümer zu verschaffen, ist sie ein Ansporn dafür, die Gemeinde gegen diejenigen Kräfte zu verteidigen, die sie schwächen und zerstören wollen.

Begriffserklärung

Abrahams Schoß – Ein Begriff, der von Lukas benutzt wurde (Lk 16,22), um den Ort der Gerechten zu beschreiben, die zu alttestamentlichen Zeiten starben. Bei seiner Himmelfahrt nahm der Herr Jesus die Bewohner von Abrahams Schoß mit sich in den Himmel (Eph 4,8). Heute gehen Gläubige, die sterben, nicht in den Hades (d.h. an den Ort, der »Abrahams Schoß« genannt wird), sondern direkt in den Himmel, wo sie bei Jesus sein werden (Lk 23,43; 2 Kor 5,8; Phil 1,23).

Adoption – Gottes Handeln, entfremdete Menschen zu einem Teil seiner geistlichen Familie zu machen. Dies geschieht, wenn jemand den Herrn Jesus Christus im Glauben empfängt (Röm 8,15; Gal 4,5; Eph 1,5).

Agnostizismus – Der Glaube, dass entweder das Wissen oder die Sicherheit über endgültige Wirklichkeiten (z.B. »Gott existiert«) unmöglich ist.

Alexandrinische Theologie – Vorherrschende Theologie in der frühen Gemeinde von Alexandria (Ägypten); wurde von Klemens (190 n.Chr.) und Origines (202 n.Chr.) angeführt. Sie favorisierte eine mystische oder allegorische Auslegung der Bibel im Gegensatz zu dem wortgetreuen und historischen Ansatz der antiochenischen Theologie.

Alpha und Omega – Erster und letzter Buchstabe des griechischen Alphabets. Wird mit Bezug auf Christus verwandt, der Ausdruck bezeugt seine Gottheit (Offb 1,8).

Alter der Verantwortlichkeit – Die Zeit des Lebens, in der ein Mensch als ethisch verantwortlich und fähig angesehen werden kann, zwischen richtig und falsch zu unterscheiden, daher auch als rechenschaftspflichtig für seine Sünden betrachtet werden kann.

Amen – Vom griechischen Wort amen; bedeutet: »es ist so« oder »so soll es sein«. Wird nach einem Gebet oder einer feierlichen Erklärung verwandt, um Bestätigung oder Zustimmung auszudrücken. Es wurde oft von Christus ausgesprochen und wird auch als einer seiner Namen angegeben (Offb 3,14).

Amillenialismus – Der Glaube, dass das tausendjährige Reich bildlich gemeint ist und nicht wörtlich. Amillennialisten legen Offb 20 normalerweise so aus, dass Christi Rückkehr am Ende der Geschichte geschieht und dass die Gemeinde gegenwärtig im letzten Geschichtszeitalter ist.

Anabaptist – Ein Begriff, der sich auf mehrere Bewegungen in der Reformationszeit des 16. Jh. bezieht. Anabaptisten lehnten die Kindertaufe ab und drängten ihre Anhänger, sich (durch Untertauchen) taufen zu lassen, nachdem diese Jesus Christus als Retter aufgenommen hatten.

Annihilationismus – Der Glaube, dass alle Nichtchristen von Gott gerichtet werden und in den Feuersee geworfen werden, wo sie »annihiliert« werden anstatt ewige Bestrafung zu erleiden.

Antichrist – wörtlich »gegen Christus«. Jeder, der gegen Christus ist, ist ein »Antichrist«; die Bibel lehrt aber auch, dass es einen zukünftigen weltweiten Führer geben wird, dessen Regierung andeuten wird, dass Christi zweites Kommen nahe ist (1 Jo 2,18).

Antinominalismus – Die Überzeugung, dass der Glaube an Gott und die Person Christi von den ethischen Verpflichtungen des Gesetzes freimacht (daher *anti* »gegen« plus *nomos* »Gesetz«). Wird von den meisten christlichen Gruppen aus dem Grunde abgelehnt, dass, obwohl das Halten des Gesetzes Gläubige nicht rettet, sie doch eine Verantwortung haben, ein aufrechtes Leben zu führen. Paulus stellte klar, dass Gottes Gnade Freiheit von der Sünde bringt und nicht Freiheit zu sündigen (Röm 6,1-11).

Antiochenische Theologie – Die vorherrschende Theologie der frühen Gemeinde in Antiochien. Im Gegensatz zur alexandrinischen Interpretationsweise, die einen allegorischen Ansatz zur Schriftauslegung betonte, praktizierte die antiochenische Schule eine Methode der Schriftauslegung, die die wörtliche Bedeutung des Textes betonte.

Apokryphen – Vom griechischen *apokrypto*, »zu verstecken, verschleiern«. Verfasst von Juden in den zwei Jahrhunderten vor Christus und den frühen Jahrhunderten nach Christus, werden die Bücher der Apokryphen von der römisch-katholischen und der orthodoxen Kirche als kanonisch angesehen, nicht aber von Juden und nicht-katholischen Kirchen. Diese Bücher wurden in die frühen englischen Bibeln aufgenommen, einschließlich der King James Version; aber sie wurden zwischen die Bücher Mal und Mt eingefügt, in der Regel mit der Erklärung, dass, obwohl diese Bücher gewinnbringend für inspirierende und geschichtliche Zwecke seien, sie doch nicht als authentische Heilige Schrift betrachtet werden sollten.

Apologetik – Die formelle Verteidigung des christlichen Glaubens. Apologeten verwenden Methoden wie rationelle Argumentation, empirische Beweisführung und erfüllte Prophetie, um Glaubensinhalte wie die Existenz Gottes, die Gottheit Christi, Wunder und die Autorität der Heiligen Schrift zu verteidigen.

Apostolisches Glaubensbekenntnis – Eine Stellungnahme zum Glauben, die sich aus zwölf Abschnitten zusammensetzt, die von der römisch-katholischen Kirche und vielen protestantischen Gemeinden verwendet wird, aber nicht allgemein von Gruppen aufgenommen wird, die kein Bekenntnis haben, so wie die Baptisten. Obwohl den Aposteln zugeschrieben, existieren doch keine beweiskräftigen Belege, dass sie tatsächlich das Glaubensbekenntnis verfasst hätten.

Aramäisch – Eine semitische Sprache, die von den meisten Juden während und nach dem babylonischen Exil gesprochen wurde (606-536 v.Chr.). Christus und die Apostel sprachen aramäisch, da zu neutestamentlichen Zeiten Hebräisch fast nur noch von denjenigen gesprochen wurde, die in rabbinischen Schulen ausgebildet wurden.

Arianismus – Eine Häresie des 4. Jh., die die Gottheit Jesu Christi verleugnete. Ihr Hauptvertreter war Arius (256-336), ein Priester aus Alexandrien, der 318 anfing, die Lehre zu verkünden, die jetzt seinen Namen trägt. Nach Arius gibt es keine drei verschiedenen Personen in der Dreieinigkeit, die zusammen ewig existieren und in jeglicher Hinsicht gleich sind, sondern nur eine Person, den Vater. Der Sohn ist nur ein Geschöpf wie alle anderen geschaffenen Wesen, wenn er auch das Höchste von allen Geschöpfen ist. Das Konzil von Nizäa wurde 325 einberufen, um der arianischen Krise entgegen zu wirken. Das Konzil bestätigte die Gottheit Christi und verdammte Arius als einen Häretiker.

Arminianismus – Ein theologisches System, das nach dem holländischen Theologen Jacobus Arminius (1560-1609) benannt wurde. Nachdem er zuerst ein calvinistischer Pastor gewesen war, fing er an, einige Lehren des Calvinismus in Frage zu stellen. Er und seine Anhänger lehnten Johannes Calvins Lehre ab, dass Gnade nur den Auserwählten nützen würde, dass Christus nur für die Auserwählten starb, und auch die Lehre der selektiven Auserwählung und der absoluten Prädestination, die unabhängig von menschlichem Verdienst sei. Arminius lehrte, dass die Prädestination auf Gottes Vorwissen basierte, zu sehen, ob ein Mensch aus freiem Willen Christus annehmen oder verwerfen würde. Weil die Errettung aus freiem Willen gewählt wird, kann sie auch aus freiem Willen verloren werden. Das ist ein theologisches System, dass von der Mehrheit derjenigen vertreten wird, die in methodistischer und pfingstlerischer Tradition leben und von Baptisten, die den freien Willen vertreten.

Atheismus – Leugnung, dass es einen persönlichen Gott gibt, der gänzlich außerhalb der Welt steht, die er erschuf.

Auserwählung – Gottes Entscheidung, die auf seinem Vorwissen basiert, eine bestimmte Gruppe oder Einzelpersonen zur Errettung oder für den Dienst auszuwählen.

Beschneidung – Das Abschneiden der Vorhaut des Penis als Zeichen des Bundes zwischen Gott und Abraham. Jeder Junge, so Gottes Befehl, sollte beschnitten werden, wenn er acht Tage alt war (1 Mo 17,12). Im neuen Bund wurde von den Heiden nicht verlangt, sich der Beschneidung zu unterziehen (Apg 15,28-29).

Bibel – Vom griechischen Wort biblos (»Buch«); bedeutet das inspirierte Buch Wortes Gottes; die geschriebene Aufzeichnung der Offenbarung Gottes.

Bund (»Testament«) – Ein Abkommen (Vertrag), das Gott zuerst mit den Israeliten und dann mit allen Menschen überall abschloss, die auf den Herrn Jesus Christus vertrauen. Das Abkommen beinhaltet eine Verheißung, diejenigen, die ihm vertrauen und ihm gehorchen, zu segnen.

Calvinismus – Ein theologisches System, das auf dem Werk von Johannes Calvin (1509-1564), dem berühmten Reformationstheologen, basiert. Die traditionelle Zusammenfassung der wesentlichen Lehrsätze des Calvinismus werden in dem Kürzel TULIP dargestellt (englisch für völlige Verderbtheit/Unfähigkeit, bedingungslose Erwählung, begrenzte Versöhnung/Sühne, unwiderstehliche Gnade und Beharrlichkeit der Heiligen). Die grundlegenden Leitlinien des Calvinismus sind in Johannes Calvins berühmten Werk Die Unterweisung der christlichen Religion dargelegt.

Charismatisch – Eine Bewegung, die sich über mehrere Denominationen ausbreitet; betont die »Gaben« des Heiligen Geistes, besonders die »Zeichen«-Gaben wie Sprechen in Zungen, Heilung und Wunder.

Cherub (Plural cherubim) – Himmlische Geschöpfe (Engel), die in der Bibel als Hüter und Beschützer erwähnt werden. Cherubim waren die Wachtposten, die beim Garten Eden stationiert waren (1 Mo 3,24); sie waren die goldenen Figuren, die auf der Bundeslade aufgestellt wurden (2 Mo 25,18). Der Allmächtige bestieg einen Cherub, um zur Rettung Davids vor seinen Feinden zu eilen (2 Sam 22,11). Mehr als alle anderen Geschöpfe offenbaren die Cherubim die Macht und Majestät Gottes.

Chiliasmus – Vom griechischen chilioi, »tausend«. Die Sicht, die auf Offb 20,1-5 basiert, dass Christus nach seinem zweiten Kommen tausend Jahre lang auf der Erde regieren wird. Der Chiliasmus kann in der Kirchengeschichte bis in die ganz frühen Tage der Christenheit zurückverfolgt werden.

Christus – Vom griechischen Wort Christos, im Deutschen als »Christus« übersetzt. Es entspricht dem hebräischen Wort Messias; ein bedeutender Titel Jesu, der »der Gesalbte« bedeutet.

Christologie – Die spezialisierte Untersuchung der Person Jesu Christi und besonders des Geheimnisses der Einheit der göttlichen und menschlichen Naturen in Christus.

Codex Sinaiticus – Eine Handschrift der griechischen Bibel aus dem 4. Jh., die von der sowjetischen Regierung 1933 an das Britische Museum verkauft wurde. Auf Pergament geschrieben enthält sie einen Teil des Alten Testaments, alle Bücher des Neuen Testaments zusammen mit dem Brief des Barnabas und einem Teil des Hirten von Hermas. Sein Name kommt daher, dass die Handschrift 1844 von Konstantin von Tischendorf (1815-1874) im orthodoxen Kloster St. Katharina am Berg Sinai entdeckt wurde.

Codex Vaticanus – Eine Handschrift der griechischen Bibel aus dem 4. Jh., die jetzt in der Vatikanischen Bibliothek liegt. Sie enthält den größten Teil des Alten Testaments und das ganze Neue Testament außer Hebr 9,14 bis Ende. Von dem Codex weiß man, dass er mindestens seit 1475 in der Vatikanischen Bibliothek liegt, als er nämlich in einem Katalog verzeichnet wurde. Dass er in der Vatikanischen Bibliothek liegt, heißt nicht, dass die Katholiken ihn hergestellt hätten. Einige meinen, dass die Handschrift als Geschenk von einer griechischen Delegation aus Konstantinopel nach Rom zum Konzil von Ferrara-Florenz 1438-1439 gebracht wurde. Andere behaupten, dass Griechen ihn nach der Eroberung von Konstantinopel durch die moslemischen Türken 1453 nach Rom gebracht hätten. Das Neue Testament bildete die Grundlage für den griechischen Text von Westcott und Hort, der 1881 veröffentlicht wurde.

Creatio ex nihilo – Wörtlich »Schöpfung aus dem Nichts«, die Anschauung, dass Gott schuf, ohne schon existierende Materialien zu verwenden.

Deismus – Ein Glaubenssystem, das in England von der Mitte des 17. bis zur Mitte des 18. Jh. eine Blütezeit erlebte. Es akzeptiert die Existenz Gottes, dass er die Welt schuf, dass er aber darüber hinaus nicht daran oder an den Ereignissen darin wirkt. Diejenigen, die diese Ansicht vertraten, leugneten das übernatürliche Element im Christentum.

Dämonologie – Die Lehre von den Dämonen.

Dispensationalismus – Ein System biblischer Interpretation, das Gottes Handeln an den Menschen in verschiedene Zeitabschnitte teilt, die er auf verschiedenen Grundlagen verwaltet. Es bezieht eine wörtliche Auslegung der Heiligen Schrift mit ein, eine Unterscheidung von Israel und der Gemeinde und eine prämillenare, prätribunale Eschatologie.

Dogma – Ein System von Leitsätzen oder Lehrsätzen einer Kirche. In der römisch-katholischen Tradition kam eine Kirchendoktrin mit höchster Autorität und Feierlichkeit heraus; eine Kernlehre der Kirche.

Doppelte Prädestination – Der Glaube, dass Gott die einen dazu erwählt hat, gerettet zu werden, und die anderen dazu, verloren zu gehen.

Dreieinigkeit – Die christliche Lehre, dass drei Personen in dem einen Gott sind: Vater, Sohn und Heiliger Geist. Obwohl das Wort »Dreieinigkeit« nicht in der Bibel vorkommt, wird doch das Konzept klar im Neuen Testament geoffenbart; im Alten Testament wird darauf angespielt. Es gibt Abschnitte, in denen alle drei Personen der Dreieinigkeit im selben Kontext erwähnt werden. Der wichtigste davon ist der apolostolische Segen in 2 Kor 13,13 und die Taufformel in Mt 28,19.

Dualismus – Der Glaube, dass es zwei göttliche Mächte oder geistliche Seiten gäbe, die einander entgegengesetzt sind: die eine gut, die andere böse.

Durchhalten der Heiligen – Der Glaube, dass diejenigen, die wahrhaft bekehrt sind, bis ans Ende durchhalten werden. Einmal gerettet, sind sie auf ewig sicher.

Ebionismus – Eine frühe häretische Gruppierung, die Jesus als menschlich, aber nicht göttlich, betrachtete.

Elohim – Ein sehr verbreitetes hebräisches Wort für Gott.

El Schaddai – Ein Name für Gott, der seine Macht betont.

Entrückung – Der Glaube, dass die Gemeinde von der Erde emporgehoben wird (1 Thess 4,16-17), um auf ewig beim Herrn zu sein. Es gibt Meinungsverschiedenheiten bzgl. dessen, ob sie vor (prä-), während oder nach (post-) der großen Trübsalszeit stattfinden wird.

Episkopat – Ein System von Kirchenleitung, das die Hauptautorität auf das Amt des Bischofs legt.

Erbsünde – Der Ausdruck wird oft gebraucht (obwohl er in der Bibel nicht zu finden ist), um den Sündenzustand und die Sündenlage zu beschreiben, in die alle Generationen von Menschen seit der Zeit der Übertretung Adams geboren sind.

Erlösung – Wörtlich befreien oder loskaufen. Weil die Menschheit gefangen gehalten wurde, versklavt durch die Sünde, vom Teufel in Fesseln gelegt, war das einzige Lösegeld, das Gott akzeptieren konnte, das die Menschheit von der Gefangenschaft befreien würde, der Tod seines Sohnes Jesus Christus. Christus erbrachte Genugtuung, nicht indem er Geld gab, sondern indem er gab, was von höchstem Wert war. Er gab sich selbst, weshalb sein Tod die Erlösung der Menschheit zufolge hatte.

Errettung – Die Tat, durch die Gottes Vergebung und Gnade uns dargereicht werden dadurch, dass wir Christi Opfertod für uns annehmen. Die Errettung bewirkt eine Verbindung zu Gott und Mitgläubigen durch das Werk unseres Retters Jesus Christus.

Erstgeborener – Der älteste legitime Sohn. In der Antike empfing der Erstgeborene ein besonderes Erbe (manchmal alles; manchmal einen doppelten Anteil). Im Neuen Testament wird Christus, »der Erstgeborene aller Schöpfung«, als Erbe des Vaters bezeichnet (Kol 1,15; Hebr 1,6).

Erstlingsfrüchte – Ein Opfer von der ersten Ernte des Jahres, in Anerkennung dessen, dass das Land und alles, was es hervorbringt, vom Herrn kommt und ihm gehört.

Erzengel – Ein Ober- oder herrschender Engel. Der Begriff erscheint zweimal im Neuen Testament (1 Thess 4,16; Jud 9). Sie sind Botschafter Gottes an Menschen in Angelegenheiten von großer Wichtigkeit. Gabriel war der Engel, der die Geburt Christi ankündigte; Michael ist der Befehlshaber der himmlischen Heerschar, die gegen die rebellischen Engel, die vom Teufel angeführt wurden, kämpfte und siegte.

Eschatologie – Lehre von den letzten Dingen – Tod, Gericht, Himmel, Hölle, das zweite Kommen und die Auferstehung des Leibes.

Eucharistie – Von dem griechischen Wort, das »Danksagung« bedeutet. In der römisch-katholischen Kirche bezieht es sich auf die Messe. Manche protestantischen Kirchen brauchen den Begriff, um das Abendmahl zu bezeichnen.

Euthanasie – (»guter Tod«) – Der Versuch, einen übermäßig langen oder schmerzhaften Todesprozess zu verhindern.

Evangelikaler – Einer, der sich an Glaube und Praxis des Evangelikalismus hält.

Evangelikalismus – Eine Bewegung in der Christenheit, die die persönliche Bekehrung durch den Glauben an Jesus Christus betont und rechtgläubige Glaubenslehren bejaht.

Evangelium – Wörtlich »gute Nachricht«. Evangelium bezieht sich auf (1) die gute Nachricht, die von Jesus Christus gepredigt wurde; (2) die gute Nachricht der Errettung; die für uns in der Person Jesu Christi gewonnen wurde (er ist die gute Nachricht, die von Christen verkündigt wird); (3) die vier geschriebenen Berichte der guten Nachricht – die Evangelien von Mt, Mk, Lk und Joh.

Evolution, theistische – Der Glaube, dass Gott die Schöpfung begann und dann den Prozess der Evolution benutzte, um die gewünschten Ergebnisse hervorzubringen.

Ewige Sicherheit – Die Lehre, dass wahrhaft wiedergeborene Gläubige niemals ihr Heil verlieren können.

Ewiger Tod – Die dauerhafte Trennung des Sünders von Gott.

Ewige Vernichtung – Die endlose zukünftige Bestrafung der bösen Menschen.

Exegese – Die Bedeutung eines Abschnitts erlangen, indem man sie aus dem Text herauszieht statt sie reinzulegen.

Fastenzeit – Der Zeitraum von vierzig Tagen von Aschermittwoch bis zum Samstag vor Ostern; ist gedacht als eine Zeit der Enthaltsamkeit, Gebet und Werke der Nächstenliebe. Wird von den meisten liturgischen Kirchen eingehalten.

Fegefeuer – Nach römisch-katholischer Lehre ist das Fegefeuer der Aufenthaltsort derjenigen im Leben nach dem Tod, die in einem Zustand der Gnade sterben, aber noch nicht frei von aller Unvollkommenheit sind. Durch Sühne-Tun (das Vernichten oder Entfernen von Sünde und die Erneuerung der Gemeinschaft mit Gott) werden sie schließlich gereinigt sein und in den Himmel zugelassen werden.

Fideismus – Die Sicht, dass die großen Lehren der Heiligen Schrift im Glauben angenommen statt durch die Vernunft bewiesen werden müssen.

Freier Wille – Der Gedanke, dass Menschen die Willensmacht von ethischer und psychologischer Wahl haben.

Freikirchen – Gemeinden, die nicht mit einer staatlichen Instanz verbunden sind und solche Bündnisse herkömmlich abgelehnt haben

Fundamentalismus – Eine theologische Bewegung, die im späten 19. Jh. in den USA begann und bis heute einflussreich ist. Sie betont gewisse grundlegende Lehrinhalte oder »fundamentale Wahrheiten« wie die Inspiration der Heiligen Schrift, die Jungfrauengeburt Christi, seinen Opfertod, seine Auferstehung und sein zweites Kommen.

Fürsprecher – Ein Titel Christi, von dem gesagt wird, dass er unser »Fürsprecher« beim Vater ist (1 Jo 2,1). Ebenso ein Titel des Heiligen Geistes, den Jesus versprach, seinen Nachfolgern zu senden (Joh 14,16). Christus ist unser Fürsprecher, der die Gläubigen gegen ihren Ankläger, den Teufel, verteidigt.

Gaben, Geistliche – Besondere Gaben, die Christen vom Heiligen Geist gewährt werden, seien das ungewöhnliche Fähigkeiten oder geistliche Eigenschaften (Röm 12,6-8; 1 Kor 12,4-11; Eph 4,11; 1 Petr 4,11).

Gap theory – Der Glaube, dass ein unbestimmbarer Zeitraum oder »gap« zwischen 1 Mo 1,1 und 1 Mo 1,2 liegt. Geradezu die ganze geologische Zeit zwischen Gottes ursprünglichem Schöpfungsakt in V.1 und seiner darauf folgenden Wieder-Erschaffung der Welt in V.2ff. wird in diesen gap gelegt

Gebet – Kommunikation mit Gott. Seine Gedanken und Liebe Gott gegenüber in Anbetung, Bekenntnis, Danksagung und Flehen (Bittgebet) mitteilen.

Geheimnis der Gesetzlosigkeit – Ein Satz in 2 Thess 2,7, der sich auf Satans Werk auf der Welt bezieht. Der Heilige Geist schränkt das Werk Satans ein, wird aber zur Zeit der Entrückung weggenommen werden.

Gehenna – Transkription des hebräischen ge-hinnom, was »Tal Hinnom« bedeutet (2 Kö 23,10); liegt im Südwesten Jerusalems; wo einige Könige von Juda verbotene religiöse Praktiken betrieben, einschließlich Menschenopfer im Feuer (2 Chr 28,3; 33,6; Jer 7,31; 32,35). Danach wurde es die Müllhalde der Stadt, wo tote Tiere hingeworfen wurden und Abfälle verbrannt wurden. Wegen dieser Assoziationen und dem Rauch, der beständig dort aufstieg, wurde das Wort »Gehenna« zu einem Symbol für die Hölle und ewige Strafe (Mt 10,28; Mk 9,43).

Gemeinde – Vom griechischen Wort ekklesia, was »die Ortsversammlung von Menschen« bedeutet, die zu einem bestimmten Zweck versammelt sind. In neutestamentlichem Sinne ist es eine »herausgerufene Versammlung« von Getauften, die an Jesus Christus glauben, die sich zu einer gemeinsamen Absicht verpflichtet haben, und deren Hauptziel es ist, den Missionsbefehl zu erfüllen.

Gemeinschaft der Heiligen – Die ganze Gemeinschaft der Christen – die auf der Erde und die im Himmel.

Gesetz – Ein vernünftiger Verhaltensmaßstab, der von ordnungsgemäßer Autorität für das Gemeinwohl eingesetzt wird. In der hebräischen Heiligen Schrift, dem Alten Testament, wird das Gesetz in den Zehn Geboten zusammengefasst. Jesus bestätigte, dass das ganze Gesetz in zwei Aussagen zusammengefasst werden kann: Gott zu lieben mit deinem ganzen Herzen, deiner ganzen Seele und deinem ganzen Verstand und deinen Nächsten zu lieben wie dich selbst.

Glaube – Eine der drei theologischen Tugenden. Glaube bezieht sich auf (1) die Einwilligung des Verstandes zu den Wahrheiten, die Gott in seinem Wort geoffenbart hat; (2) die Wahrheiten selber (den Inhalt des Glaubens); und (3) das gelebte Zeugnis eines christlichen Lebens (gelebter Glaube).

Glaubensbekenntnisse – Formelle Stellungnahmen von Lehr-Glaubens-Inhalten.

Glaubenslehre (Lehre) – Ein Werk oder System von Lehren, das mit einem bestimmten theologischen Thema in der Heiligen Schrift zu tun hat.

Gleichnis – Eine kurze Geschichte, die auf einer bekannten Lebenserfahrung basiert und dazu verwendet wird, eine geistliche Lektion zu lehren.

Gnade – Eine kostenfreie Gabe, etwas, worauf man kein Anrecht hat. Im biblischen Sinne ist sie die kostenfreie und unverdiente Gunst Gottes, die unwürdigen, schuldigen Sündern geschenkt wird und sie in die Lage versetzt, durch Glaube an seinen Sohn, den Herrn Jesus Christus, in Gottes Familie adoptiert zu werden.

Gnadenthron – Eine Platte aus Gold auf der Bundeslade, die Gottes Vergebung der Sünden symbolisierte. Das Blut der Sühne wurde auf den Gnadenthron gesprengt.

Hades – Griechisches Wort, das in der Septuaginta für das hebräische scheol verwandt wird, den Ort der Toten. Im Neuen Testament stellt es den Ort der Bestrafung der Bösen dar (Mt 11,23; Lk 10,15; 16,23).

Halleluja – Hebräisches Wort, das »preist den Herrn« bedeutet.

Häresie – Jegliche falsche Lehre, die eine wesentliche Glaubenslehre der Bibel leugnet.

Heerscharen, Herr der – Name Gottes, der ihn als Befehlshaber der Engelsheere im Himmel darstellt.

Hermeneutik – Die Wissenschaft der Auslegung der Heiligen Schrift.

Himmel – Das zukünftige, ewige Zuhause der Gläubigen, ein Ort vollkommenen Glücklichseins und Freude; kenntlich durch Gottes Gegenwart.

Himmelfahrt – Ein Begriff, der für Christi Aufgang in den Himmel vierzig Tage nach seiner Auferstehung aus den Toten verwendet wird. Die Seelen der Gerechten aus vorchristlicher Zeit gingen mit dem Retter in die Herrlichkeit des Himmels.

Hoffnung – Eine der drei Tugenden (zusammen mit Glaube und Liebe), die in der Heiligen Schrift oft miteinander verbunden sind. Hoffnung ist die Erwartung des Gläubigen, dass Gott Verheißungen erfüllen wird, die er in der Vergangenheit gemacht hat.

Hölle – Der Ort zukünftiger Bestrafung für die bösen, ungläubigen Menschen. Im Neuen Testament wird die Hölle als ein Ort dargestellt, wo das Feuer niemals ausgeht und der Wurm nicht stirbt (Mk 9,43ff.), wo äußere Finsternis mit Weinen und knirschenden Zähnen ist (Mt 8,12), ein See von Feuer (Offb 19,20), der zweite Tod (Offb 20,14). Sie ist nur deswegen das Schicksal von Menschen, weil sie ihr wahres Schicksal abgelehnt haben, das Gott ihnen in Christus anbietet.

Homoousios – (»von gleicher Substanz«) – Griechischer Begriff, der von orthodoxen Christen verwendet wurde, besonders von Athanasius und seinen Anhängern, um festzusetzen, dass Jesus von gleicher Natur oder Substanz wie der Vater ist.

Humanismus – Eine Philosophie, die die Menschen zu den höchsten Wesen macht, wodurch er zu einer Art Atheismus wird.

Humanismus, Christlicher – Die Anschauung, dass auf der Grundlage von christlichen Lehren Menschen hoch einzuschätzen sind.

Hypostatische Einheit – Vom griechischen hypostasis, was »Substanz« oder »Natur« bedeutet. Ein Begriff, der verwandt wird, um die Einheit von Jesu göttlicher und menschlicher Natur in einer Person anzuzeigen.

Ideologie – Konzepte, die eine ganze Gruppe oder Gesellschaft beeinflussen und ihr Verhalten motivieren.

Immanuel – Ein Name für Jesus, der »Gott mit uns« bedeutet.

Immerwährende Jungfräulichkeit – Der Glaube der römisch-katholischen Kirche, dass Maria nicht nur eine Jungfrau war zu der Zeit, als sie Jesus empfing und ihn gebar, sondern dass sie ihr ganzes Leben lang eine Jungfrau blieb.

Inkarnation – Ein theologischer Schlüsselbegriff für die Lehre, dass der Sohn Gottes, ohne sein Gottsein aufzugeben, in Jesus Christus Mensch wurde, geboren von der Jungfrau Maria. (Der Begriff heißt wörtlich »menschliches Fleisch annehmen«.)

Inspiration – Die Leitung des Heiligen Geistes, die die Schreiber der Bibel befähigte, genau das aufzuzeichnen, was Gott geschrieben haben wollte.

Inspiration, vollständige – Die Ansicht, dass die ganze Heilige Schrift und nicht nur bestimmte Teile inspiriert sind. Mit anderen Worten, die Bibel ist in ihrer Gesamtheit das Wort Gottes; sie enthält nicht nur das Wort Gottes.

Inspiration, verbale – Die Lehre, dass der Heilige Geist die biblischen Autoren so leitete, dass sogar die Worte genau so sind, wie Gott sie haben wollte.

Irrtumslosigkeit – Der Glaube, dass die Heilige Schrift gänzlich ohne Fehler ist.

Judaisten – Leute zu neutestamentlicher Zeit, die versuchten, dem Christentum die Richtlinien und Gesetze des Judaismus aufzuzwingen. Der Brief des Paulus an die Galater focht diese Einstellung an.

Kanon – Wörtlich »Maßstab« oder »Richtlinie«; bezieht sich auf die offizielle Liste der inspirierten Bücher der Bibel (39 alttestamentliche Bücher und 27 neutestamentliche), die die Kirche als geschriebenes Wort Gottes anerkannt hat. Zusammen dienen diese Bücher als »Richtlinie« oder »Maßstab« des Glaubens und der Praxis in jeder Gemeinde.

Katechismus – Ein Handbuch von Anweisungen bezüglich der christlichen Lehre, zumeist in der römisch-katholischen und anderen liturgischen Kirchen benutzt.

Katholisch – Ein griechisches Wort (katholike), das »allgemein« oder »universal« bedeutet. Dieser Begriff wird hauptsächlich mit der römisch-katholischen Kirche verbunden. Dennoch meinte das Wort »katholisch« anfangs, dass die Evangeliumsbotschaft, die die frühen Gemeinden verkündigten, und die Gemeindemitgliedschaft allgemeingültig angelegt seien; d.h. dass sie nicht auf eine ethnische Gruppe oder einen geographischen Ort begrenzt sei, sondern für Juden und Heiden, Sklaven und Freie, Männer und Frauen, wo auch immer sie lebten, offen sei (Gal 3,28).

Kirchenväter – Die führenden Theologen und Pastoren der ca. ersten sechs Jahrhunderte n.Chr.

Koinonia – Ein griechisches Wort für »Gemeinschaft«.

Konservativismus, biblischer – Die Überzeugung, dass alle Berichte der Heiligen Schrift für bare Münze genommen werden müssen, die Teile, die von übernatürlichen Dingen sprechen, genauso wie die geschichtlichen Berichte.

Konsubstantiation – Der lutherische Glaube, dass beim Abendmahl Brot und Wein nicht zum tatsächlichen Leib und Blut Christi werden, sondern dass die Moleküle des Fleisches und Blutes »in, mit und unter« den Molekülen von Brot und Wein gegenwärtig sind.

Kreationismus – Der Glaube, dass das Universum und das Leben selbst von einem göttlichen Schöpfer und nicht von Zufallsfaktoren herstammen.

Legalismus – Die Anschauung, dass das Einhalten des Gesetzes verdienstvoll ist, ein notwendiger Bestandteil der Errettung.

Legalist – Jemand, der unangebrachte Betonung auf kulturelle Richtlinien legt, die nicht notwendigerweise in der Heiligen Schrift verboten werden.

Letzte Ölung – Auch als »Sterbesakramente« bekannt; ist ein Sakrament der römisch-katholischen Kirche; besteht im Salben mit Öl zur Todeszeit.

Liberalismus – Eine Bewegung, die offen dafür ist, traditionelle Lehren und Praktiken des Christentums neu zu definieren oder zu verändern.

Limbus – Ein Begriff, der von Katholiken auf zweierlei Weise benutzt wird: Erstens ist es der Ort, an dem die alttestamentlichen Heiligen Christi Abstieg in den Hades erwarteten, um sie in den Himmel zu führen (limbus patrum). Zweitens ist es der Ort, an den alle ungetauften Kleinkinder nach dem Tode gehen, wobei ihr Leiden lediglich im Fehlen der »glückseligen Vision« besteht (limbus infantum).

Logos – Ein griechischer Begriff für »Wort«, der im Prolog des Joh benutzt wird, um auf Christus hinzuweisen.

Millenium – lateinisch für tausend; bezieht sich auf das tausendjährige Reich Christi (Offb 20,1-8).

Monotheismus – Glaube an und Anbetung eines Gott, im Gegensatz zu Polytheismus, dem Glauben an viele Götter.

Neo-Orthodoxie – Ein theologisches System, das besonders mit dem Schweizer Theologen Karl Barth (1886-1968) in Verbindung gebracht wird. Obwohl darin die göttliche Transzendenz genauso wie die menschliche Sündhaftigkeit und die Zentralität Christi betont wird, sind doch viele Bestandteile des alten Liberalismus noch da, wie etwa die Leugnung, dass die Bibel das genaue Wort Gottes ist. Teile der Bibel können zum Wort Gottes werden für den einzelnen Gläubigen, aber welche Teile genau, darüber kann man sich streiten.

Neuer Bund – Das christliche Glaubens- und Zeitsystem, das von Christus und den Aposteln eingeführt wurde.

Nihilismus – Eine Verwerfung von Tradition, moralischen Werten und Autorität; ein philosophischer Skeptizismus mit Bezug auf Wahrheit und moralische Werte.

Nirwana – Ziel der Hindus. Der Kreis der Reinkarnation hört auf und das Individuum wird in das Brahma aufgenommen.

Nonkonformität – Unwilligkeit, sich nach der etablierten Religion oder der Staatsreligion zu richten.

Offenbarung – Gottes Selbstmitteilung über sich selbst uns gegenüber durch die Schöpfung, sein geschriebenes Wort und seinen Sohn Jesus Christus.

Offener Theismus – Der Glaube einer kleinen Gruppe der evangelikalen Tradition, dass Unveränderlichkeit und Allwissenheit nicht notwendigerweise Charaktereigenschaften sind, die Gott zugeschrieben werden können. Sie meinen, dass Gott an Erkenntnis zunimmt, Dinge entdeckt, die er noch nicht weiß, und seine Meinung ändert. Er kann nicht unbedingt die Handlungen von Menschen im Voraus wissen.

Ökumene – Die Bewegung, die christliche Einheit auf der ganzen Welt anstrebt.

Orthodox – Wörtlich »gerade« oder »angemessen«, was mit der richtigen Lehre und Praxis übereinstimmt, wie in der Heiligen Schrift dargelegt. Kann sich auch auf den griechisch-östlichen Zweig des Katholizismus beziehen, der sich von der lateinischen römisch-katholischen Kirche 1054 trennte.

Östliche Orthodoxie – Bezeichnung der östlichen oder griechischen Kirchen, die sich von den westlichen Kirchen (römisch-katholisch) im Jahre 1054 trennten.

Pantheismus – Der Glaube, dass alles göttlich ist oder dass Gott und das Universum in Wirklichkeit identisch sind.

Paradies – Ein Synonym für Himmel. Jesus sprach davon in seinem Versprechen an den glaubenden Dieb am Kreuz (Lk 23,43). Nur noch zwei weitere Stellen in der Heiligen Schrift erwähnen den Begriff in Verbindung mit dem Himmel (2 Kor 12,2-4; Offb 2,7).

Parusie – Ein griechisches Wort, das »Wiederkunft« bedeutet, speziell von dem zweiten Kommen Christi, das die vollständige Errichtung von Gottes Reich auf Erden einleiten wird.

Pazifismus – Die Lehre, dass jeder Krieg von Natur aus falsch ist und dass Kriege führen von den Evangelien verboten wird. Während Krieg nicht wünschenswert ist und sündige Leidenschaften oft zu Krieg führen, sind doch nicht alle bewaffneten Konflikte notwendigerweise sündig und können Christen sich an einem gerechten Krieg beteiligen.

Pelagianismus – Ein theologisches System, das nach Pelagius (ca. 360-420) benannt wurde; betont die menschliche Fähigkeit und den freien Willen im Gegensatz zu Verderbtheit und Sündhaftigkeit. Die menschliche Natur ist grundsätzlich gut und ungetaufte Kinder müssen nicht verdammt sein.

Perfektionismus – Die Sicht, dass es möglich ist, einen Zustand von Sündlosigkeit zu erreichen.

Polytheismus – Glaube an mehr als einen Gott.

Postmillenialismus – Der Glaube, dass Christi zweites Kommen nach dem tausendjährigen Reich stattfinden wird.

Postmoderne – Eine Bewegung, die extrem Links ist, die sich im späten 20. Jh. in der Architektur, Literatur, Philosophie, Wirtschaft, Theologie, Musik und Populärkultur entwickelte; eine Reaktion gegen das Analogiekonzept von Wahrheit und die traditionelle Sicht von Objektivität, Rationalität und Fortschritt. Dem kapitalistischen Wirtschaftssystem wird für die meisten Übel der modernen Welt die Schuld gegeben, weshalb der Sozialismus als das einzig faire Wirtschaftssystem betrachtet wird. Der Missionsversuch der Christen, »Heiden« zu retten, wird als unnötiges Eindringen in Völker angesehen, deren Religion genauso gültig ist wie das Christentum. Sie stellt besonders einen Angriff auf die Lehren und Praktiken des biblischen Christentums dar.

Prädestination – Die Entscheidung Gottes, auszuwählen, wer gerettet (einfache Prädestination) und wer verloren gehen wird (doppelte Prädestination). Einige, einschließlich der Arminianer, glauben, dass Gott den Glauben derjenigen vorhersieht, die glauben werden, und dass er sie dann erwählt. Calvinisten halten daran fest, dass der Glaube des Gläubigen eher von Gottes Wahl herkommt als dass er sie verursacht.

Prämillenialismus – Der Glaube, dass die Wiederkehr Christi vor dem tausendjährigen Reich kommt (der irdischen Regierung Christi). Jesus wird dann tausend Jahre lang über die Erde herrschen, worauf die letzte Rebellion Satans folgt. Christus wird die Rebellen niederwerfen, die Ungläubigen richten und die neuen Himmel und die neue Erde errichten.

Präteristen – Diejenigen, die meinen, dass die prophetischen Ereignisse, von denen die Heilige Schrift spricht, besonders in der Offenbarung, schon stattgefunden haben oder in Kürze eintreten werden.

Prätribulationismus – Der Glaube, dass Christus die Gemeinde vor der Trübsal entrücken oder von der Welt entfernen wird.

Prophet – Einer, der als Kommunikationskanal zwischen Menschen und Gott dient. Das kann das Vorhersagen von zukünftigen Geschehen beinhalten, muss es aber nicht. Jeder Prediger oder Lehrer, der von zukünftigen Dingen spricht, die in der Bibel offenbart werden, nimmt die Rolle eines Propheten ein. Andererseits, wenn jemand treu eine Wahrheit der Heiligen Schrift verkündigt, bestätigt er sich als Prophet. In gewissem Sinne sind alle Christen dazu berufen, Propheten zu sein, d.h. in Wort und Tat die Wahrheiten von Gottes Wort zu bezeugen.

Protestantismus – Das System von Glaube, Anbetung und Praxis, das von den Prinzipien der Reformation des 16. Jh. herstammt. Das Wort kommt von der protestatio der Reformatoren am Reichstag zu Worms (1529), die sich gegen die Entscheidung der dort anwesenden Katholiken richtete, dass keine weiteren religiösen Neuerungen eingeführt werden sollten. Protestanten sind vor allem für drei Prämissen bekannt: die Bibel als der einzige Maßstab von Glaube und Praxis, was die Tradition ausklammert; Rechtfertigung durch Glauben allein, was verdienstliche Werke ausschließt; und das universale Priestertum der Gläubigen, was ein Priestertum ausschließt, das von Gott bevollmächtigt wäre, das Volk Gottes zu lehren, zu leiten, ihnen Sünden zu vergeben und sie zu heiligen.

Prozesstheologie – Eine Sicht, die alles im Werden dessen sieht, was daraus wird, aber nichts ist wirklich. Es ist eine Art von evolutionärem Pantheismus, der einen begrenzten Gott voraussetzt, der dabei ist, vollkommen zu werden, der aber von Ewigkeit her nicht unbegrenzt und in jeder Hinsicht vollkommen ist. Das wird »Prozess« genannt, weil behauptet wird, dass das Universum (einschließlich Gott) sich Richtung Vervollkommnung bewegt, ohne zu sagen, wann oder ob diese Vervollkommnung erreicht sein wird. Es gibt keine festgelegten ethischen Gesetze und keine allgemeingültigen Verhaltensnormen. Alles, einschließlich des denkenden Verstandes, wird stets zu dem, was es war, und hört auf zu sein, was es war.

Realpräsenz – Die Lehre der römisch-katholischen Kirche, dass Christus wahrhaftig und tatsächlich in der »heiligen Eucharistie« gegenwärtig ist, und nicht nur symbolisch.

Rechtfertigung durch den Glauben – Ein rechtlicher Begriff, der sich auf die göttliche Handlung bezieht, wodurch der heilige und gerechte Gott sündige Menschen, die die Verdammung verdient haben, für sich annehmbar macht. Der Sünder wird durch den Glauben an Jesus Christus gerechtfertigt und in eine Beziehung mit Gott gebracht.

Reformierte Theologie – Der Zweig der Theologie, der den Calvinismus betont, besonders im Hinblick auf die Errettung.

Sakrament – In den liturgischen Kirchen, wie der römisch-katholischen, ein äußeres Zeichen, das von Christus eingesetzt wurde, um Gnade zu verleihen (Errettung). Es gibt sieben Sakramente in der katholischen Kirche: Taufe, Firmung, Eucharistie, Beichte, Krankensalbung, Ehe und Priesterweihe.

Sakramentalismus – Der Glaube, dass Gnade durch gewisse religiöse Riten vermittelt wird.

Säkularismus – Die Philosophie, die versucht, die Besserung des Menschen ohne Glauben oder Hingabe an Gott oder Religion zu erreichen. Sie drückt sich durch die Beschäftigung des Menschen mit dieser Welt statt der nächsten aus.

Scheol – Das hebräische Wort für Hölle; entspricht dem griechischen Hades.

Seelenschlaf – Die Anschauung, dass ein Mensch zwischen Tod und Auferstehung in einem Zustand der Bewusstlosigkeit ist. Zwei der lautstärksten Anhänger dieser Anschauung sind die Zeugen Jehovas und die Siebenten-Tags-Adventisten.

Semitisch – Eine Gruppe von Menschen, die in der Antike die Babylonier, Assyrer, Aramäer, Kanaaniter und Phönizier beinhaltete, in modernerer Zeit aber auf die Juden bezogen wird; daher der Begriff »Antisemitismus«.

Septuaginta – (abgekürzt LXX, die römischen Ziffer für 70) – Früheste griechische Übersetzung des hebräischen Alten Testaments. Hergestellt von 70 (oder 72) jüdischen Übersetzern, die von Ptolemäus II Philadelphus (285-246 v.Chr.) nach Ägypten gebracht wurden. Wurde ungefähr zweieinhalb Jahrhunderte v.Chr. fertiggestellt.

Sicherheit des Gläubigen – Die Ansicht, dass Christen durch die Macht Gottes bewahrt werden und vor dem Verwirken ihrer Errettung zurückgehalten werden. Diese Lehre bezeichnet man auch als »Beharrlichkeit der Heiligen«.

Situationsethik – Der Glaube, dass jegliche Handlung, sogar das abscheulichste Verbrechen, recht und in einer bestimmten Situation erlaubt sein könnte. Die Umstände bestimmen, ob eine Handlung richtig oder falsch ist.

Sola fide – Durch den Glauben allein; das grundlegende Prinzip des Reformations-Protestantismus. Es verkündet, dass die Menschheit nur durch ein zuversichtliches Vertrauen auf Gott durch die rettenden Verdienste Jesu Christi gerechtfertigt wird.

Sola scriptura – Durch die Schrift allein. Eines der Hauptprinzipien des Protestantismus. Es erklärt, dass alle göttliche Offenbarung in der Bibel enthalten ist und nicht in der Bibel und in der Tradition.

Soteriologie – Der Teil der Theologie, der sich mit Christi Errettungswerk beschäftigt. Er deckt die Untersuchung des Sündenfalls durch Adam und die Sünden der Menschheit ab, die einen Retter brauchte, die Lehre von der Gnade, durch die die Schuld und die Folgen der Sünde entfernt werden, und besonders das zweifache Geheimnis von Christus als Erlöser und Mittler der menschlichen Rasse.

Souveränität – Die Auffassung, dass Gott aufgrund der Schöpfung König über die ganze Erde ist und höchste Autorität über das ganze Universum hat.

Stellvertretende Sühne – Stellvertretend bedeutet »anstelle von«. Weil Jesus für uns starb, bedeutet es, dass er die Folgen der Sünde auf sich selbst nahm; daher war sein Tod ein stellvertretender Opfertod, eine stellvertretende Sühne.

Sühnung – Ein Opfer, das den Zorn Gottes abwendet. Indem Gott seinen Sohn sandte, um die Sühnung (oder das sühnende Opfer) für Sünden zu sein, hat er das Opfer bereitgestellt, das seinen göttlichen Zorn entfernt oder abwendet (siehe 1 Jo 4,10).

Supralapsarianer – Anhänger von Johannes Calvin, die meinen, dass Gottes Verurteilungsbeschluss, dass einige in die Hölle fahren, absolut und nicht durch den Sündenfall bedingt sind. Gott würde diese Menschen sogar dann zur Hölle verdammt haben, wenn Adam nicht gesündigt hätte.

Tag des Herrn – Ein biblischer Ausdruck, der auf eine Folge von Ereignissen in der Zukunft hinweist, während derer Gott durch Christus Gericht über die Welt bringt, um damit die Einsetzung des tausendjährigen Reichs vorzubereiten.

Taufwiedergeburt – Die Lehre, dass die Taufe ein notwendiger Teil der Rettung ist.

Taufe für die Toten – Stellvertretende Taufe, die von Mormonen für diejenigen praktiziert wird, die ungetauft starben; basiert auf 1 Kor 15,29. Einige lehren, dass einige Gläubige in Korinth sich für Freunde oder Verwandte taufen ließen, die sich zum Glauben an Christus bekannt hatten, aber vor der Taufe verstorben waren. Wenn Paulus sich auf die stellvertretende Taufe bezieht, wie einige glauben, scheint er die Praxis nicht zu dulden (»was werden die tun, die sich für die Toten taufen lassen«), sondern benützt das nur für seine Argumentation. Er erwähnt einfach nur, dass es diese Praxis gibt, und fragt, was sie für eine Bedeutung haben könnte, wenn Tote nicht auferstehen. Einige Kommentatoren lehnen es ab, dass hier überhaupt auf eine stellvertretende Taufe Bezug genommen wird. Sie sehen hier eine Bezugnahme auf Frischgetaufte, die in der Gemeinde den Platz derjenigen einnahmen, die gestorben waren. Andere sehen hier eine Bezugnahme auf diejenigen, die durch den Märtyrertod von Heiligen angeregt wurden, Christus aufzunehmen und ihn in der Taufe zu bekennen, womit sie deren leer gewordene Plätze in der Gemeinde füllten.

Tetragramm – Die vier Buchstaben im Hebräischen für den Namen des Gottes Israels: JHWH oder Jahweh.

Theismus – Glaube an einen persönlichen und vorausschauenden Gott. Theismus wird gewöhnlich vom Atheismus unterschieden, der die Existenz eines persönlichen, transzendenten Gottes ablehnt.

Theodizee – Natürliche Theologie oder die Untersuchung von Gottes Existenz und Eigenschaften, wie sie durch das Licht des natürlichen Verstandes und ohne übernatürliche Offenbarung zu erkennen sind.

Theokratie – Eine Form von Regierung, in der Gott der Herrscher ist, wobei er gewöhnlich durch seine priesterlichen oder prophetischen Stellvertreter handelt.

Theologie – Von Griechisch theos, »Gott«, und logos, »Wort«; die systematische Untersuchung des Wesens, der Charaktereigenschaften, Absichten und Werke Gottes.

Theophanie – Eine sichtbare Erscheinung oder Manifestation Gottes, besonders im Alten Testament.

Todesstrafe – Die Todesstrafe, die der Staat als Bestrafung für schwere Verbrechen auferlegt. Die Heilige Schrift lehrt deutlich, dass die Obrigkeit gewisse Verbrecher rechtmäßig töten kann (Röm 13,4). Der Staat ist ganz wie ein Leib, der sich aus vielen Teilen zusammensetzt, und so wie ein Chirurg ein Krebsgeschwür herausschneiden sollte, um den Rest des Körpers zu retten, so sollte die zivile Obrigkeit einen Verbrecher rechtmäßig töten. Wenn sie das tut, sorgt sie für das Allgemeinwohl des Restes der Gesellschaft.

Toten, Gebet für die – Die Vorgehensweise, für die Toten zu beten, zumeist in der römisch-katholischen Kirche zu finden. Basiert in hohem Maße auf dem apokryphen Text von 2 Makk 12,44.

Tradition – (etwas, das »weitergereicht wird«) – Bedeutete ursprünglich (im biblischen Sinne) die Offenbarung Gottes, die den Menschen durch Propheten und Apostel bekannt gemacht wurde. In der römisch-katholischen Kirche wurde das ausgeweitet und beinhaltete schließlich die Heilige Schrift, die Glaubensbekenntnisse und die Erklärungen des Glaubens und der Weisheit der Kirche, die durch die Geschichte hindurch angesammelt wurden. Daher betrachten Katholiken die Tradition als autoritätsmäßig der Heiligen Schrift gleichwertig.

Transsubstantiation – Die offizielle katholische Lehre, dass bei der Wandlung in der Messe die Substanz von Brot und Wein in die Substanz von Leib und Blut Jesu Christi verwandelt (der Transsubstantiation unterzogen) wird.

Überkonfessionell – Bezeichnet im Allgemeinen eine Organisation oder Gruppe, die außerhalb der Zuständigkeit einer Gemeinde oder Denomination arbeitet.

Unbefleckte Empfängnis – Die römisch-katholische Lehre, dass Maria, die Mutter Jesu, vom ersten Moment ihrer eigenen Empfängnis sündenfrei war. Nur sie, von allen Menschen, die je lebten, außer Jesus Christus, brauchte keinen Erlöser. Die unbefleckte Empfängnis wird manchmal mit der Jungfrauengeburt Jesu verwechselt.

Unbegrenzte Erlösung – Die Lehre, dass Christi sühnender Tod für alle Menschen überall war.

Unfehlbarkeit – Ein Hinweis auf die Lehre, dass die Heilige Schrift das inspirierte Wort Gottes ist. Sie ist ohne Irrtümer, glaubwürdig in allen ihren Behauptungen und zuverlässig in ihrer Offenbarung. In der römisch-katholischen Theologie wird Unfehlbarkeit auf die Lehre der Kirche unter der Autorität des Papstes ausgeweitet.

Universalismus – Die Ansicht, dass jedermann gerettet wird und es keine ewige Bestrafung gibt.

Unveränderlichkeit Gottes – Absolut unveränderlich. Jedes Geschöpf verändert sich, aber Gott nicht.

Unvergebbare Sünde – Lästerung gegen den Heiligen Geist (Mt 12,31-32; Mk 3,28-29; Lk 12,10). Unter der unvergebbaren Sünde wird oft eine andauernde Weigerung verstanden, Gottes Angebot und Gnade durch Christus anzunehmen; das führt zu einer Verhärtung des Herzens, die den einzelnen davon abhält, die Wahrheit zu erkennen, von seiner Sünde umzukehren und an Christus zu glauben.

Verderbtheit, völlige – Die Anschauung, dass die ganze Natur des Menschen von der Sünde beeinträchtigt ist und auf alles Auswirkungen hat, was man tut.

Verherrlichung – Der letzte Schritt im Prozess der Errettung; beinhaltet Beendung der Heiligung und das Entfernen von allen geistlichen Mängeln.

Verordnung – Eine Praxis, die von Jesus Christus eingerichtet wurde mit dem Befehl, sie auszuführen. Die meisten Nicht-Katholiken, wie etwa die Baptisten, bezeichnen Taufe und Abendmahl als Verordnungen statt Sakramente.

Versöhnung – Das Zusammenbringen von zwei Seiten, die sich entfremdet sind; insbesondere Christi Zusammenführen von Gott und sündigen Menschen, dessen Ergebnis Errettung ist.

Vorauswissen – Gottes Wissen von Ereignissen, bevor sie geschehen, einschließlich freier menschlicher Handlungen.

Wiedergeboren – Geistliche Wiedergeburt, die von Christus befohlen wurde (Joh 3,5). Der geistliche Wandel, der durch göttliche Gnade bewirkt wird, durch den ein Mensch, der an den Herrn Jesus Christus glaubt, zu einer neuen Schöpfung, einem Kind Gottes und einem Erben des Himmels wiedergeboren wird.

Wiedergeburt – Ein anderes Wort für »wiedergeboren sein«. Jesus sagte deutlich, dass keiner in das Reich Gottes hineinkäme, der nicht von neuem geboren oder wiedergeboren ist. Jesus sprach zu Nikodemus davon, von »Wasser« und dem »Geist« geboren zu sein (Joh 3). Seine Aussage impliziert, dass es zwei Arten von Erzeugung gibt: körperlich und geistlich, die eine als ein Mensch bei der körperlichen Geburt, die andere als ein Kind Gottes bei der neuen (oder geistlichen) Geburt.

Zebaoth – Ein Majestätstitel, der hauptsächlich auf Gott angewandt wird. Das hebräische Wort bedeutet »Armeen« oder »Heerscharen« und findet sich hauptsächlich in dem Ausdruck »Herr der Heerscharen«, der mehr als 200 Mal im Alten Testament vorkommt, am meisten in den prophetischen Büchern. Im Neuen Testament wird der Begriff zweimal gebraucht (Röm 9,29; Jak 5,4).

Zeichen der Zeit – Die Zeichen, die Christus voraussagte, dass sie seinem zweiten Kommen und dem Ende der Welt vorangehen würden (Mt 24,3-44).

Bibelseminar Bonn

Das Bibelseminar Bonn (BSB) wurde 1993 als konfessionelle theologische Ausbildungsstätte für Gemeinde und Mission gegründet. Es bildet mit dem Missionswerk »Internationales Centrum für Weltmission« ein Werk. Das BSB wird vom »Bund Taufgesinnter Gemeinden« und von der »Arbeitsgemeinschaft evangelikaler Gemeinden« getragen. Das Bibelseminar Bonn sieht seine Aufgaben darin, Theologie, Gemeinde und Mission besonders eng zu verknüpfen – in der Lehre wie in der Praxis. Es arbeitet stark gemeindebezogen. Verbindliche Mitarbeit in der Gemeinde wird am BSB nicht nur gelehrt, sondern auch gefördert. Das BSB vertritt ein evangelikal-freikirchliches Gemeindeverständnis und steht in baptistisch-mennonitischer Glaubenstradition.

Folgende **Ausbildungsprogramme** bietet das BSB an:

- das ein- bzw. dreijährige Bibelschulprogramm bereitet auf die Mitarbeit in Gemeinde und Mission vor.

- das darauf aufbauende zweijährige Seminarprogramm, das in Kooperation mit »Southwestern Baptist Theological Seminary« (USA) angeboten wird, will in erster Linie für pastorale Aufgaben zurüsten.

- die dreijährige Ausbildung zum Kinder- und Teenagermissionar (AKTM) bietet jungen Leuten, die sich in die Arbeit unter Kindern, Teenagern und Jugendlichen gerufen wissen, eine gute Basis für ihren Dienst.

- die Theologische Abendschule, die Fernschule und auch die Wochenendschule wenden sich an Personen, die zwar gerne Theologie studieren möchten, jedoch ihren Beruf nicht verlassen können. Ihnen wird eine berufsbegleitende Ausbildung angeboten, die sie zu effektiverer Mitarbeit in Gemeinde und Mission anleiten soll.

Kontakt
Bibelseminar Bonn | Haus Wittgenstein
Ehrental 2-4 | 53332 Bornheim-Roisdorf
Tel: 02222/701-200 | Fax: 02222/701-111
E-Mail: info@bsb-online.de | www.bsb-online.de